重庆市普通高校体育课程规划教材

# 大学体育理论教程（第4版）

DAXUE TIYU
LILUN JIAOCHENG

主　编/胡　红 薛　山
副主编/刘　芳 唐建忠 赵　恒
主　审/夏　蒂

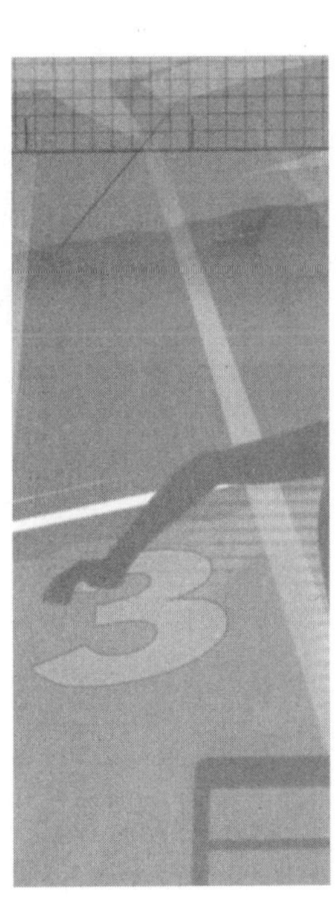

重庆大学出版社

**图书在版编目(CIP)数据**

大学体育理论教程/胡红,薛山主编.—4版.—重庆:重庆大学出版社,2014.8(2018.8重印)

ISBN 978-7-5624-8562-9

Ⅰ.①大… Ⅱ.①胡…②薛… Ⅲ.体育理论—高等学校—教材 Ⅳ.①G80

中国版本图书馆CIP数据核字(2014)第193487号

**大学体育理论教程**

第4版

胡 红 薛 山 主 编

责任编辑:贾 曼 版式设计:贾 曼

责任校对:邬小梅 责任印制:张 策

*

重庆大学出版社出版发行

出版人:易树平

社址:重庆市沙坪坝区大学城西路21号

邮编:401331

电话:(023) 88617190 88617185(中小学)

传真:(023) 88617186 88617166

网址:http://www.cqup.com.cn

邮箱:fxk@cqup.com.cn (营销中心)

全国新华书店经销

重庆华林天美印务有限公司印刷

*

开本:787mm×1092mm 1/16 印张:11.5 字数:273千

2014年8月第4版 2018年8月第31次印刷

ISBN 978-7-5624-8562-9 定价:32.00元

# 再版前言

体育,这一人类社会文化现象早已渗入人们的生活,成为现代人生活中不可缺少的内容。可以这样说,凡是有人类的地方就有体育。

我们正经历着一场深刻的社会变革。我国正处于全面建设小康社会和构建和谐社会的新阶段,我国学校体育有了较快的发展,为本书的第四次修订提供了许多新的信息。健康这一人类永恒的主题越来越引起人们的高度重视。21世纪是更加文明进步的世纪,也是我们应该享有健康的世纪。

中共中央、国务院《关于加强青少年体育增强青少年体质的意见》明确指出:"认真落实'健康第一'的指导思想,把增强学生体质作为学校教育的基本目标之一……"陈至立在全国学校体育工作会议上指出:"认识学校体育工作对全面贯彻党的教育方针,提升青少年全面素质和展示民族精神风貌具有重要意义。我们不仅要求教育工作者、体育工作者对此要有充分的认识,更要引导全社会特别是广大干部、家长,树立正确的教育观、人才观、健康观,齐心协力,共同把学校体育工作作为一件大事来抓,让'健康第一'在学校教育中真正得到落实。"在这些思想的指导下,我们根据教育部最新颁发的《全国普通高等学校体育课程教学指导纲要》的精神,紧扣"健康第一""终身体育"等现代体育教育理念这一主题,针对目前重庆市普通高等学校体育课程教学的实际重新组织修订了这本《大学体育理论教程》。《大学体育理论教程》按照"纲要"所构建的"运动参与,运动技能,身体健康,心理健康,社会适应"等五个课程基本目标,紧紧围绕"健康第一"这个核心,形成了系统性很强的十章学习内容;同时,融合了体育、健康、文化、社会、环境、休闲、生理、心理、卫生、营养、保健、生活、消费等多种学科的理论知识,重点突出教材的文化性、科学性、趣味性、可读性、健身性,真正体现了

"以人为本"和以学生为主体的现代教育思想。

由重庆市教委组织编写、审定的这本教材改变了体育知识与学生的关系,也必将改变学生在体育课程中的境况。因为本教材不再是一种"客体化存在",而是一种人人参与其中的"主体化存在"。本教材不是体育知识的"载体"或学习内容的"运输线",而是学生与知识"相遇"的"场域"。它不是被"给定的",而是由人建构的。教材在某种程度上可以被事先"设计",但其最后完成必定有赖于学习者与知识的现实"相遇"。本教材尽量给学生的理解创造空间,并在人与知识的每一次"相遇"中创造出更多的"期遇"。在知识与人"相遇"的、强调"对话的情境里",人与知识的"二元对立"以及由此造成的教材的封闭和沉闷得以避免。本教材不是在体育知识与学生之间制造隔离和"边界",而是让两者在平等的相互作用中产生既与二者有关,又与二者不同的全新东西。

众所周知,一旦体育教育及其所含的文明成果和人类知识成了疏远人、强迫人、奴役人的东西,人就应该返本复始,去回味自己"生命"的那种"自由"的性状。对体育知识的功能理解应该定位于人的"解放"。这种"解放"不只是近代人获得战胜自然的利器后对物质困苦的摆脱,同时也包括人类自古以来就在追求的精神自由和思想的充分生长。为此,本教材特别注意处理好体育知识与智慧、体育知识与生活的关系,这是十分重要的。

本教材由重庆市十所高校的专家教授编写而成。胡红(全国高等学校体育教学指导委员会委员、重庆大学体育学院院长、教授、硕士生导师)负责本书的整体设计和统稿工作。参加本书编写的人员有:第一章,夏思永;第二章,唐建忠、胡红;第三章,赵恒;第四章,袁毅;第五章,刘黎明;第六章,刘芳;第七章,邵洪范;第八章,巴朝平;第九章,张庆建;第十章,薛山。

本教材的编写出版,是对重庆市普通高校体育教学改革、教材建设的首次探索与尝试,疵谬之处在所难免,敬希读者惠予批评指正。

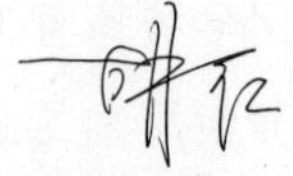

2014 年 5 月

# 目 录

# 第一章　体育与现代社会

## 第一节　体育文化与现代社会

文化有狭义和广义两种。狭义的文化,主要指人类社会意识形态及与之相适应的制度和设施;广义的文化,指人们所创造的物质财富和精神财富的总和,它包括精神文化、行为文化和物质文化。体育作为社会文化的重要组成部分,在人们的体育实践中产生了体育文化这种独特的文化现象。

### 一、体育文化的特征

#### (一)历史性

中国体育文化经历了漫长的历史发展阶段,它包含中国古代、近代、现代不同历史时期的体育文化内容。由于历史悠久,所以内容极其丰富、庞杂。由于中国历史更替中各统治阶级的阶级利益不同、历史作用有别,以及社会由蒙昧、落后发展到进步等原因,每一次社会形态的更替,都会对体育文化造成一定的影响。所以体育文化也存在批判地继承的问题,对某些带有历史局限性的体育文化,就应该剔除;对能够适应时代进步的优秀体育文化,就应该继承和发扬。

#### (二)民族性

体育是民族的产物,具有民族特征。体育文化体现了一个民族的风俗习惯、风土人情、生活习惯,等等,显示出民族的特色。如:中国的武术、龙舟,印度的瑜珈,西班牙的斗牛,日本的柔道等。这种植根于民族的体育文化,一旦形成之后,就具有极强的生命力和稳定、坚韧的结构形态,世代传承,从而成为一种文化模式,逐渐积淀于民族的文化心理结构之中,成为传统体育文化。民族特性使各民族体育文化有存在的价值,人类共性使各民族间的体育文化相互交流、借鉴,在不断的融合中发展、创新。

#### (三)世界性

任何一项体育活动,从其发生学意义上讲,都是一种民族身体活动项目。在人类交往的过程中,作为民族文化一部分的体育也参与和推动了文化交流,从而逐步淡化了民族特点而拥有了更多的参与者,最终走向国际化。世界各国在自身的文化建设中都十分注意保持体育的民族特点,同时又努力为人类体育事业的共同发展作出自己的贡献。

### （四）科学性

体育文化的科学性是指体育文化的运作和发展必须依靠科学指导。体育事业应将科学理性与人文精神有机地结合起来，只有遵循求实、创新、进取的科学精神，体育才能沿着正确的道路前进，也只有充满公平、竞争、友好的人文关怀，才能使体育不断提高自身的品位。

### （五）健身性

体育文化主要针对人自身的身体和心理，具有改造自身身体文化类型的功能。人们通过参加各种体育活动就能发展身体素质，促进身心健康，提高机体的适应能力。体育锻炼能使人精神愉快，陶冶情操。例如在激烈的比赛中，战胜对手、超越自我的欢乐情绪，在达到某个较高锻炼目标时的心理满足感。在现代社会生活中体育运动日益成为人们改善生活方式和提高生活质量的重要内容，它为人们提供一种有益的消遣，给人们带来了欢乐和幸福。

### （六）竞争性

体育是一种竞争鲜明的文化。现代体育比赛是在身体、技术、经验、思想、作风、意志、心理等各方面的一种全面的综合的抗衡和竞争。竞争是体育的灵魂，没有竞争就没有超越，就没有创新和发展。

## 二、体育文化与现代社会的关系

体育文化是整个社会文化大系统中的一个子系统。体育文化与其他文化一样，产生于社会又作用于社会，为社会政治、经济的发展和精神文明建设服务，为人们的身心健康服务。体育文化又不同于一般的文化，它从健康身体、娱乐身心出发与德育、智育一道成为提高人类素质的重要组成部分。体育文化在自身的发展中不仅促进社会经济的发展，而且日渐融入人们的日常生活，成为一项重要的生活内容。体育文化也是衡量一个国家、民族文化素质整体水平高低的重要指标。

### （一）体育文化与政治

体育文化是人类社会文化的组成部分，它的兴衰直接反映着社会政治、经济的发展和国家民族的精神面貌，体现民族的自尊。国际奥委会有关章程规定，参加奥运会的各个代表团是以国家为单位组成，在奥运会上，运动员要按国别入场，其运动服上配有国标，各项比赛结束之后，要升胜利者的国旗，奏国歌。因此，比赛被视为国家之间的竞争，比赛的胜负直接关系到国家的荣辱。这些带有政治色彩的规定，实际上已把政治和奥林匹克运动联系在了一起。

### （二）体育文化与经济

体育文化是伴随着社会进步的需要而逐渐完善起来的。体育运动已成为现代人们改善生活方式、提高生活质量不可缺少的内容。体育经济也在世界大多数国家得到了迅速发展，据美国一家著名的经济杂志报道，体育不仅是一部赚钱的大机器，而且已经是美国增长最为

迅速的产业之一。不仅如此,体育还涉及一个国家经济的方方面面,从旅游、餐饮、广告、新闻,到建筑、音像制品、服装、食品等都有体育影响的存在。承办大型的体育赛事,不仅能给承办国家或城市带来良好的政治影响,而且还将为之创造巨大的经济效益。

### (三)体育文化与宗教

体育文化与宗教的相互渗透最早体现在原始宗教和原始体育、民族宗教和民族体育之中。根据人类学家对北美、非洲、大洋洲等地原始民族的调查研究,原始的宗教仪式充满了各种集体舞蹈和身体活动。在中国少数民族中也可见到类似情况,如云南纳西族信仰东巴教,在祭祀、婚丧或节日中,以多达十人或百人演练的集体武术活动"东巴跳"来供奉祭祀其被视为始祖的神话人物巴什罗。随着社会的发展和进步,这些活动的宗教因素和色彩逐渐淡化,娱乐因素和价值逐渐增加,最后脱离了宗教,成为人类文化活动。

### (四)体育文化与科学技术

从体育文化的物质基础看,现代体育设施和体育器材的发展,集中体现了当代人类最先进的物质文明成果,是现代人类科技进步的结晶。体育场馆的建设就深刻地体现了这一点。科技进步在现代体育设施和体育器材上的显现是有目共睹的,人类全新发展理念也正在体育运动的发展上留下深刻的烙印,"绿色奥运"、"环保奥运"、"人文奥运"观念的提出无疑是这种烙印的直观表现形式。北京的"新北京、新奥运"的目标,更是对人类社会自身的发展与体育运动的发展的关系的全新描述。我们有理由相信,当 2008 年奥运会在北京成功举办时,我们的"新北京、新奥运"会向全世界诠释中国人民对体育运动和中国社会发展关系的深刻认识,并由此推动人类文化的进步。

### (五)体育文化与社会道德

体育精神文化是人类在长期的社会生活和体育实践中逐步形成的共同的价值观念、心理倾向和道德水准的总和,它是体育的精神支柱和活动源泉。体育精神文化建设中泛道德性原则的普及离不开体育文化的发展。道德的理性化发展,使之具有了政治、法律约束作用的趋势。体育文化的泛道德性使体育娱乐、体育竞技成为了教化民心的一种手段。在与竞技体育相关的体育产业发展过程中,文化的泛道德性已融入了竞技规则,成为了体育运作的平衡器和公平准则。

现代社会人们热衷于体育运动,他们所追求的并不仅仅是体育运动水平的提高和赢得比赛,他们更关注追求那种体育竞技的公平、公正,换句话说,是将追求公平、公正的社会理想移植到了体育之中。由此,人们便不难理解为什么约翰逊在汉城奥运会上被查出因服用违禁药而赢得比赛时,加拿大人会如此愤怒和羞愧,世界会如此愤怒;也不难理解为什么世界各国都对使用违禁药物的运动员严加惩处。因为他们玷污了体育竞技的最基本的公平、公正精神,玷污了奥林匹克精神,更重要的是,他们由此玷污了人类社会理想!现代体育所追求的更快、更高、更强,反映了人类对未来、对自身潜能开发的永不停息的追求。这种对更快、更高、更强的追求的背后,体现了人类摆脱狭隘束缚的愿望,通过公平竞争推动整个人类进步的远大理想。

### (六)体育文化与社会文明

从物质文明成果来说,体育为人类物质生产的发展提供了基本的劳动力和良好的人力资源,同时,也凝结成了具体、真实、可感的体育物质文化。大到各种体育场馆,小到千姿百态的体育器材和服饰用品就是这种物质文化的体现,而体育设施与器材的更新和日趋人性化也正是人类物质文明和精神文明共同进步的标志。没有强大的经济和先进的科学技术做后盾,体育物质文化的发展就成为无本之木、无源之水;反过来,体育物质文化的发展需求又进一步刺激和推动了相应领域的技术革新和经济投入。在现代社会,体育消费成为拉动内需、刺激消费和引导市场的重要因素,体育文化正是在这种意义上成为社会文明进步的一个标志。从制度文明的角度来看,体育行为规范尤其是各种竞赛规则,一方面本身就是制度性的文化内容,另一方面为人类其他行为规范提供了示范。例如,公平竞争原则,不仅作为体育运动的核心原则从古到今一直被人们所认同,而且超越了体育范畴成为人类普遍追求的人际交往原则,尤其是在市场经济条件下和民主政治环境中,这一原则不仅是经济活动的游戏规则,而且也是民主政治的灵魂所在。从精神文明的成果来讲,即从狭义文化来讲,体育既有科学、教育的内涵,也有思想道德的意义。就前者而言,体育是自然科学和人文社会学科的交叉地带和边缘学科。体育作为教育的一部分,早在先秦时期就已被人们所认识和利用。体育在振兴民族精神、增强团队意识、净化道德环境和提高人格境界方面的价值越来越被人们所重视。

### (七)体育文化与国际交流

现代体育在进入20世纪以后更凸现了它的新的文化职能——和平外交与文化交流的职能。当20世纪70年代中美两国关系紧张时,恰恰是两国乒乓球运动员的接触和交流,为改善中美关系提供了历史性的机遇,使两国走向互相了解、互相合作的道路。尽管那之后中美两国关系仍时有波折,但谁都不能否认小小的乒乓球在推动两国关系发展中所起的重要作用。现代体育跨国界的交流,开辟了一条新的文化交流之路。当中国运动员姚明加盟美国NBA赛场时,我们看到的绝不仅仅是一名中国篮球运动员加盟一家美国NBA篮球队这样简单的事,我们从中了解到更真实的体育作为社会文化的重要组成部分,了解到美国先进的体育商业运作;姚明的加盟也使美国对当代中国的认识又进了一步。体育交流在普遍地提高世界竞技运动水平的同时,也大大地增进了世界各国人民之间的友谊。

### (八)体育文化与人们的需要

体育文化具有很强的艺术性和感染力,表现形式和组织方式灵活多样,容易被大众所承认和接受。丰富多彩的体育文化,为充实大众文化提供了大量的素材,如武术、围棋、中国式摔跤、赛马、龙舟、舞狮、健身操、健美操,等等,以及现在仍然在民间广为流传并深受喜爱的一些体育娱乐和健身活动等,就是我们中华民族优秀传统文化宝库中的瑰宝。同时,体育文化满足了人们自我实现的需要,体育活动可以使参与者在参与过程中获得一种自我实现和超越自我的"满足感",有益于人们的身心健康。

综上所述,体育发展与社会发展息息相关,社会经济、政治、文化既是体育发展的基础,

也是制约体育发展的因素。体育的现实存在方式是一定经济、政治和文化的产物，体育发展与社会发展是一个互动的相互作用过程。社会对体育的认知度与需求度常常取决于体育在社会发展中所起的显性作用和潜在的作用；体育在社会发展中作用的力度又常常取决于体育发展方式与社会发展方向的亲和度。体育文化与现代社会相互依存，不可分割。

## 三、现代体育文化的发展趋势

建设社会主义市场经济体制和与之相适应的政治、文化，将是21世纪上半叶我国社会主义现代化建设的重要任务。21世纪的社会主义新文化将是一个开放的、适应世界文化发展趋势的、具有中华民族特色的文化体系。体育文化是这一文化体系的重要组成部分，必须为这个文化体系的建设作出应有的贡献，在为我国社会经济、政治、文化、现代化建设服务的同时获得自身的发展。在以现代奥林匹克运动为主要内容的体育全球化的冲击下，中国体育文化必须在世界体育文化发展中找到自己的生长点和与世界体育文化发展趋势相适应的最佳结合点，以便在未来世界体育文化发展中确立我国体育文化的地位。

### （一）一体化与多样化的统一

全球化正在冲击和改变着世界各民族自身的生产、生活方式，不论是发展中国家还是发达国家，都在寻求保存各自生存方式和发展民族文化的对策，选取与全球化相适应的发展方向，从而确定民族文化在未来世界文化中的地位。全球化最基本的特征，是人类社会包括政治、经济、文化等正日益冲破国家的界限，在全球范围内全方位展开。它以电子计算机等高科技发展为先导，把人类带进了知识经济时代。经济全球化导致的文化全球化是不可抗拒的客观规律和世界文化发展的趋势。一个国家的民族文化要发展，必须制定适合自己的全球化发展战略，以求在21世纪的世界文化发展中确立自身文化发展的生长点，成为未来世界文化的一个有机组成部分。经济全球化将各民族卷入了世界文化发展潮流，在全球化进程中实现由民族性向世界性转化，但它不可能使一个民族完全失去其民族特色，而是使其封闭性受到冲击而形成具有世界意义的民族性。

### （二）时代性和民族性的统一

作为人类文化现象的体育，是人类社会发展到一定阶段的产物。体育总是在一定的社会文化背景下，在一定的社会经济、政治、军事和文化习俗等共同作用下发展的。因此，体育文化发展的一般历史进程是时间性与空间性的统一，是纵向传承的历时性运动与横向展开的共时性运动的统一，并由此构筑了一个时期体育文化的宏观面貌。体育文化纵向发展的历时性运动，呈现了不同时代体育文化性质的连续发展过程，形成了不同发展水平的历史文化形态；体育文化横向发展的共时性运动，呈现了不同民族和地区体育文化的现实存在状态，展示了不同存在方式的民族文化形态。所谓“体育历史文化形态”主要指体育在发生发展的历史演进中，对体育文化现象的认识程度与在不同社会形态的制约下所反映出来的不同发展水平的阶段性特征或时代特征的总和。

现代体育文化形态，是当代社会体育发展的一般形式，反映了世界体育的发展水平与发展趋势，任何希望发展民族体育的国家或民族都不能采取拒绝的态度；现代体育是以不同的民族文化形态具体地存在于各国或民族之中，每一个国家或民族都自觉或不自觉地走着自己发展的道路。因此，时代性与民族性的统一，是世界体育文化发展的常态。

（三）人文化与大众化

体育文化在本质上是一种以广大人民群众生存、享受、发展需要为目的和最高价值目标的文化形态。综观其发生发展过程，体育文化自始至终都体现着一种人文本质和人文精神，蕴涵着一种人文目标和人文价值理性。随着人类物质文明的不断进化和主体意识的日益觉醒，体育文化在21世纪将更加鲜明地凸现其人文本质、人文理性和人文精神。体现和反映中国体育文化发展方向的基本内容和要求就是：体育文化的发展必须贴近大众文化生活，满足大众文化需要，尊重大众文化权利，反映大众文化理想和提升大众文化品位。文化是人化的结果和化人的手段，它不是体育精英和文化商人垄断的事业，而是所有人共同参与的人类行为。不管是群众体育还是竞技体育都要着眼于大众化，大众化是体育的内在要求。群众体育的大众化趋势和特点不言而喻，竞技体育的大众化道路则需要略加说明：一是竞技体育应植根于民众，没有普及就不会有提高，这是竞技体育成功的规律。二是竞技体育之美应在民众之中，没有众多的体育迷，就不会有竞技体育市场，也就没有持久的生命力。三是竞技体育之魂应在民众之中，竞技体育的灵魂是超越自我，而失去了民众的集体无意识追求和有意识营造，超越便没有意义。一句话，离开了大众，仅靠体育明星、专业人士和体育商人，竞技体育将不复存在。

（四）国际体育民族化与民族体育国际化的统一

体育发展与社会发展息息相关，社会经济、政治、文化既是体育发展的基础，也是制约体育发展的因素。就一般意义而言，体育是随着社会的发展而发展。21世纪的社会主义新文化将是一个开放的、适应世界文化发展趋势的、具有中华民族特色的文化体系。体育文化是这一文化体系的重要组成部分，必须为这个文化体系的建设作出应有的贡献，在为我国社会经济、政治、文化、现代化建设服务的同时，获得自身的发展。在以现代奥林匹克运动为主要内容的体育全球化的冲击下，中国体育文化必须在世界体育文化发展中找到自己的生长点和与世界体育文化发展趋势相适应的最佳结合点，以便在未来世界体育文化发展中确立我国体育文化的地位。中华民族有着吸收融合外来文化的优良传统，在积极引进与消化外来体育运动的同时，我们也在挖掘、整理我国的传统体育文化，进行适应现代社会发展趋势的改造，并积极稳步地推向世界。我国的围棋、武术和一些传统的锻炼身体的方法正在被世界其他民族逐渐认可，正在融入世界体育文化发展之中。

## 第二节　体育与现代人的成长

### 一、造就现代人身体的物质基础

体育锻炼使人体魄健壮，身体健康，精神爽快，使生命增强了活力，这是不争的事实。在

运动中,身体各器官、系统都得到了锻炼,从而提高了人体对内、外环境的适应能力和对各种疾病的抵抗力。

第一,经常锻炼可增加骨的血液供给,使骨组织能得到更多的营养物质。运动能给生长骨骼的骨骺以适当刺激,促进骨的生长,使骨细胞增加,骨直径增粗,骨髓腔增大,骨密质变厚,骨重量增加,这就可能使人的身材增高。对青少年的生长发育具有十分重要的意义。同时运动还能使肌肉附着点增大,肌纤维增粗,肌肉重量增加。正常人肌肉重量女性占体重的35%,男性占40%。经过锻炼,肌肉的重量可占体重的50%,同时肌肉的力量、耐力、协调性等也得到增强。

第二,体育运动能使大脑和整个神经系统得到锻炼,能提高神经系统的灵活性和神经细胞的工作耐久力,使神经细胞获得足够的能量物质和氧的供应,转移神经系统的过度紧张,从而消除疲劳,清醒头脑,敏捷思维。比如,在打乒乓球时,小球忽来忽去,运动员必须在尽可能短的时间内作出判断与反应,调整步伐,挥动手臂,随时准备击回来球。经常参加体育锻炼就可能使大脑从中受益。

第三,经常参加体育锻炼能提高血液循环系统功能,使心肌纤维变粗,心室心房壁增厚,心率和脉率缓慢,心肌收缩力增强,容积增大,每搏心脏输出量增加。一般在安静时,心脏每搏输出量为50~70 mL,如经常参加体育锻炼则可达80~100 mL;长期参加体育锻炼的人,胸膛宽阔,这意味着肺脏能吞吐大量的空气,增大了肺通气量,吸氧量和二氧化碳排出量亦相应增加,使气体在肺内的交换更充分,提高了供氧能力,使之不易疲劳,从而呼吸系统功能得到改善。

第四,体育锻炼对消化系统的功能有良好的促进作用。由于代谢的增加,运动后身体所消耗的部分能量需要及时得到补充,促使人的食欲增加。运动时肠胃不断受到刺激,加强胃肠蠕动,使消化液分泌增多,从而促使消化和吸收能力的提高。

由此可见,经常参加体育运动对身体的发展具有重要意义。随着社会的不断进步和科学技术的飞速发展,使得脑力劳动与体力劳动在结构上也随之发生了巨大改变,即脑力劳动在生产过程中逐渐占了主导地位,体力劳动逐渐呈下降趋势,而且这种趋势越来越明显。中国虽然是发展中国家,但其发展日新月异,同样呈现了劳动力结构发生突变的现象。这样必然使人们的劳动角色逐渐由运动状态的体力劳动者向安静的伏案状态的脑力劳动者方面转化,而这种转化会从整体水平上削弱人们体力活动的机会和能力,从而导致整个人口中出现了以脑力劳动者为典型的“肌肉饥饿”、运动不足、营养过剩、心血管疾病等“现代文明病”现象,大大改变了人类正常的生物适应能力。

在体力劳动时代,对劳动者造成的疲劳是全身心性的,疲劳的部位主要集中在四肢,恢复的方式主要是良好的睡眠。进入机械化时代,严格的社会分工造成的疲劳则是身体局部性的,疲劳部位开始由四肢转向大脑,而且往往出现睡眠障碍,不易得到恢复,还会形成局部疲劳的积蓄,从而影响健康。进入信息化劳动时代,生产劳动对人的疲劳则进一步转向了高级神经系统,使劳动者的健康发生着更为深刻的变化。20世纪50年代特别是90年代以来,工业发达国家经历了一次以电子技术为基础的工业革命,生产力获得了飞跃发展。虽然提高了生产效率,但反过来又严重摧残着工人的精神、心灵和神经。

在我国,近十余年来高级知识分子的健康状况也出现了与上述发达国家类似的情况。

根据2001年有关文献报道,在对全国10个省市2 188名高级知识分子的健康调查中,我国知识分子目前平均寿命为58.12岁,低于人均寿命(69.8岁)11.82岁,英才早逝给整个社会带来不可估量的损失。调查还表明,这个群体中77%患有各种疾病,健康良好的仅占23%。同时,参与体育锻炼的意识淡漠,能正常参加体育锻炼活动的只占调查人数的21%。由于巨大的脑力劳动和长期特殊生活方式的作用,平均死亡年龄大大低于总人口的平均数,有61.08%的人患有各种疾病,包括脑血管疾病、恶性肿瘤、心血管疾病等,整个社会的死亡原因构成也随之发生了变化。我国大学生的体质健康也是十分令人忧虑的,有将近2/3的学生在入学后的体育复试中不合格。特别令人忧虑的是,大学生的心理健康情况已经相当严重地摆在我们的面前。

因此,参加体育锻炼是当今社会发展的需要,是人们追求健康生活的需要,是现代人造就良好"物质基础"的需要。

## 二、培养现代人的竞争意识

竞争是指两个或两个以上的对手彼此为争取比对方更好的成绩而努力并显示潜能的行为过程,而在此过程中具有能够战胜对手的愿望或想比对方做得更好的意愿即为竞争意识。竞争意识是竞争规律在人脑中的反映,并支配人一切行为的一种特殊的心理思维活动过程,简单地说就是人主观认识、理解和运用竞争规律,根据竞争双方的客观实际而采取一切合理行为,并作为在竞争中指导个人行为、心理思维的活动过程。竞争意识是人们长期在社会的实际活动中形成和发展的,人类的竞争不同于动物的竞争,动物的竞争是本能的表现,是为了生存的需要,是为了适应自然环境变化的一种被动行为过程。而人类的竞争是为了满足完善自身,实现自我需要的社会性行为,是自觉的、主动的、有目的的,是有着社会文明烙印的活动。

在中国的传统文化中,儒家思想所提倡的"夫唯不争,故天下莫与之争"的恭谦退让的精神和淡化竞争、耻谈竞争的社会行为,是不利于市场经济和青少年培养的。在一个自给自足的自然经济社会中,人们不需要竞争,甚至排斥、抵制竞争,因为竞争可能搅乱人们平静的田园生活。于是,在这样的社会里不会也不可能产生竞争性强的体育活动。从这个意义上讲,今天提倡体育不仅有振奋民族精神的现实意义,还有着造就新一代的民族个性的深远价值。

现代社会离不开竞争,无论是国家、企业、集体,还是普通劳动者都要在强烈的竞争中求生存、求发展。竞争是现代体育的灵魂,体育活动中的竞争性教育是其他任何活动难以相比的。英国政府最近惊呼:许多孩子体弱多病,体重过重,而且懒到极点,那些在年幼时缺乏竞争动力的孩子经常是半途而毁。因此,政府呼吁参加富有竞争性的体育活动。美国福特汽车公司老板每年花费巨资举行一种叫"追、过、踢"的棒球比赛,在11万少年儿童中选出6名优胜者予以奖励。飞利浦公司不甘示弱,也从棒球运动中选出"投、掷、击"3个动作进行比赛吸引青少年。日本松下电器公司的经理在谈成功之道时,言及所赏识的人才就是那种有进取精神的运动员型员工。

竞争意识的培养可以通过参与体育运动得以实现。这是因为,竞技运动本身就具有强烈的竞争性,而且在具体的实践过程中,由于体育活动自身的特性,它可以使参与者在运动中体验到强烈的竞争气氛。比赛场上的竞争气氛和竞争行为具有极强的吸引力和感染力,

它不仅使参与者直接感受到强烈的情绪体验，就是间接的参与者——现场观众和电视观众，也同样会被激烈的竞争场面所震撼。因此，无论是直接参与者还是间接参与者，都能感受到体育活动强烈的竞争气氛。体育运动竞赛本身富有极大的魅力，竞赛过程中风云变幻、跌宕起伏和惊险刺激的场面，扣人心弦，人们从运动员身上看到力量和智慧，受到鼓舞和启迪，同时竞争意识也得到培养、激发、强化。

通过体育运动实现对参与者竞争意识的培养，须经过参与者的实践，在社会化过程中得到强化和培养。竞争意识的培养乃至强化的渠道，肯定是多样的。但体育活动对形成个体的竞争意识却是得天独厚的。其一，体育活动作为社会文化教育的重要组成部分，已经被越来越多的人所接受。当前“体育热”已经成为一种全球化的社会文化现象，参加和观赏体育比赛构成人们文明、健康、科学生活方式的一个重要方面。随着现代体育的不断发展，体育的价值也正发生着巨大的变化，由过去的欣赏层面向健身层面和教育层面转化，进而向着社会化层面转化。表现出体育的社会价值已经远远不仅满足人们健身、娱乐的需要，而且已经成为培养、激发人们竞争精神的积极诱因和有效手段。因此，人们在欣赏竞赛和参加体育活动的过程中，体育运动竞争性的特点，就自觉或不自觉地被人们所认识、接受，强化。其次，体育竞赛活动中的竞争是平等、公正的，人们在竞争中获胜的机会均等。只有通过自己不断的努力，不断地挖掘自身的最大潜能，提高机能、技能、智能水平，才能在竞争中取得优胜。因此，这种竞争意识的培养，具有可接受性。其三，体育活动对于培养人的竞争意识具有很强的适应性。体育活动本身多样性和丰富性的特点，使不同年龄、性别、爱好、知识层次、职业的人都可以根据自己的需要选择不同的运动项目，最大限度地满足每个人参与体育运动的愿望。

## 三、潜移默化地影响现代人的民族精神、爱国主义精神和民主教育

随着社会经济的发展和人民生活水平的提高，体育运动在国家政治和民主生活中的地位逐步加强，体育运动水平的高低作为国家和地区实力地位的象征意义更加显著，大型运动会越来越受到全社会的关注，其规模不断扩大，所产生的影响日益广泛和持久。以奥运会为代表的大型竞技体育运动会，经过 100 多年的发展，其内容和规模发生了巨大的变化，全世界人民已把其作为友好、和平与发展的象征。运动会过程中所体现出来的具有“更快、更高、更强”和团结、友好、和平的气氛通过现代传播媒介传遍世界的各个角落，使全世界为之震撼。

体育运动可以唤起人们的民族归属感，认同感，增强民族凝聚力，它和民族的荣辱紧密地联系在一起。民族的最高礼仪升国旗、奏国歌可以频繁地出现在体育的国际场景之中，激发人们的民族自豪感和爱国热情，同时也使爱国主义精神得到渲染。

现代体育又与民主同在。人类赋予体育的理想——和平、进步、团结、友谊，以及相互尊重和理解，对人的信任和充分尊重等，都集中地表现了人类梦寐以求的民主愿望。而体育活动参与的大众性和比赛结果评定的公正性、公开性，决定了体育比赛必定是个民主过程。人人可以平等地参加，在运动中“获得与其天赋相适应的运动成就”，已成为一种民主权利写入联合国教科文组织的《体育运动国际宪章》。体育规则的制定、竞赛组织、胜负的判定、人才

的选拔都有充分的民主性,这常常令许多社会学家羡慕不已,视其为一种民主程序的典范。在这里,每位运动员都享有参与和退出、选择与被选择、解释与申辩等民主权利。但体育比赛中的民主不是无限的,它是在规则严格控制下发展的。规则和其他竞赛文件,使人们形成一种"契约关系",即力争最大限度发挥自己的能力战胜对手,同时又要承担义务允许对手在平等地位上与自己展开竞争。这一点恰恰是一个民主法制社会成员必须具备的品质。

另外,在通常情况下,体育比赛的结果在比赛前具有不确定性,任何人都不能以任何超越的手段,造成事实上的明确结果。在比赛进行中或比赛结束后,评判是在众目睽睽下进行的,具有良好的公开性和极大的透明度,而这些充分保障了体育活动中的民主性特征。

### 四、现代体育有助于青少年建立一种良好的科学态度

由体育竞赛刺激起来的体育科学研究出现在人类社会为期不长,甚至还没有来得及将它写进科学技术史。然而它的发展速度却令人惊异。它不仅为人类研究自己提供了许多新的设备、仪器、方法、经验和认识,而且还向人们证实了对自身的研究也必须持有唯物主义世界观和辩证的科学态度。体育运动本身就是一项永无止境的科学研究工程,这一工程的进展,从现实意义上讲可能负载了民族、社会、集体、个人的某些价值,创造出了丰富的竞技文化;从科学进程来讲,它积累了人类对自身的认识,扩展了自身的能力。它用一种感性的形式模拟了科学实验的过程,向社会提倡了一种科学态度。就这个意义而言,现代体育必须保证其全力以赴和公正无私,因为它不仅仅是参与者胜负的标志,而且是真理同谬误的试金石。在这里,人的主体精神、竞争意识、民主观念和科学态度达到了高度的统一。

## 第三节　体育在现代社会中的地位和价值

### 一、体育是社会稳定的"安全阀"

体育的发展需要社会的稳定,而社会需要体育作为一种稳定的力量以求得到平衡。在社会向现代化发展的进程中,体育所起的作用越来越为人们所重视。

#### (一)体育运动对国际争端的缓解作用

国际间的运动竞赛,能促进不同民族或团体间人与人的相互认识,能促使人们为共同的利益团结奋斗。因此,可以说体育运动能使战争得到缓解和抑制,在重大国际体育赛事举行前,常常有"休战宣言"、"和平声明"的发表,当优胜者国家的国旗、国歌升起和奏响的时候,是不会引起他国敌视的。

#### (二)体育运动对社会安定有积极作用

体育运动对于维护社会安全,减少暴力事件也有积极作用。根据调查统计资料证明,凡是城市里有重大赛事或电视里转播重大国际比赛时,街上的行人、公共交通工具上的乘客就

大为减少，同时犯罪率也明显下降。

另外，体育运动竞赛活动中的公平、公正、遵守规则、服从裁判等特定的要求对培养市民良好的道德品质和自觉遵纪守法有积极的作用。

## 二、体育是市场经济的重要组成部分

促进生产的发展，历来被认为是体育最重要的社会功能。在社会主义市场经济条件下，体育对经济发展的促进作用表现得日益明显。

### （一）对劳动者素质的提高

通过体育运动可以增强劳动者的体质，调节劳动者的情绪，提高对各种环境的适应能力，从而提高劳动生产能力，在劳动中能承受更大的劳动强度。根据我国一些厂矿、企业的调查表明，职工参加体育运动的多少与他们的体质成正比，健康状况与他们的劳动生产率也成正比。另外，体育还可以减少劳动者的病假率，提高出勤率。

### （二）对企业文化的建设

在现代企业中，企业文化建设越来越为人们所重视，企业文化的优劣状况，关系到企业的形象、职工的素质、工作效率和企业的利润。在企业文化中职工体育是重要的组成部分，它不仅关系到职工的健康，可以提高出勤率，减少发病率，而且有利于增强企业的凝聚力、向心力，增强团队精神，提高企业的整体实力，它是企业无形资产的重要组成部分。

### （三）体育产业的形成与发展对国民经济的促进作用

体育产业是新兴的并具有发展前途的产业，是主要满足人们精神文化和强身健体需求的产业。社会的分工、经济的发展，使体育产业从非独立行业而逐渐成为独立行业，使该产业在国民经济中发挥着特定的功能。体育产业是随着社会经济的发展而发展的，人们从事各种体育活动的希望和需求，也会随着社会经济发展而不断提高。体育产业是一个长期存在和持续发展的产业，是在市场经济中不可缺少的基本组成部分，在经济与体育较为发达的国家，体育产业已成为国民经济的支柱产业之一。

## 三、强大的社会文化功能

体育的文化价值，是作为增强体质和发展经济的手段以外的内在精神价值。社会功能表现在以下四个方面。

### （一）振奋民族精神，表现民族自尊

当今时代，要问鼎世界，保持国家强盛，振兴民族，必然要以民族精神的发扬为前提，而体育则成为振奋民族精神的巨大动力。甚至一次重大国际比赛得失，也能像巨石击水一样，在国民心中产生巨大的冲击波，使千万人乃至整个民族、国家沸腾起来，使民族精神升华，爱国激情得以张扬，民众之心联成一体，为国家的腾飞，民族的昌盛提供难以估量的精神力量。

如1968年捷克冰球队战胜前苏联冰球队后出现了举国欢庆的盛况，我国女排获得“五连冠”后在国内引起的轰动，以及第13届世界杯足球赛阿根廷获得冠军后在国际国内所产生的影响，都是生动有力的说明。

### （二）丰富人们的精神文化生活，满足社会成员精神需求，提高人们的生活质量

随着体育运动形式的日益丰富和多样化，体育功能也将不断发生变化，从而推动和促进体育的整体发展，这将成为满足社会成员精神需求和提高人们生活质量的必不可少的永恒的条件。

### （三）协调人际关系，创造和保持稳定的社会环境和局面

体育运动是人类进步的结果和文明的象征，随着社会的发展，体育运动越来越成为人类社会生活进步的基本内容。“体育竞赛为控制冲突提供了一种有效的可能性”。体育竞赛中竞争是激烈的，这是身体技巧、策略和战术上最优秀的人取胜的唯一模式。同时，竞赛也是相互学习和交流的最好时机，并且通过竞赛能够创造相互理解和联系的条件，协调彼此之间的关系使之正常化、情感化，从而为国家的稳定、经济的发展、政权的稳固、科学文化的繁荣等创造合适的社会环境和局面。体育运动对协调人际关系，缓和社会矛盾，加强社会公德，提高人民文明程度有积极的作用。

### （四）增进和调节国家民族间的关系，创造有利于人类共同发展的和谐的国际环境

体育运动的国际化使体育成为国家之间重要的交往手段。通过体育比赛，相互学习和交流，创造国家、民族间的相互理解和联系的条件，协调国际关系，促进文化交流，加深不同国家、民族人民之间的相互了解，对维护世界和平、创造有利于人类共同发展的和谐的国际环境有着十分重要的作用。我国20世纪70年代的“乒乓外交”，用小球转动了大球就是一个极其生动典型的例子，再如1980年冬奥会上，美国冰球队击败前苏联队，大大出人意料，从而减轻了美国公众由于前苏联介入阿富汗这一政治局势而产生的沮丧情绪，等等。总之，体育作为一种文化现象，对人类社会所产生的作用和影响是多方面的，它全面作用于社会各方面，从体育价值观的意义上说，工具价值也是一种广义的文化价值，而文化价值则是更深层次上的一种价值。

## 四、体育是现代教育不可缺少的重要组成部分

### （一）体育锻炼可以增强学生的身体素质，提高健康水平

大学生正处于青春发育期，是身心发展的关键时期。通过高校体育教育能有效地促进大学生身体的正常发育，增强体质，并塑造健美的体态，从而以强健的体魄和充沛的精力保证当前的学习和迎接未来的工作。

### （二）体育教育能有效地提高大学生的体育素养

大学生经过一定时期的体育教育，能比较系统地掌握体育的基本理论、基本技能和科学

锻炼身体的基本方法，增强自身的体育意识和综合能力，为毕业以后的体育锻炼奠定基础。

### （三）体育活动可以促进心理健康

经常进行篮、排、足球及接力跑、拔河等集体项目的锻炼，在对抗比赛中会让人慢慢改变孤僻的性格，逐步适应与同伴的交往，团结互助；参加游泳、溜冰、单杠、双杠、跳马等项目的运动，则会使人们在运动中克服胆怯心理，以勇敢无畏的精神去战胜困难，越过障碍，消除胆怯、自卑的心理障碍；参加乒乓球、网球、羽毛球、跨栏、跳高、跳远、打太极拳项目等能调节神经活动，增强控制能力，对克服急躁情绪有一定的益处。

### （四）体育教学活动可以促进师生之间、学生之间相互的了解

有人作过调查，在体育教学中，师生、同学之间相互交往的次数愈多，就愈容易相互了解；相互交往的时间越长，密度越大，越容易产生共同的体验和感受。由于体育教学以群体的形式进行身体锻炼，学生之间相互接触、合作，有利于调节个体与个体、个体与群体之间复杂的关系。在群体教学和练习过程中，学生为了掌握运动技术和技能，完成规定的身体练习，不仅需要做体力上的努力，更需要老师和同学的友爱与关心、支持与协助、尊重与信任、理解与团结。通过身心的不断努力，掌握动作技术，克服困难，磨炼意志。既锻炼了自己，也了解了他人，从而获得心理和身体上的双丰收。

## 五、体育推动高科技的发展

### （一）体育实践是检验科学技术成果的标准之一

实践是检验真理的唯一标准。人们的体育实践是一种重要的实践活动，人们在体育活动中运用科学技术成果，同时也在检验科学技术的真理性。比如，巴甫洛夫的高级神经活动学说曾在体育领域视为权威理论，但是近年来不断受到体育实践活动的挑战。

### （二）体育科学有着广阔的发展前途

体育科学是发展较晚的一门学科群，然而它的发展速度却令人惊异，与人体科学、生命科学、人文科学、社会科学等多种学科有机结合，使体育科学有着广阔的发展前途。它不仅对人类研究自身提供了许多新的装备、仪器、技术、方法、经验和认识，而且向人们证实了对自身的研究也必须持有唯物主义世界观和辩证法的科学态度。

### （三）运动技术是一种特殊的技术

运动技术是一种不具有生产性的技术，运动技术不能直接为社会创造使用价值，但是，运动技术具有重要的社会意义和科学研究的价值。因此，对运动技术的研究不仅可以用以提高运动成绩，提高锻炼身体的实际效果，而且对人自身也是一种开发和探索。

# 第四节　现代社会对人才的要求

步入21世纪，人类正在以前所未有的速度加快现代化社会的建设步伐。现代化的社会是一个动态的过程，它是人类发展历史上的一个崭新的发展阶段。现代化是指在日益分化的基础上，人类进入一个能够自我维持增长和自我创新，以满足整个社会增长需要的全面发展的过程。伴随着社会的现代化，社会经济、政治、文化、科技等都处于一个快速发展时期。现代化的社会需要现代化的社会人，人的现代化也是一个过程，人的现代化应该包括人的素质、人的职业、人的组织等在内的人的全面现代化，而一个健康的社会公民则是现代化的最基本的组成部分。

## 一、强健的体魄

健康的身体是人类一切活动的物质基础，也是人类一切活动得以开展的前提条件。伴随着人类的文明史，人的身体结构和各器官系统的功能也在不断发生着变化，以适应不同的生存环境。人类社会的三次工业革命给人的生活环境带来了巨大的进步，社会的每一次变革都会带来生产力的飞跃。大机器生产、信息化、网络化使人体日渐远离生产劳动，社会生活的现代化，加速了人们的工作和生活节奏，脑力劳动的不断增加和体力劳动的减少，导致社会性的脑力劳动者出现“肌肉饥饿”“运动不足”“机能退化”等，人类文明的发展伴随以人的运动本能退化为代价。

面对严峻的生存压力，全球都兴起了“健身热”，人们都认识到健康的体魄对工作和生活的重要意义。从20个世纪后半期开始，体育运动已经开始向全球纵深发展，“全民健身”在不同的国家和地区以不同的宣传形式致力于让每个公民都参与健身活动。传统的健康观认为，健康就是“无病、无伤、无残”，随着社会的发展和科学技术的进步，人类对健康有了新的认识。世界卫生组织（WHO）对健康提出了全面的定义：“健康是一种身体上、心理上和社会上的完满状态，而不只是没有躯体疾病和虚弱状态。”强健的体魄是身体健康的前提，它能满足生活需要和有足够的能量来完成各种活动和任务。健康意味着不断适应变动不已的生物和社会环境，也就是说人的健康是生命运动过程，是一种积极的、能动的追求。一个身体健康的人应该是一个体质良好、体能全面的人。

体能是指我们机体基本活动能力的走、跑、跳、投、攀爬和身体素质的力量、速度、灵敏、耐力、柔韧得到全面发展，同时神经系统、呼吸系统、循环系统、消化系统等器官系统具有协调工作能力。体能是先天的遗传和后天锻炼的双重结果，但是主要还是后天锻炼的结果。保持良好的体能可以使我们的身体健康、精力旺盛，从而使我们的生活更美好充实。身体的组成成分也会影响健康，诸如肌肉、脂肪、骨骼的比例，尤其是体内脂肪的比例，脂肪过多对健康是有害的。现代社会由于人们的饮食结构的改变，大量的高蛋白、高热量食品的摄入，以及体力劳动的减少，造成体内营养物质过剩堆积，产生了“社会性”的肥胖，在许多国家，肥胖人的比例呈直线上升趋势。肥胖可能造成心脏病和高血压，还可能导致人的心理健康水平下降。

## 二、高超的智能

现代社会科学技术日新月异，为了立足于现代激烈的社会竞争，人们不得不学习掌握各种知识和技能，因为不学习，我们的知识就无法更新，我们就会落伍。信息时代的来临，使我们必须面对高科技的挑战，现代社会对人的智能要求有了深刻的变化，除了有扎实的基本知识和精深的专业知识外，还要有学习能力、创新能力、观测能力、动手能力。科学的发展向着分化和综合方向发展，一方面专业越分越细；另一方面，协同工作也越来越有必要。良好的创新和学习能力都是建立在高超的智能上。

## 三、良好的心理素质

人的全面发展是21世纪的主题。在新的世纪，人们对心理健康给予了更多的关注。《世界卫生组织宪章》就开宗明义地指出："健康不仅是没有疾病和病态，而且是一种个体在身体上、精神上、社会适应上健全完好的状态。"可见在人的整体素质结构体系中，心理素质本身占有重要地位。良好的心理素质是优良的思想品德形成的基础，是有效学习科学文化知识和进行智力开发的前提，是引导人正确交往、合作成功的重要手段，是增进人们掌握劳动技能的保证，是促进人身体健康的必备条件。特别是当代青少年，他们当中有许多是独生子女，由于种种原因，他们中的部分人不同程度地存在学习怕困难、情绪不稳定、孤独胆小、惧怕挫折、缺乏毅力、懒惰、怯懦、自私等缺点。如果他们的这些缺点不能及时纠正的话，那么他们的主体性就不能更好地得以发挥，其中所蕴含的问题以及这些问题可能会给社会带来的影响是很大的，有时甚至是相当严重的。

人类已经步入21世纪，社会竞争更加激烈。我们所培养的公民必须具有丰富的知识、强健的体魄、健全的人格、积极乐观的人生态度，以及承受各种挫折和适应不同环境的能力。影响心理健康的生物学因素，包括遗传、体质、解剖结构、生理、生化改变和病毒、细菌感染等多种因素，其中，尤以遗传因素的影响最为突出。研究表明，在心理障碍中，尤其是严重的精神分裂症的发病因素中，遗传占有十分重要的地位。另外，个体的心理健康还受到儿童早期与父母的关系以及父母对儿童的态度的影响。儿童如果能在早期和父母建立良好的关系，能从父母那里得到爱、支持和鼓励，就能获得基本的安全感和信任感，这对其今后的心理发展有着良好的促进作用。反之则可能导致孩子今后的人际交往障碍和人格发展障碍，对孩子的心理健康产生不良影响。

社会环境因素，包括生活事件与环境变迁，对人的心理健康有重要影响。生活事件是指人们在日常生活中遇到的各种各样的社会生活的变动，如结婚、升学、亲人死亡、与同学争吵等。生活事件会引起个体产生应激反应，出现各种生理和心理变化，因此它是预测身体和心理健康的重要指标。个体每经历一次生活事件，都要努力适应由于这一事件的发生所带来的生活变化。如果生活事件增加，那么个体的生活变化也会增加，个体为了适应变化而付出的努力也需要相应增加。因此，如果一段时间内发生了太多的生活事件，个体就会感受到较大的心理压力，从而影响到躯体和心理健康状况。

从生活事件出发探讨心理健康，为我们提供了一个独特的视角，但生活事件只是环境中的诱发因素，个体是否真正出现心理问题，还取决于个体内在的因素。个体所处环境的巨大变迁也会使个体产生心理应激。虽然环境变迁属于生活事件的一部分,但这种变化对个体适应的影响将更加突出。例如,很多大学新生,特别是来自边远农村的新生,因为环境的巨大变化而容易出现适应障碍,表现出强烈的思乡情绪、抑郁孤独、焦虑紧张等,同时伴随着失眠、消化功能紊乱、疲倦乏力等身体障碍。

在个体的发展中,学校教育的作用是相当重要的。学校教育的重要性首先表现在它在较长的时间内对学生进行系统教育,而这种系统的教育,对青少年的社会行为的塑造是其他机构无法替代的。现代社会的正规教育时间,一般长达9~16年,在这期间,学校对学生施以有目的、有计划、有系统的全面教育,比起家庭那种零散、随机的教育,影响要大得多。学校的重要性还在于它有着独特的、完整的机构,它是社会的雏形,对学生了解社会、发展自我和人格、培养合乎角色的社会行为模式起着重要的作用。

体育心理学研究证明,针对性地进行体育锻炼,是纠正心理缺陷、培养健康人格的有效方法。不过,由于个体差异,选择的体育锻炼项目也应有的放矢。对于那些优柔寡断的人来说,乒乓球、网球、羽毛球、拳击、摩托车、跨栏、跳高、跳远、击剑、角力等体育活动,对他们有比较大的帮助。因为任何犹豫、徘徊都将延误良机,遭到失败,经常锻炼能帮助形成果断的个性。急躁易怒的人最好选择下棋、打太极拳、慢跑、长距离步行及游泳和骑自行车、射击等缓慢、持久的项目,这些体育项目能帮助调节神经活动,增强自我控制能力,稳定情绪,使容易急躁、冲动的弱点得到克服。缺乏自信者坚持一段时期诸如跳绳、俯卧撑、广播操、跑步等体育项目的练习,信心自然能逐步得到增强。遇事紧张的人应多参加对抗激烈的足、篮、排球等项目,因为场上形势多变,比赛紧张激烈,只有冷静沉着地对付,才能取得胜利。自负逞强的人可选择一些难度较大、动作较复杂的运动项目,如跳水、体操、马拉松、艺术体操等体育项目,也可找些实力水平超过自己的对手下棋、打乒乓球或羽毛球等,以不断地提醒自己"山外有山",万万不可自负、骄傲。有孤独、怪僻的心理缺陷的人应该选择足球、篮球、排球以及接力跑、拔河等集体项目。坚持参加这些集体项目的锻炼,会帮助其慢慢地改变孤僻的习性,逐步适应与同伴的交往。腼腆、胆怯的人多参加游泳、溜冰、滑雪、拳击、摔跤、单双杠、跳马(箱)、平衡木等体育项目的运动。这些项目要求人们不断地克服害怕摔倒、跌痛等各种胆怯心理,以勇敢无畏的精神去战胜困难,越过障碍。

体育锻炼作为心理纠正训练内容,不是一般运动训练和娱乐游戏活动,要想达到心理转化的目的,必须有一定强度、质量和时间要求。每次锻炼时间在30分钟左右,运动量从小到大,循序渐进,培养参加体育锻炼的兴趣,养成参加体育锻炼的习惯。

## 四、高尚的道德情操

中华民族有着5 000多年的悠久历史,是人类文明的五大发源地之一。明礼诚信自古就是中华民族的美德,我们应该继承并发扬它。自工业革命以来,人类社会对地球无限制地开采和掠夺,以及科学发展的无序和失控,核毁灭、人口过剩、环境恶化等关乎人类生存的问题已引起人们的高度关注,制定全球范围的道德规范将是伦理学家和政治家的重要工作。伦理道德问题已经成为全球关注的焦点。

物质文明和精神文明是现代文明不可分割的组成部分。两个文明共同发展,是社会主义现代化的重要目标和重要保证。物质文明是基础,精神文明是动力,它为现代化建设提供精神动力、智力支持和创造良好的社会环境,保证现代化建设朝着正确的方向前进。加强精神文明

建设，引导人们正确处理竞争和协作、自主和监督、效率和公平、先富和后富、经济效益和社会效益等关系，形成把国家和人民利益放在首位的观念，培养现代人高尚的道德情操。

市场经济具有两重性：一方面，它具有积极作用，不仅推动了我国生产力的快速发展，而且给社会主义精神文明建设增添了许多新内容，如平等、自主、竞争、开放、效益、法规等观念和行为方式。另一方面，它又有其自身的局限性，如市场行为的盲目性与自发性，部分市场主体的本位性与唯利性等。这些功能缺陷反映到道德思想领域则容易滋生本位主义、拜金主义、享乐主义等。这就需要现代社会的人不断提高自身的道德修养，培养高尚的道德情操。在现代社会里，人在各个环节的运作中所表现出的行为和态度，是他人格的延伸，而这个延伸取决于是否具有高尚的道德情操。

体育是传播精神文明的重要载体，通过体育行为培养现代人高尚的道德情操是一条有效的途径。体育是人类文明发展的产物，是社会文化的重要内容，在社会主义文化建设中有着不可替代的作用。体育健儿在体育运动训练竞赛中所展示出来的“不畏艰险、不断进取、团结拼搏、敬业奉献、勇攀高峰”的优秀品质，已成为全社会宝贵的精神财富，极大地激发了中国人民的爱国热情，促进了我国社会主义精神文明的建设，推动了社会主义建设事业的发展。

要想通过体育培养人们高尚的道德情操，首先应该加强体育自身的道德建设。加强体育道德建设必须从我国的国情和体育工作的实际出发，坚持“以人为本、重在建设”的原则，坚持正面倡导、正面教育，坚持继承与创新相统一的原则，树立与时俱进的观念，把继承优良传统与弘扬时代精神紧密结合起来。坚持与社会主义市场经济相适应的原则，正确处理国家、集体和个人的利益关系，反对个人利益至上、金钱至上的错误思想。坚持突出重点、全面建设的原则，重点抓好体育行业道德建设。坚持依法治体与以德治体相结合的原则，做到教育与管理相一致，自律与他律相补充。体育道德建设必须体现社会主义道德的总体要求，要以为人民服务为核心，以集体主义为原则，结合体育行业的领域的特点，将祖国培养意识教育和“爱祖国、爱人民、爱科学、爱劳动、爱社会主义”的基本道德要求及社会公德、职业道德、家庭美德的具体规范渗透于体育道德之中，使体育道德的内容特色化、具体化，成为体育工作者和群众体育活动的参与者普遍认同和自觉遵守的行为准则。

努力营造健康文明的社会体育道德氛围。社会体育道德建设应围绕追求文明生活、科学参与健身的主题，大力倡导科学健身、反对迷信、爱护设施、维护环境、文明礼貌、互相尊重、遵纪守法、维持秩序等道德规范。要在体育观众中大力提倡遵守赛场纪律、维护赛场秩序、文明观赏赛事、理智对待输赢、讲究公共卫生、爱护赛场公物、尊重运动员、裁判员等体育赛场道德。努力培养和提高体育观众的道德素质和法纪观念，教育引导他们恪守道德规范和赛场纪律，做文明观众。

## 思考题

1.体育文化有哪些特征？

2.为什么说人们需要体育文化？

3.体育怎样造就人身体的物质基础？

4.现代社会对人才有哪些要求？

# 第二章　人生最大的财富——健康

人生三大财富——知识、友谊、健康，而健康则是知识、友谊的载体。同时，健康又是资本。纵观历史，许多英雄豪杰不是被对手打败，而是丧失健康而自灭。乐坛巨子贝多芬饱尝病魔缠身之苦，大声疾呼：人啊，拯救你自己吧！历史上许多伟人对健康都作过精辟的论述。古希腊苏格拉底曾说“健康是人生最可贵的”；我国著名教育家张伯苓认为“强国必强种，强种必强身”；毛泽东在《体育之研究》中说“德智皆寄于体，无体是无德智也”；马克思也认为“健康是人的第一权利，一切人类生存的第一个前提，也是一切历史的第一个前提。”

时至信息时代的今天，人们更加清楚地意识到了“健康第一”的重要。

## 第一节　健康新概念

健康是一个具有强烈时代感的综合概念，并随着社会和医学科学的发展而逐步深化。在生产力水平低下，生活贫困时期，人们认为无病就是健康。随着社会的发展、生产力水平的提高，物质生活逐渐丰富，健康的内涵和外延也在不断拓宽。

生物医学模式下，人们单纯地把健康理解为“无病、无残、无伤”，这个概念至今仍有广泛的影响；但按现代医学的观点，这个概念是极不全面的，它的不足之处就在于忽视了影响人们健康心理的社会因素，如政治、经济、战争、教育以及冲动、孤独、紧张、恐惧、悲伤、失落、忧患等社会、心理因素对健康的影响。健康是人类生存发展的一个基本要素，没有健康就一事无成，健康既属于个人，又属于社会。1948 年，世界卫生组织（WHO）在其宪章中提出“健康不仅是没有疾病或虚弱，而是指身体的、心理上的和社会的良好状态”的三维健康观。将健康的概念划分为生理、心理和社会三个方面：生理意义上的健康是指躯体、器官、组织及细胞的健康；心理意义上的健康是指智力的正常；社会意义上的健康是指有良好的人际交往与社会适应的能力。三者相互作用以维护个体的健康。当三者平衡时，我们称之为恒定，便能维持健康；当这种平衡受到干扰而被破坏时，疾病便产生了。在恒定与平衡被破坏之间，出现了健康状态的动态变化，“健康”和“疾病”是这种变化的两个极点，处于中间的动态变化过程即是处于亚健康状态。1989 年，WHO 又将健康重新定义为：“心理健康，身体健康，道德健康和社会适应良好。”即，一个人只有在躯体健康、心理健康、社会适应良好和道德健康四个方面都健全时才能算是完全健康的人。

在四维健康的基础上，中国社会医学专家把健康分为三个层次。

第一层次（一级健康）是满足生存条件，包括：①无饥寒、无病、无体弱，能精力充沛地生活和劳动，满足基本的卫生要求，对健康障碍的预防和治疗具有基本知识；②对有科学预防方法的疾病和灾害，能够做到采取合理的预防措施；③对健康的障碍能够及时采取合理的治

疗和康复措施。

第二层次(二级健康)为满意度条件,包括:①一定的职业和收入,满足经济要求;②日常生活中享用最新科技成果;③自由自在地生活。

第三层次(三级健康)为最高层次的健康,包括:①通过适当训练,掌握高深知识和技术并且有条件应用这些技术;②能过着为社会作贡献的生活。

健康概念有与一定时代相适应的特点,但也并非一成不变,而是在不断地变化。随着科学技术的发展,生物以及社会环境、生活环境的改善,健康的概念会不断增加新的内涵。

## 第二节　健康人应具备的标准和条件

### 一、健康人应具备的标准

世界卫生组织提出的2000年人的健康标准:

(1)精力充沛,能从容不迫地应付日常生活和工作的压力而不感到过分紧张;

(2)处事乐观,态度积极,乐于承担责任,事无巨细不挑剔;

(3)善于休息,睡眠良好;

(4)应变能力强,能适应环境的各种变化;

(5)能够抵抗一般性感冒和传染病;

(6)体重得当,身材匀称,站立时头、肩、臂位置协调;

(7)眼睛明亮,反应敏锐,眼睑不发炎;

(8)牙齿清洁,无空洞,无痛感;齿龈颜色正常,不出血;

(9)头发有光泽,无头屑;

(10)肌肉、皮肤富有弹性,走路轻松有力。

以上10条标准是针对一般情况和普遍性而言,但对不同年龄的人,应有不同的要求。因此,世界卫生组织又把人按年龄作出如下分类:

44岁以前的人列为青年;45~59岁的人列为中年;60~74岁的人列为较老年(渐近老年);75~89岁的人为老年;90岁以上为长寿者。

最近,世界卫生组织就人体健康问题提出几项既易记、又易理解的新标准,这几项标准包含了人体生理健康标志和心理精神健康标志,简称“五快三良好”标准。

“五快”标准是针对人的生理健康而言,即:

吃得快:胃口良好,不挑食,能快速吃完一顿饭。

便得快:有便欲就能很快排完大小便,而且感觉良好。

睡得快:上床后能很快入睡,睡眠质量高,醒后精神饱满,头脑清醒。

说得快:思维敏捷,语言运用准确,表达流畅。

走得快:走路时脚步自如,活动灵敏。

“三良好”的标准是针对人的心理健康而言,即:

良好的个人性格:包括性格温和,意志坚强,感情丰富,胸怀坦荡,豁达乐观。

良好的处事能力：包括观察问题客观实在，具有较好的自控能力，能适应复杂的社会环境。

良好的人际关系：包括在人际交往和待人接物时，能助人为乐，与人为善，对人际关系充满热情。

## 二、健康人应具备的条件

（1）生长发育良好健康的人，身体发育比较好，主要表现为身高和体重正常，身材匀称，肌肉丰满，四肢有力，肺活量、握力、弹跳力、反应速度等监测指标达到国家规定的良好标准。

（2）身体素质好健康的人，肌肉运动所表现出来的力量、速度、耐力、灵敏和柔韧等素质，其监测指标达到国家规定的良好标准，它既能反映出人的神经系统和内脏的功能，同时也是健康的重要指标。健康的人，肌肉的体积大、力量大，可占体重的40%～50%。

（3）心肺功能好健康的心脏，心肌发达，心容量大，每跳动一次能排出血液80～110 mL，比一般人多20～30 mL。健康的肺脏其肺活量比一般人大，胸廓发达，呼吸肌强壮，呼吸缓慢而深沉，每分钟呼吸10次左右就能满足身体对氧气的需要（一般人为13～18次）。由于心功能增强，其肝脏、胃肠等内脏器官的血液循环旺盛，营养供应充足，处于健康状态。

（4）神经系统的功能好。无论是学习、工作、思考、判断，还是在日常生活中的行动，或是进行体育运动活动都受大脑的支配，并且效率高，不头痛不失眠，吃得香睡得甜。

（5）对外界环境的适应和抗病能力强。人体必须适应外界环境的各种变化。当外界气温升高时，身体通过皮肤毛细血管的扩张向外散热；当外界气温降低时，身体又通过肌肉产热，皮肤血管收缩，减少向外散热，以保持体温平衡。健康的人，天热了不易中暑，天冷了不易感冒就是这个道理。人体对传染病的抵抗力也是一样，身体健康的人，血液中的抗体多，在同样的情况和环境中，不容易得传染病。

# 第三节　影响健康的因素

人类的健康受各种因素的影响，主要有生物学因素和非生物学因素两大类。生物学因素是指细菌、寄生虫等病原微生物或基因遗传因素。非生物学因素是指心理、社会、环境和人类自身的行为方式和生活方式。20世纪70年代，加拿大学者从预防医学角度提出影响健康的四大因素：行为和生活方式因素、环境、生物学和卫生服务。

## 一、行为和生活方式因素

所谓行为和生活方式因素，是指人们自身的不良行为和生活方式给个人、群体乃至社会的健康带来直接或间接的危害，它对机体具有潜袭性、累积性和广泛性影响的特点。现实生活中，许多人存在健康问题，重要的原因是自己没有正确、良好、有规律的生活方式，不良的生活方式是影响健康的重要因素之一；而良好的生活方式则是延寿的重要条件之一。当今社会，由于人均收入增多、交通发达等原因，人们可以尽情地享受现代生活，但是，不良的生

活方式却在无情地蚕食着人们的健康。比如抽烟、酗酒、暴饮暴食、过多脂肪和糖等不健康的饮食生活方式;不规则的娱乐休闲、熬夜、睡眠不足、长时间看电视、玩电脑游戏成瘾等不健康的休息方式,缺乏锻炼或不运动等;夫妻间感情淡漠、对孩子溺爱、对他人冷漠等不健康的情感生活方式;以自我为中心、孤独、抑郁、嫉妒、自私等不健康的心理活动;以及过多功利化、物质化等不健康的交友方式,导致了亚健康状态的产生和迅速蔓延。全球心脑血管疾病患者的迅速增加,就是亚健康状态越来越严重的直接后果之一。有学者报告,在美国前10种死因疾病中,不良行为和生活方式在致病因素中占70%,中国占44.7%。美国通过30年的努力,使心脑血管疾病的死亡率下降了50%,其中2/3是通过改善行为和生活方式取得的。1992年,国际心脏保健会议提出的维多利亚心脏保健宣言指出:健康的四大基石是合理的膳食、适量的运动、戒烟和限制饮酒、心理健康。可见,行为和生活方式对健康具有举足轻重的意义。

## 二、生物学因素

生物学因素除年龄、性别等个体特征外,病原微生物是主要影响因素。在18世纪,路易斯·巴斯德(Louis Pasteur)、罗伯特·科霍(Robert Koch)等细菌学家的研究导致了疾病细菌学理论的形成。简单说就是每一种疾病都是由各类病菌所引起,于是,治疗疾病的最佳手段是采用生物医学方法控制和消除该致病原因。到了20世纪60年代后期,利用生产的抗生素类药物使世界上大部分地区消灭了天花等传染病,而余下的传染病也可通过免疫和抗生素得到控制。但20世纪末,人们惊讶地发现,传染病再度成为人类健康的主要危害,因为致病细菌显示出明显的抗药能力和适应环境变化的能力。以往无坚不摧的青霉素已成为历史,一些以往不为人知的致命病毒不断涌现,如人类免疫缺陷病毒(HIV)、埃博拉病毒(Ebola);一些病毒基因发生变异,如SARS病毒、甲流HN1病毒等。

## 三、环境因素

环境因素是指以人为主体的外部世界,包括自然环境和社会环境。

自然环境是一种生态系统,是人类赖以生存的物质基础。在当代社会飞速发展的过程中,人类的生存环境受到严重污染,环境污染必然对人体健康造成危害。我国已被列为世界上最缺水的国家之一,90%以上的城市水污染严重。各种环境污染混合在一起,形成了类似雌激素特征的化学物质,这类"环境雌激素"严重地影响了人类的生存和生活质量。有专家指出,环境雌激素对生殖的影响将是本世纪人类所面临的最大、最严重的挑战。例如,男性多出现睾丸癌、前列腺癌、精子的数量与质量下降等症状;女性多出现子宫内膜异位、子宫肌瘤、卵巢癌、乳腺癌等疾病。氟里昂曾经大大地推动了工业发展和人类生活现代化进程,但对臭氧层造成了巨大破坏。如果大气中的臭氧减少1%,人类皮肤癌的几率就会增加4%左右。化工生产所产生的一氧化硫、二氧化硫对人类呼吸道造成的伤害使肺癌比例大大增加。

社会环境包括政治、经济、文化、教育等诸多因素。疾病的发生和转化直接或间接地受社会因素的影响和制约。而且健康与社会发展的双向作用已被不少国家和地区的实践所证实。在受战争和贫穷影响最大的非洲及亚洲的中东地区,人的平均寿命远低于北美、欧洲、东亚等地区。此外，随着科学的发展、社会生活节奏的加快、用人机制的改革及竞争的加剧，人们承受的压力越来越大。一旦压力超出了人的承受能力，就会成为破坏健康的诱因。由于压力增大，各种心理疾病的发病率快速增长。

## 四、卫生服务

卫生服务指卫生机构和卫生专业人员为了防治疾病，增进健康，运用卫生资源和各种手段，有计划、有目的地向个人、群体和社会提供必要服务的活动过程。齐备健全的医疗卫生机构、服务网络、一定的卫生经济投入以及合理的卫生资源配置，均对人类健康有促进作用。相反，如果卫生服务和社会医疗保障体系存在缺陷，就不可能有效地防治居民的疾病，促进其健康。如我国偏远农村和少数民族地区就存在严重的卫生服务体系缺乏，这部分群体的健康就存在较为严重的问题。

## 五、体育运动

由于社会的进步，劳动方式和生活方式不断改变，运动缺乏成为威胁人类健康的一个重要因素。同时，科学运动的健康价值日益凸显，人们更加关注体育在其生活中的位置，体育对人类健康的作用和意义更加重大。

体育是一种复杂的社会现象，以身体与智力活动为基本手段，根据人体生长发育、技能形成及提高等规律，达到促进全面发育，提高身体素质，增强体质，提高运动能力，改善生活方式与提高生活质量的一种有意识、有目的、有组织的社会活动。从体育的内涵中可以看出体育对促进健康具有广泛的作用，特别是在改善生活方式与提高生活质量方面，体育展示了其独特的作用和魅力。

在人类发展史上，体育与劳动，与生活息息相关，起源于劳动，并一直伴随着社会的发展、文明的进步而发展，并对人类的进化与发展起到了至关重要的促进作用。纵观中国五千年文明史，无论是国家强盛还是改朝换代，都与体育有着密不可分的关系。而体育运动作为健康生活方式的重要内容，对人类健康始终起着支撑作用，是维护人们身心健康最有效、最有益的办法。

## 六、营养

营养是指人体从外界摄取食物，经过消化、吸收和代谢，利用食物中身体所需要的物质以维持生命活动的整个过程。

营养是维持生命和健康的最重要的因素。营养对健康的作用主要表现在以下几个方面：

（1）促进生长发育；

（2）提高智力；

（3）促进优生；

（4）提高机体的免疫能力；

（5）延缓衰老；

(6)预防疾病。

营养始于饮食,营养通过饮食营养来实现。饮食营养不良主要表现为饮食营养不足或营养缺乏和营养过剩或不平衡。世界卫生组织(WHO)近年对影响人类健康的众多因素进行评估,结果表明:遗传因素对人类健康的影响居于首位(15%),而饮食营养因素的影响仅次于遗传因素(13%),远高于医疗因素(8%)。人类的遗传是相对稳定的因素,因此,经常对人的健康起决定作用的往往是膳食营养因素。据调查,中国的死亡原因中,因"不良饮食消费"导致的死亡将近45%。因此营养对健康起着极为重要的作用。

# 第四节　亚健康

## 一、亚健康概述

20世纪80年代中期,前苏联学者布赫曼研究发现,人体除健康状态和疾病状态之处,还存在着一种处于二者之间的中间状态,称为亚健康状态。

亚健康(sub-health)是机体介于健康与疾病之间的一种生理功能低下、弱势的特殊状态,机体暂无品质性病变,但体力降低、反应能力下降、免疫能力低下、精神状态欠佳、适应能力减退,已有不同程度的各种潜在患病因素,具有发生某种疾病的高危倾向。亚健康状态又称为第三状态,也称为灰色状态、病前状态、临床前期、潜病期等。

亚健康状态大体有以躯体症状为主的躯体亚健康状态、以心理症状为主的心理亚健康状态、以人际交往中的不良症状为主的人际交往亚健康状态、慢性疲劳综合征及过劳死五种。

(1)躯体亚健康状态。具体表现为躯体性疲劳,常表现为体质下降、慢性病多发,如经常感到乏力、困倦、肌体酸痛、低热、眼睛疲劳、无缘由的头晕、头痛、耳鸣、目眩、肩颈僵硬,以及易感冒、易出汗、易便秘、易晕车、胸闷心悸等。

(2)心理亚健康状态。最常见的是焦虑,主要表现为担心、恐慌。内心不安的精神状态若持续存在,无法自我解脱和控制,就会产生心理障碍。表现为烦躁、易怒、睡眠障碍,进而出现心悸、不安、慌乱、手足无措、无所适从,这些可诱发癌症和心脏病等。

(3)人际交往亚健康状态。随着社会发展和竞争的日益加剧,人们在人际交往上出现的问题越来越多。主要表现为与他人之间的心理距离加大,交往频率下降,人际关系不稳定。如对人、对事的态度冷淡,常有无助、无望、空虚、自卑、猜疑、妒忌、自闭等感觉。

(4)慢性疲劳综合征。是亚健康状态最主要的表现形式,是以疲劳低热、咽喉痛、肌痛、关节痛、头痛、注意力不易集中、记忆力下降、睡眠障碍和抑郁等非特异性表现为主的综合征。

(5)过劳死。处于亚健康状态的"工作狂",若不对健康给予足够的重视并及时进行治疗,就有可能进一步恶化转变成过劳死。由于过度的工作负担,导致高血压等基础疾病恶化,进而引发脑血管或心血管疾病等急性循环器官障碍,使患者逐步陷入死亡状态。过劳死的原因就是工作节奏加快,精神压力增大,长期超负荷工作,超过了人体承受的极限,积劳成疾。易出现过劳死的特定人群有三种:收入高且只知消费不知保养身体的人;事业心强的“工作狂”;家族有遗传早亡倾向又自以为健康的人。

我国亚健康现状是什么情况呢?青岛大学医学院教授、亚健康理论创始人王育学与青岛海尔药业有限公司合作,在全国范围内进行了我国、也是世界上首次有关亚健康的大型样本调查。通过对回收到的、符合要求的五万多份调查卷的统计分析,对上述有关亚健康的问题有了比较清醒的认识。上述所有的问题都可以在王育学所著《亚健康:21世纪健康新概念》一书中找到答案。比如,在该书中我们可以了解到:

(1)在被调查的我国人群中,亚健康的发生率约为58.18 %,而真正患病的人群为5.62%,健康人群为20.18%。这是第一次通过科学的调查方法所取得的第一手最可靠的资料,它可以使我们比较客观地意识到认清亚健康的必要性,意识到提高生活质量必须要重视纠正和调理亚健康状态。

(2)调查显示,影响健康的职业因素依次为:精神压力大(61.76%)、脑力劳动过重(47.31%)、人际关系紧张(36.79%)、体力劳动过重(32.79%)、工作不顺利(30.08%)、待业(下岗)(26.30%)、工作单调(22.27%)、工作中求胜心切(17.86%)。所以,在这些方面加以注意,适时调适自己的工作节奏,避免脑力劳动或体力劳动过重,培养对工作的兴趣,正确认识下岗等,对纠正亚健康状态有益。

(3)调查显示,影响健康的不良生活因素依次为:吸烟(72.80%)、作息无规律(70.09%)、饮食不节制(60.81%)、嗜酒(58.59%)、缺乏运动(55.00%)。因此,戒烟、适当戒酒、注意饮食和生活规律、坚持适度的运动是减少亚健康出现或纠正亚健康状态的重要举措之一。

(4)调查显示,影响健康的生活事件依次为:突发性伤害或自然灾害(62.25%)、家庭负担过重(50.66%)、丧偶(50.33%)、失恋(45.29%)、夫妻不和(42.58%)、夫妻感情破裂(40.49%)、离婚(38.69%)、考试落榜(26.24%)。所以,维持良好的家庭关系、正确认识和对待各种突发事件等也对亚健康状态的逆转至关重要。

(5)值得注意的是:调查发现,在不同职业的人群中,亚健康发生率较高的依次是干部(可理解为白领阶层)(19.34%)、大学生(10.95%)、中小学和幼儿教师(9.33%)、中学生(9.02%)、工人(8.98%)、军人(7.60%)、工程技术人员(7.14%)、企业经营人员(5.36%)、医生(3.60%)。所以,此类人群尤其应该重视身体健康,坚持锻炼,减少不良嗜好,以避免亚健康状态的出现或让其向好的方面转换。特别是对学生而言,应该合理安排学习时间,注意休息,控制上网,以免疲劳或紧张过度影响身体健康。

(6)作者在书中详细介绍了进行亚健康流行病学调查的思路和设计方法,如对亚健康的常见表现,该调查问卷设计了103项内容进行调查,结果显示,记忆力减退、对自己的健康担心、注意力难集中、精神不振、多梦、疲劳、情绪不稳定、用脑后疲劳、耐力下降、困倦、烦躁、活动后疲劳、健忘、虚弱、易激动、失眠、压抑感、嗜睡、四肢乏力、不愉快感、头晕、目眩、抑郁、头痛、腰膝酸痛、脱发是出现率较高的前30种表现。而颈背酸痛、胃肠胀气、筋疲力尽感、消化不良、便秘、性功能减退、面部褐斑等也是较为常见的表现。这些表现指的是与疾病无关或者说不是由疾病所引起的症状。

(7)从男女亚健康前30项表现来看,前15项内容完全一致,仅排序略有不同,如男性前

15 项为：记忆力减退、对自己的健康担心、注意力难集中、精神不振、疲劳、耐力下降、用脑后疲劳、多梦、困倦、情绪不稳定、健忘、虚弱、烦躁、活动后疲劳、易激动；女性前 15 项表现为：记忆力减退、多梦、对自己的健康担心、疲劳、情绪不稳定、注意力难集中、烦躁、精神不振、活动后疲劳、困倦、健忘、用脑后疲劳、易激动、虚弱、耐力下降。其中精神心理因素的项目占 2/3以上。

(8)从各年龄段的亚健康表现来看，不同的年龄段有不同的特点，如“记忆力减退”除 19 岁以下组排在第 3 位外，其他各年龄组均列第 1 位，而且年龄增大其比率也有逐渐上升的趋势，与之相关的“健忘”表现也随年龄增大而出现率上升；“疲劳”在 19 岁以下组排在第 14 位，而在 30~39 岁、40~49 岁与 50~59 岁三个年龄段分别排在第 1、第 2、第 5 位。“性功能减退”在 30~39 岁组列为第 35 位，占 10.78%；在 40~49 岁组列第 21 位，占 17.40%；在 50~59 岁组分别列在第 4 位和第 6 位。而 19 岁以下组 15 项表现为：注意力难集中、对自己的健康担心、记忆力减退、精神不振、多梦、情绪不稳定、用脑后疲劳、困倦、烦躁、总怀疑自己有病、目眩、思维效率低、嗜睡、疲劳、活动后疲劳。值得注意的是，这些症状大多为精神心理因素所造成的，可见对青少年加强心理健康教育是当务之急。

从以上调查我们可以看到，亚健康状态是一个客观存在的事实，是一个不容忽视的健康现象。亚健康理论的提出不仅让老百姓能够正确地对待自己的健康状况，也给医学专业人员提供了一个新思路。今后在临床上遇见这种“病人”时，可以跳出治病的框框，从亚健康的角度着手，对其进行调理。

作者指出，亚健康是介于健康与疾病之间的一种动态变化的中间状态，即健康—亚健康—疾病，亚健康与其上游的健康之间存在移行变化或重叠状态；同样，与其下游疾病之间也存在移行变化或重叠状态。这种移行变化是双向的，形成健康—亚健康—疾病的动态变化过程，亚健康处于中位，较之健康或疾病更为复杂。

作者提出，对健康者要保健养生，对疾病要治疗，而对亚健康者则需要调理。若亚健康与健康重叠则需要调理保健或调理养生，若与疾病重叠则应调理治疗。若对亚健康者施以药物治疗，可以被认为是误诊误治。可见，调理应作为纠正亚健康的主要措施。

目前在我国有一种现象，即对疾病而言，有众多的药厂生产各种各样的药品可以对其进行针对性的治疗；对百姓来说，食品是维持生命活动所需要的基本物质。而在药品和食品之外，我们可以看到充斥市场的保健食品。那么，保健食品所针对的又是哪一类人群或人群的哪一种状态呢？亚健康理论的提出对此作出了明确的回答，即保健食品是针对亚健康人群所开发的，它的服用对象就是那些介于健康与疾病之间的亚健康人群。也就是说，对亚健康人群来说，合理选用保健食品应该是其最好的选择。反过来，对保健食品生产企业和研发人员来说，了解亚健康人群的分布、掌握亚健康的常见表现及其原因是其行动计划上最重要的一环。另外，亚健康理论的提出给中医药学研究机构提供了一个新天地，因为中医的“虚证”有很大部分就是既没有疾病又不健康的亚健康表现。因此，作者提出，对亚健康应以综合调理为主，在用“药物”与食疗调治时，应以中药复方为主。

## 二、亚健康状态的体育与心理治疗

世界卫生组织(WHO)认为，亚健康状态是健康与疾病之间的临界状态。现代医学将健康称为第一状态，将疾病称为第二状态，而处于两者之间则称为第三状态，即亚健康状态。它不像感染性疾病突然发病，而是进展隐匿缓慢并时隐时现，前期仅感到躯体或精神上的不适，如疲乏、情绪不稳定、头痛头晕、失眠、食欲不振等；其后可能发展为某种疾病，但也可能仅有种种不适而不发病，处于"似健康而非健康，似疾病非疾病"的状态。

### （一）亚健康与慢性疲劳综合症（CFS）

工作紧张的人群，在起床后和上班前发现自己全身无力，似乎提不起精神出门上班，这在国外已经被正式定名为"慢性疲劳综合症"简称，CFS。国内这类患者数量也日益增多，但尚未引起人们的重视。据美国医学界的统计，CFS 多发于 30 岁至 50 的女性，其中约有四至六成的患者会产生焦虑或抑郁症等并发症。目前美国疾病控制中心有一套 CFS 的诊断标准，将 CFS 分为主要症状和次要症状两类。主要症状包括：疲乏无力，而这种疲乏与无力会因卧床休息而有所缓解。次要症状包括：低烧、喉咙痛、颈部疼痛、肌肉不适、不明原因的肌肉无力、失眠、运动后的长期疲乏（超过 24 小时）等。慢性疲劳综合症是一种新疾病，世界卫生组织也把神经衰弱称为"疲劳综合症"。但疲劳综合症与亚健康状态在本质上迥然不同。

### （二）亚健康与神经衰弱

亚健康与神经衰弱多发生在青年人和中年人中，尤其以极少参加体育锻炼的脑力劳动者为多。亚健康是由于高级神经活动过分紧张以后，神经处于相对疲乏的一种状态。一般常见的症状为头痛头晕、耳鸣眼花、健忘、焦虑不安、多梦或失眠、遗精、阳痿以及一些不很明显的症状。而亚健康状态包括一切躯体上、心理上的不适感觉，在相当长的时间内难以确诊为某种病症者亦可概括在内。此外，神经衰弱与亚健康状态者的症状表现有许多类似之处，似可将表现程度较轻，难以确诊的 50 多种神经衰弱称为亚健康。

### （三）亚健康状态的体育治疗

大量事实说明，单纯凭借药物，要想治愈慢性疲劳综合症和神经衰弱是困难的，而坚持不懈地参加体育锻炼，确能对慢性疲劳综合症和神经衰弱的治疗起到很好的作用。根据慢性疲劳综合症和神经衰弱患者体质普遍差的特点，一般可选用一种或数种体育活动疗法，如：练太极拳——可使大脑皮质中与运动有关的部分有规律地兴奋，而使其他部分则逐渐抑制，得到充分休息，长期坚持练习，会使脑功能得到恢复和改善。练气功——通过放松和入静，既可调整大脑皮层的活动状态，又能使神经系统和全身得到休息。散步——每天早晚坚持 30~60 分钟的散步，对患者情绪镇定、精神振奋有帮助，对头痛、失眠的逐步消除也非常有效。此外，按摩、旅行和冷水浴等，均有一定的疗效。俗话说，"体育锻炼好，八十不服老，体育锻炼差，四十长白发"，这是有一定科学道理的。古今中外的医学研究证明，体育锻炼能防止和延缓人的衰老，是任何药物也不能代替的。通过体育锻炼能够调节神经系统和呼吸及心脏血液循环系统的功能，既能抵制退行性病变的发生，又能防止衰老，并且也是提高生命质量和延长寿命的一个重要措施。随着年龄的增长，衰老终究是不可避免的，体育锻炼虽不能使人返老还童，长生不老，但能使人延年益寿，老当益壮。

### （四）亚健康状态的自我心理疗法

亚健康状态，除了导致人体的生理疾病外，还可导致人体的心理疾病，如焦虑症、抑郁症和神经衰弱等症。

对于焦虑症患者，可采取自我精神分析疗法——先自我分析过去的经验，发现焦虑的病因，如果能够发现自己的病因，焦虑症便好了一半。然后再分析过去病因发作的情境，找出其中使之发病的刺激因素，消除不良因素从而达到健心健身的目的。

对于抑郁症患者，可采用支持疗法——寻找患者自己的亲朋好友向他们倾诉自己的抑郁情绪，在情感上寻求他们的支持，弥补受创的自尊心与自信心，恢复自我控制能力，或者是改变患者现在的生活环境和工作环境，可减轻和摆脱抑郁心情。

对于神经衰弱的患者，可采用家庭森田疗法——第一步是卧床休养，患者可在家中自居一室，除饮食和大小便外，停止其他所有活动，休养三至七天。第二步是轻度活动，白天干些轻松的工作，如扫地、洗衣服等，另外还要写日记，把自己的感受写下来，晚饭后继续卧床休养。第三步是重体力劳动，如搬运重物、模拟田间劳动等重体力劳动，努力体会体力劳动的快乐，建立自信心。第四步是实际生活，凭自己的兴趣行事，打破约束，努力去做过去渴望做而自己感到愉快的事。

自我心理疗法还有多种形式，如放松疗法、气功疗法、内现自省疗法等，可根据患者自己的条件采取不同的治疗方法，以取得最佳疗效。

## 三、亚健康状态产生的原因及其预防

研究发现，随着现代生活节奏加快，工作紧张、竞争激烈、心理压力大、人际关系趋于复杂，加之城市的空气污染、生态环境失衡、噪声、拥挤、大地气候的骤变，以及个人生活方式不良，如过多抽烟、酗酒、喝咖啡、喝浓茶，生活作息无规律，暴食高脂、高糖、高热量的大鱼大肉和甜食，少吃或不吃含纤维素多的蔬菜，或不吃早餐、偏食、挑食等，是导致亚健康状态的主要原因。

据医学调查资料报告，现代人群中，步入人体“第三状态”者有日益增多的趋势，约占总人口的30%~60%。越是经济发达地区，亚健康问题越严重，且有急速蔓延之势。另据国内专家统计，大城市与城镇居民中同年龄人群相比，前者进入亚健康状态的比例要高出7%~9%，可以预计比农村人群还要高出更多。上海市有高级职称的中年知识分子，大多数人处于亚健康状态，这些人群中的亚健康，约85%起因于社会压力及心理因素。心理因素往往是导致亚健康状态的重要因素。亚健康状态所反映出来的种种症状，虽不能作为确诊某种疾病的绝对依据，但它们往往预示着明天各种严重躯体病变的来临。人体“第三状态”虽然各人的程度轻重不一，但因发生率较普遍，而且会直接降低机体的免疫功能，容易引起植物神经功能紊乱和内分泌失调，使人不仅不能发挥感官的最佳机能，感受美好的生活，有碍于工作效率的提高，而且容易发展为真正的疾病，陷入“第二状态”而损害身心健康。

亚健康状态虽非疾病，但显然处于一种不健康的状态，必须给予足够的重视。它可能是导致人类某种疾病的最早原因,也可能是各种疾病的潜伏期阶段或早期症状。若不及早摆脱,随时可能向患病的"第二状态"转化。相反,倘能及时调理,则可能走向健康的"第一状态"。因此,应及早采取措施预防,摆脱和消除亚健康状态。

### (一)运动缓解紧张并及时松弛身心

身心紧张的情况在现代人群中越来越多。紧张会导致神经系统及心血管系统产生明显反应,影响消化功能与大脑机能,影响内分泌和免疫力等,紧张有损身心而引起疾病。自身应付身心紧张的最好办法是体育运动。因为体育运动能调整神经系统,增加全身器官血液供应,强壮身体各组织器官功能。只要参加适当的体育运动之后,你就能体会到身心的紧张顿时会松弛下来。专家们认为,松弛身心紧张的体育项目,最好是跑步、游泳、跳绳和骑自行车等单人单项和集体运动。交替运动效果非常明显。如:体、脑运动交替,上下身体运动交替,左、右脑运动交替,等等。

### (二)科学的生活方式保证机体健康

要想达到机体的健康,就必须采取科学的生活方式。生活要有规律、有节奏,作息制度科学,注意劳逸结合,并学会积极休息的方法,预防和尽快解除或摆脱疲劳,克服"懒病",投身大自然和安排好每天的体育锻炼时间及每周的娱乐活动。合理饮食,科学地调配膳食营养,坚持以谷类、蔬菜类、植物性食物为主,动物性食物为辅的膳食结构。克服不吃早餐、重荤轻素、暴食暴饮、偏食等不良的饮食习惯。适当多吃富含纤维素的蔬菜、瓜果,防治便秘,因"大便一通,浑身轻松",且有利于使体液保持弱碱性。要戒烟,少饮或不饮酒,少喝咖啡及浓茶,少吃辛辣、冷饮等刺激性食物。改善、绿化、美化居住环境,减少污染,减轻或避免环境、气候、有毒气体及物质的侵袭及干扰。

### (三)既要相信自己又要适应社会环境

对生活充满信心,对事业有奋斗目标,做到经常关心别人,这对保持健康来说就像粮食、空气、水和体力负荷一样重要。法国著名作家雨果说过:生活,就是理解。生活,就是面对现实微笑,就是越过障碍,注视将来……尽量理解别人,争取别人理解你,也是保证身心健康的重要内容。愁眉苦脸,焦虑心烦,是百病丛生的前奏。古往今来,健康长寿的人,多半是乐观的人。对事业、对工作、对自己的健康都要充满信心,信心可以增强人的力量。国外流行一条箴言:"正确的观点、正确的愿望、正确的语言、正确的行动、正确的生活、正确的努力、正确的用脑、正确的凝神——兄弟们,这就是优雅'八正'法,这就是消除痛苦的崇高真理。"

## 四、亚健康状态自测表

对照以下自测表,如果你的累积总分超过 30 分,表明健康已敲响警钟;如果累积总分超过 50 分,就需要好好地反思你的生活状态;如果累积总分超过 80 分,赶紧去医院找医生,调整自己的心理,或是好好地休息一段时间。

(1)早上起床时,有持续的头发掉落。5 分

(2)感到情绪有些抑郁,会对着窗外发呆。3 分

(3)昨天想好的某件事,今天怎么也记不起来了,近些天来经常出现这种情况。10 分

(4)害怕走进办公室,觉得工作令人厌倦。5 分

(5)不想面对同事和上司,有自闭症式的渴望。5 分

(6)工作效率下降,上司已表达了对你的不满。5 分

(7)工作一小时后,就感到身体倦怠,胸闷气短。10 分

(8)工作情绪始终无法高涨。最令自己不解的是无名火很大,但又没有精力发作。5 分

(9)一日三餐,进餐甚少,排除天气因素,即使非常适合自己口味的菜,近来也经常如嚼干蜡。5 分

(10)盼望早早地逃离办公室,为的是能够回家躺在床上休息片刻。5 分

(11)对城市的污染、噪声非常敏感,比常人更渴望清幽、宁静的山水,更渴望休息身心。5 分

(12)不再像以前那样热衷于朋友的聚会,有种强打精神、勉强应酬的感觉。5 分

(13)晚上经常睡不着觉,即使睡着了,又老是在做梦的状态中,睡眠质量很糟糕。10 分

(14)体重有明显的下降趋势,早上起来,发现眼眶深陷,下巴突出。10 分

(15)感觉免疫力在下降,春秋流感一来,自己首当其冲,难逃"流"运。5 分

(16)性能力下降,经常感到疲惫不堪,没有什么欲望。10 分

# 第五节　生活方式与健康

## 一、什么是生活方式

马克思、恩格斯指出:"人们用以生产自己必需的生活资料的方式,首先取决于他们得到的现存和需要再生产的生活资料本身的特性,这种生产方式不仅应当从它是个人肉体存在的再生产这方面来加以考虑。它在更大程度上是这些个人的一定的活动方式,表现他们生活的一定形式,他们的一定生活方式。"我国学者冒君刚认为:"生活方式是在一定的物质条件下,不同的社会、民族、阶级、阶层中的人群为满足生活需要,在一定的价值观念支配下,在各种生活领域进行实践活动并消费的行为习惯的基本特征。"时运生提出,生活方式是"和物质生活的生产条件相统一的人们生活活动的稳定和固定的形式"。李德周主张:"生活方式是人们在一定的价值观、道德观、审美观指导下主观见之于客观的行为模式,是心理方式的现实化。"

## 二、不良生活方式对健康的危害

在现代生活中,人们越来越清楚地知道,不良的行为和生活方式是影响健康的主要因

素。我国前十种死因中,不良生活方式、不良行为在致病因素中占44.7%,中国每年由于吸烟而死亡的人数就达300万。与此同时,吸毒、性传播疾病、心理和精神障碍导致的疾病正呈上升趋势。有医学家预言,大约在2015年,生活方式疾病将成为人类头号敌人。许多人每天都要在电视机前面消磨几个小时的时间,直到眼睛酸疼或者倦意连连才休息;有人在房间里将音响的声音开得很大,以享受震撼的感受;有人坐在电脑屏幕前通宵上网或者玩游戏,不顾腰酸背痛;更有整天守在VCD播放机前看上几部电影的发烧友。因为沉迷于现代娱乐工具而影响健康的事情常见诸报端。某地一名年仅15岁的中学生,因为沉迷于游戏,在电脑前度过了20多个小时,导致双眼暴盲(暂时性失明),治疗后留下了后遗症,只要用眼时间过长就会流泪、眼痛;某地一位音响发烧友因为将音响的声音开得过大,一年以后听力严重衰退,并检查出了心脏疾病;一位每天基本要看10个小时以上电视的观众因为饮食无规律而得了胃肠疾病,但是他未加注意,最后患上了神经性厌食……这些健康问题,都是因为生活方式不当所导致的不良后果。现代娱乐工具基本都属于电子设备,而它们都会产生电磁波和辐射。电磁波对人体的磁场会产生潜移默化的影响,长时间与之接触,人体的磁场被破坏,就很容易得病。辐射的影响则更强、更直接一些,主要是针对面部器官和神经系统。如果没有防辐射的措施,很容易因此而破坏人体的免疫系统。电视、电脑等家用电器因为需要长时间注目,不仅伤害眼睛,还会产生头晕、恶心等症状。音响作为收听工具,功率越大,对人体的危害也就越大,不仅刺激听觉神经还容易令心脏器官与之产生共振,影响这些器官本身的运动规律。此外,因为电器产生的静电使许多灰尘附着在其表面,如果不及时进行清理,就会残留一些病菌。有调查研究表明:在美国20世纪20年代的死因构成中,来自卫生制度方面的原因占10%,来自生理因素和环境因素的各占20%,而来自生活方式的原因则高达50%。据武汉医学院社会医学教研室梁浩材的调查,我国死因构成中来自生活方式的原因也高达44.7%。世界卫生组织的专家指出:因生活方式疾病(如高血压、心脏病、中风、癌症和呼吸道疾病等)而导致死亡的人数,目前在发达国家占总死亡人数的70%~80%,在不发达国家中占40%~50%。因此,作为大学生,应懂得生活方式疾病无法单纯依靠药物和手术治疗得以治愈,只有投入到体育运动中,只有改变不良行为和生活方式,才能有效控制疾病。

## 第六节 体育锻炼对人体健康的影响

### 一、体质、体力与健康

#### (一)体质

体质是人体的质量。它是在遗传性和获得性基础上表现出来的人体形态结构体质、生理功能和心理因素的综合的、相对稳定的特征。体质是人的生命活动和劳动工作能力、运动

能力的物质基础，它在形成和发展过程中，具有明显的差异和阶段性。不同的人的体质差异，表现在形态发育、生理机能、心理状态、身体素质和运动能力、对环境的适应以及对疾病的抵抗力等方面，包括从最佳功能状态到严重疾病和功能障碍等各种不同的体质水平。同时，在人的生命活动的各个阶段，从儿童、青少年到中老年，体质也是在不断变化的。遗传是人的体质形成的重要因素，对体质强弱与发展有重大影响。但是，遗传对体质的影响只提供了可能性，而体质强弱的现实性，则有赖于后天的环境条件。在后天的环境中，影响体质的因素很多，诸如物质生活条件、劳动条件、社会因素、气候、生态平衡、风俗习惯、卫生环境、教育状况、体育锻炼等，体质的强弱和发展在很大程度上取决于后天环境和能动的塑造。1982 年 8 月，我国体育科学学会体质研究会划定的体质范畴，主要包括以下几个方面：

(1)身体形态和结构的发育发达水平，即体格、体型、身体姿势、营养状况及身体组成成分等。

(2)生理生化功能水平，即机体的新陈代谢功能及各器官、系统的工作效能等。

(3)身体素质和运动能力水平，即速度、力量、耐力、灵敏性、柔韧性、协调性等身体素质和走、跑、跳、投、攀登、爬越等身体基本活动能力。

(4)心理发育发展水平，即人体的感知能力、判断力、意志力、智力、情感、行为、个性、性格等。

(5)适应能力，即对自然环境、社会环境、各种生活紧张事件的适应能力，对疾病和其他有碍健康的不良应激源的抵抗能力等。

一个人的身体总是处于不断变化发展的过程中。每个人身体的强弱，与遗传、环境、营养、体育锻炼等有密切的关系。有计划、有目的、科学地进行体育锻炼，是增强体质最积极有效的途径。

人体形态的发育，机能和运动能力的提高，适应环境和抵抗疾病能力的增强等，是有很大潜力的。通过体育锻炼，这种潜力可以得到更充分的发展和有效的利用，中外许多学者大量研究的成果，证明了体育锻炼对增强体质有显著效果。

### (二)体质指标体系

体质测定一般包括如下内容和指标：

**1.形态指标**

身高、体重、胸围、上臂围、坐高和身体组成(皮脂厚度、体脂比重、去脂体重等)。

**2.功能指标**

安静心率、血压、肺功能及心血管运动试验等。

**3.身体素质指标**

(1)力量指标：握力、背肌力、腹肌力、腿肌力、仰卧起坐、单杠引体向上(男)、单杠屈臂悬垂(女)、双杠双臂屈伸、俯卧撑等。

(2)爆发力指标：纵跳(垂直跳)、立定跳远。

(3)悬垂力指标：单杠屈臂悬垂、单杠斜身屈臂悬垂(女)。

(4)柔韧性:站立体前屈、俯卧仰体。

(5)灵敏和协调性:反复横跨、10 m×4 往返快跑。

(6)平衡性:闭眼单足站立。

(7)耐力项目:耐力跑或快走1 500 m(男)、1 000 m(女),蛙泳或自由泳 200 m,滑冰 1 500 m(男)、1 000 m(女),速度滑雪 1 000 m。

**4.运动能力指标**

(1)跑:快速跑(50 m、100 m)。

(2)跳:急行跳远、跳高、摸高(弹跳力)。

(3)投:投实心球、投手球、掷垒球、推铅球、投掷手榴弹。

需要加以说明的是,心理因素与适应能力的指标测定是全面评价体质的重要方面,但目前这个环节在我国还非常薄弱,能为广大测定和被测定人员所普遍接受的、可用于计量的指标和方法,还有待于进一步研究和探索。

1974 年"国际体质标准化委员会"公布了标准体质测定法,其中的"运动能力"方面指标的测定,规定了以下 8 个项目:

(1)50 m 跑(s)。

(2)立定跳远(cm)。

(3)握力(kg)。

(4)男子引体向上(次)、女子屈臂悬垂(s)。

(5)往返快跑:10 m×4(s)。

(6)30 s 快速仰卧起坐(次)。

(7)耐力跑:男子 1 000 m、女子 800 m(s)。

(8)站立体前屈。

体质指标的选择,可根据实际需要和可能的条件,以及所要研究课题的任务和目的,作出适当的、相应的增加或删减。

### (三)体力

体力指的是身体运动的功能,或者说为进行运动或劳动所需要的身体能力。它既包含运动能力,也包含劳动能力和其他形式的身体运动能力。它同体能基本上是同义语,但习惯上体能只被用来表达运动能力,很少用以表达劳动能力。因此,"体力"这个词常泛指身体运动的功能水平。

由于体力所包含的内容与体质相近或相同,所以有些学者就将体质和体力混为一谈,如日本学者对体力和体质概念不加区分,通称体力。然而对于体力的分类,各国学者也持不同的观点,日本学者把体力分为行动体力和防御体力两类,它的内容包括身体素质及对生命和健康有威胁时人体应激所产生的各种抵抗力。我国学者从运动医学的观点将体力作了以下分类:

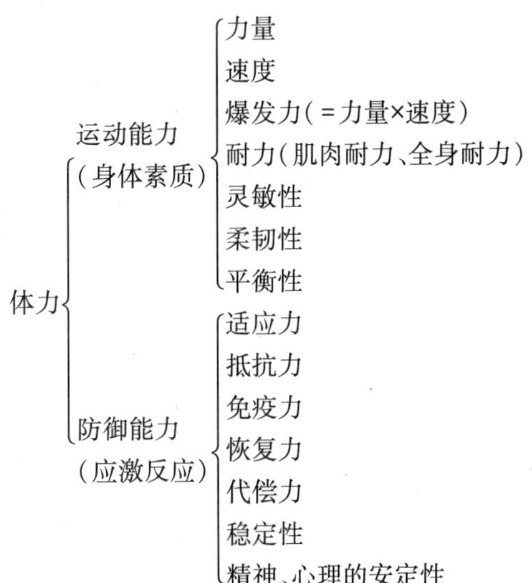


体力的测试指标,通常选择如下几种:

(1)握力(反映肌力);

(2)背拉力(反映肌力);

(3)垂直跳(反映爆发力);

(4)上下台阶运动(反映耐力);

(5)俯卧后仰(反映柔韧性);

(6)立体体前屈(反映柔韧性);

(7)闭眼单足站立(反映平衡性);

(8)反复横跨(反映灵敏性);

(9)俯卧撑(反映耐力)。

### (四)体质、体力与健康的关系

从体质、健康的概念和内容,我们可以看出,体质与健康两者之间的联系非常密切,但又有所不同,多数学者认为两者既有联系又有区别。体质的强弱和健康状况的好坏都涉及人体的形态发育、生理机能、运动能力和心理状况等方面。但是体质是人体的质量,是生命活动的物质基础,也可以看作是健康的物质基础,而健康则是体质的外部反映和表现,是评价人的体质状况的起码条件。体质比起健康来,无论从内容和意义上都更为广泛和复杂。同是健康的人,其体质千差万别。所以,人体不应满足于“健康”这种起码的标准,而应在健康的基础上,采用各种有效的科学手段,不断增强体质。

我国有的学者认为,体质是生命运动和身体运动的对立统一,是健康和体力的矛盾统一。体质“一分为二”,就是健康和体力。体力和健康不能互相替代,各有独立的含义,也不能分别单独代表体质。只有把体力和健康结合起来观察,才能完整地反映体质水平。身体健康者必有一定的体力水平,而体力良好者必定以一定的健康水平作为基础和保证。体力和健康,是统一的体内矛盾运动的互为表里的两个方面。总之,我们只有科学地把握和处理好生命运动和身体运动的矛盾统一,才能达到增强体质,保持健康的目的。

## 二、体育锻炼可促进人生理健康

经常参加体育锻炼,适宜的运动负荷,会使机体各组织、器官、系统产生良好的适应性变化。这些变化能有效地增强生理功能,提高人体的免疫力,从而提高人的生命质量。

### (一)对神经系统的影响

通过适宜的运动,能提高神经工作过程的强度、均衡性、灵活性和神经细胞工作的持久力;并使神经细胞获得充足的能量物质供应。据研究表明,当脑细胞工作时,大脑耗氧量占全身耗氧量的20%~25%。适宜的运动能使大脑的兴奋与抑制过程合理交替进行,避免神经系统过度紧张,可以消除神经疲劳,使头脑清醒,思想敏捷,神清气爽。

随着神经系统的改善,机体内各器官系统尤其是运动系统的控制和调节功能也可不断提高和完善,同时可消除失眠、抑郁等症状。经常参加运动的人,神经系统的兴奋性和灵活性不断提高,各种动作也会随之协调,不必要的动作就会消失,对外界刺激反应迅速、更加准确;能够有效地节省体能的消耗,使人从容不迫而又迅速准确地完成各种动作;当大脑或神经系统疲劳时,又能很快进入休息状态,从而使神经系统得以迅速恢复。

### (二)对心血管系统的影响

经常参加适宜运动有利于心脏功能的完善和提高,主要表现在以下几个方面:

**1.心脏运动性功能增强**

经常参加适宜运动的人,可在以下三个方面增强心脏的功能:

(1)一般人与经常参加运动的人心脏对比,一般人心脏重量300 g左右,经常参加运动的人心脏重量可达400~450 g;一般人心脏容积为700~780 mL,经常参加运动者心脏容积为1 000~1 025 mL;一般人心脏横切面为11~12 cm,经常参加运动者心脏横切面可增至13~15 cm。

(2)经常参加适宜运动的人,由于心肌收缩强劲有力,每搏输出量较一般人多,因而安静时心跳频率较低。一般人安静时心跳70~80次/min,经常参加适宜运动的人50~60次/min。由于经常参加运动的人心脏收缩有力,使每搏输出量增加,如果一般人每搏输出量为60 mL左右,则每分钟心脏要跳75次才能满足身体需要。而经常参加运动的人,每搏输出量为80~120 mL不等,心脏每分钟只要工作50~60次就足够满足身体需要。

(3)在运动量相同的情况下,经常参加运动的人,心跳频率和血压变化幅度比一般人小,不易感觉疲劳,而且恢复较快。一般人则需要较大幅度的提高频率来增加血液输出量,带动氧和营养物质的输出,且极易疲劳,恢复时间较长。原因在于经常参加运动的人,心脏收缩力强,每搏输出量大,只要稍增加心跳频率就能解决并满足需要。此外,训练有素的运动员可达200次/min的极限心跳频率,不仅心脏能够承受,富有弹性的血管也能满足供血的需要。而一般人则很难做到。与此同时,经常参加适宜运动的人的心脏,进行轻度运动或工作时,在负荷相同的情况下,心脏和血液的变化却小于一般人,这叫心脏工作“节省”现象。

**2.血管弹性增加**

运动可以增加血管壁的弹性，这对中老年人来说是十分有益的。特别是老年人随着年龄的增加，血管壁的弹性逐渐下降，出现像塑料老化一样的粹化现象，极易引发脑出血、老年性高血压、脑血栓等疾病。老年人通过适宜的运动和合理的膳食搭配，可增加血管壁的弹性，以预防和缓解上述病症的诱发。

**3.对血液成分的影响**

血液包括血细胞和血浆两部分。血细胞又分为红细胞、白细胞和血小板。血浆具有维持渗透压、保持正常血液酸碱度、防御和体液调节等多种功能。

而适宜的运动会改变血细胞的组成，其主要表现在可使红细胞含量增加。红细胞适宜的增加，会使血红蛋白的载氧量增加，辅助运动中人对氧和营养物质的需要。同时，也可使白细胞的数量增加和提高免疫功能，研究证实，合理的运动可以提高白细胞分类中具有重要作用的淋巴细胞的数量，这对于提高机体预防疾病的能力是至关重要的。另外，还可提高体内免疫球蛋白水平，从而有效地提高机体抗病、防病的能力。

### （三）对呼吸系统的影响

呼吸系统由呼吸道和肺组成。其中肺是气体交换的主要场所，呼吸道是气体交换的通道。而经常参加运动的人会对呼吸系统产生积极的影响，主要表现在以下两方面：

**1.增强呼吸肌的功能**

呼吸肌主要由膈肌、肋间肌以及腹壁的肌肉组成。在深呼吸时，肩、背部的肌肉也有辅助呼吸的作用。因此，经常参加运动的人呼吸肌发达，胸围增大，从而提高呼吸的功能和效率。研究统计发现：经常参加运动的人，胸围呼吸差可达 10~16 cm；而一般人胸围呼吸差只有 5~8 cm。

**2.增大肺活量和呼吸深度**

一般人肺活量只有 3 000~4 000 mL，而经常参加运动的人，肺活量能达到5 000 mL左右。不经常参加运动的人，肺活量小，呼吸肌不发达，肺泡中有一部分没有参加呼吸运动，成为闲置的“死泡”。而经常参加运动的人，肺活量大且全部肺泡均参加工作，细菌生存的条件被最大限度地限制，这样的肺就能保持最大限度的健康。此外，从呼吸频率看，一般人的呼吸短而急促，每分钟为 17~19 次，这样的呼吸方式易疲劳且工作不能持久。经常参加运动的人，呼吸平稳，深度大，每分钟仅 8~12 次就能保持生理需要，由于每次呼吸吸入的氧气多，可使呼吸肌得到充分的休息。在剧烈运动时，一般人靠增加呼吸频率来满足人体对氧的需要，因而显得呼吸急促，当供氧不足时，面色苍白，身体乏力。而经常参加运动的人只需要稍增加呼吸频率就能解决问题，从而满足身体需要。

### （四）对消化系统的影响

消化系统由消化道和消化腺组成，其中消化道由口腔、咽、食管、胃、大肠、小肠、肛门所组成，消化腺包括唾液腺、胃腺、胰腺和肝、肠腺等。

消化道的作用在于接受食物，将食物磨碎、搅拌，使食物与消化液充分融合，并推送到各消化器官,最终推送到肛门直至排出体外。这种作用称为物理性消化。

消化腺主要分泌各种消化液,其主要成分为各种消化酶,将食物中的糖、蛋白质、脂肪等分解成为人体可吸收的物质,这种作用称为化学性消化。

人体必须不断地从外界摄取营养物质,以供应人体完成各种活动的能量和新陈代谢的需要,消化系统的功能就是消化食物,分解吸取其中营养,排出废物和糟粕,它是保证人体新陈代谢的重要环节。

经常参加适宜的运动,对食道、胃肠及消化腺功能有极为良好的作用。它可以增加胃肠蠕动,帮助消化,缩短排空时间,促使消化液分泌增多,食欲增强,提高消化吸收能力,有利于人生长发育。同时,也可促进肝对毒素的消除和皮肤对细菌的排泄。此外,适宜的运动也可削减血压、血脂、血糖的增高。但应注意的是进食1小时以内或空腹很长时间不宜进行剧烈运动。

### (五)对运动系统的影响

人体的运动系统是由神经、骨骼、关节和肌肉组成的。骨骼是人体运动的杠杆,关节是运动的枢纽,肌肉是提供运动的动力,神经是指挥联络中心。

**1.适宜运动对肌肉的影响**

(1)肌纤维增粗。适宜的运动可使肌纤维反复充血增大变粗,经常锻炼可使肌肉体积增大,一般人肌肉只占体重的40%左右,而经常参加运动的人可达50%~55%。肌肉体积增大,可使人看起来身材匀称健美,给人以阳光健康的感觉。

(2)肌肉力量增加。适宜的运动可使人肌肉力量增加已是不争的事实。适量地运动反复刺激肌肉,肌纤维增粗的同时,力量也随之增加,且效果明显。

(3)肌肉的弹性增加。有良好运动习惯的人,运动前的准备活动使肌肉得以加热和拉伸,同时也能增加肌肉的弹性,运动中灵敏协调性练习也可增加肌肉的弹性和反应速度。

**2.适宜运动对人关节的影响**

关节是人体活动的枢纽,关节是由骨、肌腱韧带、关节液或附属软组织组成。经常运动可使关节周围的肌腱韧带、附属软组织得到加强,促进关节液的产生,起到牢固和润滑的作用。以人体膝关节为例,膝关节周围有多条肌腱和韧带附属和交叉,同时还有半月板在大小腿骨间缓冲,另有关节液在中间起到润滑作用,经常进行适宜的运动可使肌腱和韧带得到加强,增加灵活性的同时牢固了膝关节。

**3.适宜运动对骨的影响**

经常参加适宜运动的人,在加强血液循环的同时,增强了骨细胞的新陈代谢,及时输送营养,使骨径增粗,骨质增厚,骨质排列规则有序,并对骨的整体结构有积极影响,表现在骨的抗折、抗挤压、抗弯曲变形等方面的能力有较大提高。

特别是青少年时期,由于骨增长速度快,未定型,易变化,因此在运动时应注意技术动作的正确规范,不宜负荷过大或从事大强度的训练。平时生活学习时应保持正确的坐姿、站姿或正确的走路姿势。老年人则应进行轻微适宜的户外运动,经常在阳光下参加锻炼,可促使人体对钙的吸收,增强骨密度,从而不易发生骨折现象。

## 三、体育锻炼可促进人心理健康

### (一)心理健康的概念和定义

心理健康是一个较复杂的心理学概念,许多专家学者对此均有不同论述,定义也有差别。1946 年召开的第 3 届国际心理卫生大会把心理健康定义为:“所谓心理健康是指在身体、智能以及情感上,在与他人的心理健康不相矛盾的范围内,将个人心境发展成最佳的状态。”在本次大会上还提出了心理健康的四大标志是:①身体、智力、情绪十分协调;②适应环境,人际关系中彼此能谦让;③有幸福感谢;④在职业工作中,能充分发挥自己的能力,过着有效率的生活。

综合国内外专家的观点,我们认为大学生心理健康的标准主要包括以下几个方面:

(1)心智健康正常,且能将本身的智慧和能力从其工作中发挥出来并得到周围人的肯定,同时能经常从工作劳动中得到满足感,并愿主动承担工作或参与劳动。

(2)能保持良好的人际关系。心理健康的人是有朋友的,乐于与人交往,能用尊重、信任、友爱、宽容、理解的态度与人相处,并建立良好的关系,与人相处时正面的态度多于反面的态度。

(3)对自己能作出恰当的评价。心理健康的人对于自己有适度的了解,正确认识和客观评价自己,对目前自我所处状态和环境、自我未来发展方向有一个清醒的认识,摆正自己的位置;对于无法补救的缺陷也能安然接受,而不作无谓的怨嫉。

(4)心理健康的人应能与现实环境保持良好的接触,对外部环境能作准确、客观的评价与观察,并能良好的适应,对生活中的各种问题能以正确切实的方法解决,而不是企图躲避和自我包裹。

(5)心理行为符合年龄特征。在人的不同年龄阶段,都有相应的心理行为表现。心理健康的人,其情感表达、言行举止都应符合他所处的年龄段。大学生应当是精力充沛、阳光向上、反应敏捷的。过于迂腐、幼稚都是心理不健康的表现。

### (二)适宜地运动对心理健康的影响

**1.调控改善情绪状态**

人生活在错综复杂的社会中,经常会产生忧愁、紧张、压抑等情绪反应。大学生面临家庭、异性、学习、就业各方面的压力,竞争激烈,产生持续的焦虑是常见的反应。适宜地运动可以转移不愉快的意识、情绪,宣泄心中的郁闷,使人从烦恼和痛苦中摆脱出来。

**2.提高智商水平**

经常参加适宜运动的人,能充分保证睡眠的质量,同时可以提高快速反应能力,使思维敏捷;还可增强记忆力和观察力,甚至在一定程度上提升想象力。这些非智力成分对人的智力具有促进作用。

**3.培养坚强的意志品质**

意志品质是指一个人的果断性、坚韧性、自制力以及勇敢顽强和奋进拼搏等精神,意志品质既是在克服困难的过程中表现出来的，又是在克服困难的过程中培养出来的。参加运动的人经常要面临气候、动作难度、意外的障碍、他人的不良评价、不信任、疲劳和运动损伤等困难，从中可培养良好的意志品质。且这种意志品质能够迁移到日常的学习、生活和工作中去。

**4.治疗心理疾病**

适宜地运动不仅对身体机能有好处，其对心理治疗的功能也得到国际公认。美国的一项调查显示，1 750 名心理医生中，80%的人认为运动锻炼是治疗抑郁症的有效手段之一，60%的人认为应将运动锻炼作为消除焦虑症的一种治疗方法。在大学生中，有不少人由于学习、就业、恋爱等方面的挫折而引起焦虑症和抑郁症，通过适宜的运动可以减缓或消除这些心理疾病。

## 思考题

1.什么是健康？

2.什么是生活方式？不良生活方式对健康有哪些危害？

3.如何理解体育消费与健康的关系？

4.亚健康状态产生的原因是什么？如何预防？

# 第三章　体育锻炼与身体健康

健康是生命的象征，幸福的保证。人人需要健康，向往长寿。影响人类健康的因素很多，但体育锻炼对健康的影响最大。人体是一个结构十分复杂并具有多种机能的有机体，各个系统、组织、器官是相互作用、相互影响、相互促进的，科学合理地进行体育锻炼，可以促进新陈代谢过程，使人体的结构和机能得到改善和提高，从而达到增进健康、增强体质的目的。本章主要从体育锻炼对促进人体运动系统、心血管循环系统、神经系统以及呼吸系统发展等方面的影响进行了阐述。

## 第一节　体育锻炼对运动系统的影响

运动系统包括骨、关节、肌肉三部分。人体的各种运动都是骨骼肌收缩产生力量作用于骨骼，骨骼围绕着关节运动所完成的。骨骼的发育一般在20~25岁完成，肌肉的发育在30岁左右完成。大学生年龄段是运动系统发育的一个很重要的时期，经常参加并进行科学的体育锻炼可以全面增进运动系统的健康。

### 一、运动系统的一般结构与机能

#### （一）骨的结构与功能

骨构成人体的支架，具有新陈代谢及生长发育的特点，并有创伤愈合、修复再生的能力。人体骨骼的形态结构完善而复杂，坚固而灵活，它是由骨组织、疏松结缔组织、神经组织等构成。正常成年人共有206块骨。

骨的功能具体表现为：

**1.支持负重**

骨与骨连接成骨骼，构成人体的支架，具有支持人体局部和全身重量的作用。

**2.运动杠杆**

骨在肌肉收缩时被牵拉，绕关节转动，使人体产生各种运动，起着杠杆的作用。

**3.造血功能**

骨髓内的网状细胞经过分化可以变成血细胞。

**4.保护功能**

骨围成的腔隙能保护人体的重要器官。

### （二）关节的结构与机能

骨与骨之间以结缔组织相连，构成骨连结，通常称为关节。它是骨与骨之间的枢纽，主要由关节面、关节囊和关节腔构成。按照关节的结构和活动情况，可将人体全身的关节分为不动关节、动关节和半关节，人们一般所说的关节通常指动关节。

**1.关节面**

关节面是指形成关节的两个相邻部位，其表面覆盖一层关节软骨，可减少相邻两关节之间的摩擦，并有缓冲震动和减轻冲击的作用。

**2.关节囊**

关节囊为附着在相邻关节面周缘及附近骨表面的结缔组织囊，内含血管和神经等。关节囊的外层称为纤维层，对关节起加固作用；关节囊的内层为滑膜层，可分泌少量透明的滑液，在关节面之间起润滑作用，以减少摩擦。

**3.关节腔**

关节腔是由关节囊和相邻骨关节面软骨共同围成的封闭腔隙，关节腔内的压力较大气压低（此现象称为负压），负压对加固关节起着非常重要的作用。

除关节的主要结构外，还有关节的辅助结构，这些辅助结构包括滑膜囊、滑膜襞、关节内软骨、关节韧带等，它们主要对关节起加固、保护和减少摩擦等方面的作用。

### （三）骨骼肌的结构和生理特性

人体的骨骼肌共有六百多块，骨骼肌重量约占体重的40%，其中四肢肌肉重量约占整个肌肉重量的80%。每块肌肉都是由许多肌纤维、丰富的血管和神经等构成，此外，还有筋膜、腱鞘等辅助结构。肌肉一般可分为肌腹和肌腱两部分。肌腹一般位于肌肉的中部，主要由肌纤维（即肌细胞）和血管、神经等组成。肌纤维具有收缩功能。人体的肌纤维又可分为红肌和白肌两种，红肌的收缩速度较慢，耐力较好，可维持长时间的收缩；白肌的收缩速度快，力量大，但容易产生疲劳。肌腱是由致密结缔组织、神经纤维和毛细血管等构成。肌腱的韧性很大，肌腹借肌腱附着于骨。

肌肉的生理特性包括兴奋性、传导性和收缩性。肌肉对内外环境刺激产生的反应能力称肌肉的兴奋性。肌肉在其收缩前，先产生兴奋性。在一定生理范围内，肌肉的兴奋性越高，肌肉收缩时产生的力量就越大。肌纤维某一点产生兴奋后可将兴奋传播至整个肌纤维，这种特性称为肌肉的传导性。肌肉接受刺激产生兴奋后，可使肌纤维收缩，这一特性称为肌肉的收缩性。肌肉的收缩过程非常复杂，简单地说肌肉的收缩是肌肉蛋白质相互作用的结果。

## 二、体育锻炼对运动系统的影响

### （一）体育锻炼对骨骼的良好影响

（1）经常参加体育锻炼可促进骨骼的生长发育，使骨的结构及性能产生良性变化。主要表现在骨密质增厚，骨变粗，骨面肌肉附着处突起明显，骨小梁的排列更加整齐有规律，增强

了骨的坚固性。这是由于骨的新陈代谢加强,骨的血液循环得到改善,从而在形态结构上产生良好变化的结果。

(2)随着形态结构的变化、骨骼的增长,人逐渐长高。同时,骨变得更加粗壮和坚固,在抗折、抗弯、抗压缩和抗扭转方面的性能都有了提高。因为,每根骨的两端长着软骨(称骺软骨),内面有软骨细胞,运动时,软骨细胞受到挤压的刺激,飞速地繁殖、成熟、肥大,再加之运动使血液循环加快,骨骼获得充分的养料,从而向两端快速增长。下肢骨变长,在身高、体重的增长方面表现尤为显著。身材高矮是由骨骺发育成长决定的,经常参加运动的青少年要比同年龄人的身高平均高出 4~7 cm。统计表明,10~14 岁的业余体校学生比同年龄普通学生高出 4~8 cm。

另外,参加锻炼的项目不同,对人体各部分骨的影响也不同。经常从事下肢活动,对下肢骨的影响较大;长期从事上肢活动,对上肢骨的影响就明显。据调查,一位从事跳高练习一年半的 16 岁少年,他的起跳腿胫骨比另一条腿的胫骨粗 5.5 mm;受过一年训练的投掷运动员,持器械的上臂骨可以比原来增厚1.5~2 mm。人体在不同时期骨的新陈代谢程度不同,青少年时期较为旺盛,这个时期进行科学的体育锻炼,会促进骨骼朝正常方向协调合理生长。然而,体育锻炼的效果并不是永久的,当体育锻炼停止后,骨骼经锻炼所获得的良好变化会慢慢消失,这就要求我们必须持之以恒,切忌“三天打鱼,两天晒网”式的锻炼。同时,体育锻炼的项目要多样化,以免造成骨的畸形发展。

### (二)体育锻炼对关节的良好影响

经常参加科学的、系统的体育锻炼,对人体关节的形态结构会产生良好影响,使其机能得到提高。

(1)关节面骨密质增厚,提高了对运动负荷的承受能力。

(2)关节面软骨增厚,既加大了关节的稳固性,又提高了关节的运动缓冲能力。

(3)关节囊增厚,加固关节;关节囊内层的滑膜层分泌滑液功能提高,减少软骨之间的摩擦。

(4)关节滑膜囊与滑膜皱襞的形态、结构产生良好变化,避免关节面过大的撞击和摩擦。

(5)关节周围肌腱和韧带增粗,加强了关节的稳固性,提高了运动能力。

关节稳固性的提高,可加强对关节的保护,提高其运动能力,但也会减小关节活动幅度,影响其运动能力。所以,在进行力量性练习时,要配合一定数量的柔韧性练习,使力量与柔韧素质同时得到相应发展,使关节囊、韧带和关节周围肌肉的弹性和伸展性提高,以减少伤害事故。

### (三)体育锻炼对肌肉的良好影响

体育锻炼对肌肉的良好影响表现在多个方面:

**1.肌肉体积增加**

运动员,特别是举重等力量性项目运动员的肌肉块明显大于一般正常人,这说明体育锻炼和运动训练可以使肌肉体积增大。

**2.肌肉力量增加**

体育锻炼可以增加肌肉力量已被大量实验所证实,而且体育锻炼增加肌肉力量的效果也是非常明显的,数周的力量练习就会引起肌肉力量的明显增加。

**3.肌肉弹性增加**

有良好体育锻炼习惯的人,在运动时经常从事一些牵拉性练习,从而可使肌肉的弹性增加,这样可以避免人体在日常活动和体育锻炼过程中由于肌肉的剧烈收缩而造成各种运动损伤。

**4.肌肉的能量供应更加充足**

长期进行体育锻炼可使肌肉中的毛细血管增多、增粗,血液供应量增加。这些都为肌肉活动提供了更多的能源,使肌肉工作更加有力、更加持久。

**5.肌肉中脂肪减少**

在不经常参加锻炼的情况下,骨骼肌表面和肌纤维之间会有脂肪堆积。肌肉内的脂肪在肌肉收缩时会产生摩擦,消耗能量,同时也降低了肌肉的收缩效率。通过体育锻炼,特别是耐力性项目如长跑,可以减少肌肉的脂肪,既健美体形又可提高运动能力。

体育锻炼为什么能使肌肉发生这些变化呢?这是因为经常锻炼能提高中枢神经系统,特别是大脑皮层对运动器官的调节作用,使它们得到更多的营养物质,同时加强了内分泌的活动,对肌肉的生长起良好的刺激作用,使得肌肉力量加强,新陈代谢旺盛。经常参加体育锻炼的人长得结实健壮,身材匀称,体重增加。据统计,运动员的肌肉占体重的40%~50%,而一般人肌肉占体重的35%~40%,举重运动员能举起的重量比一般人大2~3倍。

其次,体育锻炼可以消除多余脂肪,保持良好的身材,防止肥胖症、心血管等疾病。那么我国青年人的体重标准值应为多少呢?北京医学院研究人员通过实验,认为我国18~25岁的男女青年标准体重为:

男子体重(kg)=身高(cm)-109

女子体重(kg)=身高(cm)-104

在标准体重的10%左右均为正常体重。

另外,经常参加体育锻炼的人,在神经系统的调节下,肌肉的工作能力大大提高,肌肉灵活协调、反应迅速、准确有力、耐久高效。

## 第二节　体育锻炼对心血管系统的影响

人体的心血管系统是由心脏、血液、血管和淋巴管组成的。这个系统犹如城市的供水系统和排放系统一样。心脏是动力器官,它使血液周流全身,血管是血液运行的封闭管道,是运输血液的器官,淋巴系统则是血液回流的一个补充装置,具有防御功能。人体通过循环系统的活动,向全身几百亿细胞供给血液,血液把呼吸系统摄取的氧气和消化系统摄取的丰富营养物质源源不断地输送给人体各种组织和各器官系统,使之维持生命的活力,同时也把人体新陈代谢的产物——二氧化碳和废物运送到肺肾等处排出体外。心脏功能不好,运输系统发生故障,人体的新陈代谢以及生命活动就会受到严重的威胁。心脏是人体各器官中最

重要的器官，心脏血管的功能，在很大程度上决定人的健康状况和体质水平。

## 一、心血管系统的结构和功能

### (一)心脏的结构与功能

心脏位于胸膛内两肺之间，稍偏左，形似圆锥状，心尖朝左前下方，大小与本人拳头相近。心脏主要是由心肌构成的肌质，壁的内外层各附有一层膜的心腔由纵行的隔膜分为左右两半，每半又分上下两部，上为心房，下为心室。

心脏的主要功能是通过心肌的收缩和舒张活动，推动血液参加血液循环，以满足机体各组织细胞对氧气、营养物质的需要和代谢产物的排除。根据血液在体内的流动过程可将血液循环分为体循环和肺循环。体循环的血液途径为：左心房接受来自肺静脉含氧丰富的血液，再由左心室泵入主动脉，运至全身的各组织细胞，进行气体交换和物质交换后，经静脉流入右心房。肺循环的血液方向为：右心房接受来自身体各组织的含氧量较少的静脉血，然后再由右心室进入肺动脉至肺组织，在肺组织，二氧化碳释放，而肺组织的氧气进入血液，完成气体交换，血液再由肺静脉流入左心室。

心脏每收缩和舒张一次，称为一个心动周期。在每一个心动周期的舒张期，血液由静脉流入心脏，在收缩期，心肌的主动收缩将血液由心脏射入动脉。

心脏每分钟跳动的次数称为心率。心率与心动周期的长短有关，心动周期的时间越短，心率越快，反之，心率越慢。一般人相对安静心率均为 75 次/min，女子稍高于男子，少年儿童又高于成年人。心率有较大的个体差异，不同年龄、不同性别、不同生理状态下，心率有所不同。

脉动——心脏的一缩一张引起动脉血管的一张一缩的搏动。因此脉搏与心脏的跳动是一致的。

心脏每次收缩时，由左心室射入主动脉的血量，称为每搏输出量，正常人安静时的每搏输出量为 70 mL。心脏每分钟由左心室射入主动脉的血液量为每分输出量，一般情况下的心输出量常指每分输出量，每分输出量等于每搏输出量与心率的乘积，成人安静时心输出量为 3~5 L。在一定生理范围内，心脏收缩力越大，回心血量增多，心率越快，心输出量也就越大。

### (二)血管的结构与机能

人体内的血管可分为动脉、静脉和毛细血管，不同类型血管的功能不同(人体内约有 5 L 血，运行在 9.6 万 km 的血管中)。安静时肌肉中的很多毛细血管是关闭的，当剧烈运动时，则几乎全部毛细血管开放，从而保证氧和营养物质的供应，运走二氧化碳和其他代谢产物。

血液在血管内流动时对血管壁的侧压力是血压。各类血管均有不同的血压，但一般所谓血压多指动脉血压。动脉血压分为收缩压和舒张压，心脏收缩时动脉血压的最高值为收缩压，相当于 100~120 mmHg，心脏舒张时动脉血压的最低值为舒张压，相当于 60~80 mmHg，收缩压与舒张压之比为脉搏压或脉压。

### (三)血液的组成与功能

血液是流动于心血管系统内的组织,它包括细胞和液体两部分。细胞部分是指血液的有形成分,总称为血细胞。液体部分称为血浆。

**1.血浆**

血浆是血液的液体成分,约占全血的50%~60%,血浆中除含水分外,还有各种血浆蛋白、无机盐、葡萄糖、激素等物质。血浆具有维持渗透压、保持正常血液酸碱度、防御和体液调节等多种功能。

**2.血细胞**

血细胞分为红细胞、白细胞和血小板。

(1)红细胞:又称红血球,是血细胞中数量最多的一种。红细胞的主要功能为运输氧气和二氧化碳、缓冲血液酸碱度的变化。红细胞中含有一种重要的蛋白质为血红蛋白,红细胞的主要功能是由血红蛋白完成的。正常成年男子每100 mL血液中含血红蛋白12~15 g,女子为11~14 g,血红蛋白与红细胞数量有密切关系。红细胞或血红蛋白数量低于正常值称为贫血。

(2)白细胞:正常人安静时血液中的白细胞数量为每立方厘米5 000~9 000个,其生理变动范围较大,进食后、炎症、月经期等都可引起白细胞数量的变化。白细胞的主要功能为防御病菌、免疫和清除坏死组织等。

(3)血小板:正常人的血小板含量为10万~30万/$cm^3$,血小板数量也随不同的机能状态有较大的变化。血小板的主要机能包括促进止血作用和加速凝血两个方面,同时还有营养和支持作用。

## 二、体育锻炼对心血管系统的良好影响

体育锻炼能增强心血管系统的机能,它对心血管系统的发展和提高血液循环质量起着积极作用。

### (一)体育锻炼能改善心脏结构与提高心脏机能

(1)经常锻炼者,由于运动负荷的刺激,其心肌增厚,心肌纤维中收缩蛋白和肌红蛋白的含量增加,心肌中毛细血管大量增生,心脏的重量、容量和横断面等均有所增大。

(2)经常锻炼者心脏的心肌壁增厚,收缩有力,腔室增大,心容积增加,每搏输出量增多。这就使其安静时心率比一般人减少15~25次/min,心肌获得更多的休息时间,而不易产生疲劳,同时由于心力储备增加,工作能力增强,所以使他们的心脏有更大的潜力来适应大强度的运动负荷(见表3-1)。

表 3-1 经常锻炼者与一般人心脏指标比较

| 心脏<br>分组 | 心脏重/g | 心脏直径/cm | 心容积/mL | 安静时心率/(次·$min^{-1}$) | 安静时心输出量/(L·$min^{-1}$) | 剧烈运动时心输出量/(L·$min^{-1}$) |
|---|---|---|---|---|---|---|
| 一般人 | 300 左右 | 11～12 | 750 左右 | 75 左右 | 5.25 左右 | 21.45 左右 |
| 经常锻炼者 | 400～500 | 13～15 | 1 000 以上 | 50～60 | 5.50 左右 | 31.20 左右 |

### (二)体育锻炼能使心血管机能得到改善

动脉血管、静脉血管和毛细血管组成了血液流通和营养运输的通道。经常参加锻炼能使中枢神经系统对循环器官的调节机能得到改善,血管壁的弹性增加,血流的外周阻力减小,提高血流量,有利于血液循环;同时还可以增加毛细血管的数量及横截面积,从而使心血管机能产生如下良好变化:

(1)动员快:开始运动后,能使心血管系统的功能迅速动员起来, 以适应运动需要。

(2)潜力大:进行最大强度运动时,在神经和体液的调节下心血管系统可发挥出最大的机能潜力,充分调动心力储备。

(3)恢复快:运动后,心血管系统机能可在较短时间内恢复到运动前的安静水平。

### (三)体育锻炼对血液成分的良好影响

坚持锻炼能改善血液成分,提高红细胞和血红蛋白的含量,增加白细胞分类中淋巴细胞的数量。

**1.体育锻炼对红细胞数量的影响**

体育锻炼对红细胞数量可产生良好的作用。研究证明,经常参加体育锻炼的人安静时红细胞数量比不参加体育锻炼的人略高,一般人每毫升血液中,红血球含量男子 450 万～550 万个,女子 380 万～460 万个;而经常参加锻炼者可达 600 万～650 万个。一般成年人每 100 mL血液中,血红蛋白的含量男子 12～15 g,女子 11～14 g;而经常锻炼者,男、女均可达 16～17 g。

**2.体育锻炼对白细胞数量和免疫机能的影响**

体育锻炼是否能提高机体的抗疾病能力主要与白细胞数量及免疫蛋白含量有关。研究证明,合理的体育锻炼可以提高白细胞的数量和功能,特别是可以提高白细胞分类中具有重要作用的淋巴细胞的数量,这对于提高机体的疾病能力是至关重要的。

### (四)体育锻炼可以增加血浆中缓冲物质的含量

经常参加体育锻炼,可以增加血浆中缓冲物质的含量,提高血液对运动后产生的酸性物质的缓冲能力。

血液中有数对具有缓冲作用的物质,其中最为重要的是碳酸和重碳酸钠(或钾)。当组织代谢产生的酸性物质进血液后,重碳酸钠(或钾)就很快把这些酸性物质中和成弱酸

($H_2CO_3$),弱酸再转化为 $CO_2$ 由呼吸器官排出。

### 三、经常参加体育锻炼,可以预防心血管系统的疾病

据世界心脏联盟统计,在全世界范围内,每死亡 3 人中就有 1 人的死因是心血管病症。在我国,死于心血管病的人亦居首位。据资料统计,心血管疾病的死亡率仍远远高于包括癌症、艾滋病在内的其他疾病,并且已经逐渐升至为威胁人类健康的“第一杀手”。而经常参加体育锻炼能够减少心血管系统疾病。

体育锻炼有助于冠心病的预防。肥胖、高血压、高血脂等是引起冠心病的重要因素。这种病变主要是由沉积在血管壁的脂肪和胆固醇而引起,造成管腔狭窄或闭塞,产生冠状动脉循环障碍,使心肌供血不足,引起心脏病变。经常参加体育锻炼,不仅可增强心脏功能,而且能改善体内物质的代谢过程,增加对脂肪的利用,减少脂类物质在血管内的沉积,提高纤维蛋白溶解酶的活力,防止血栓形成,保持与增进血管的弹性,改善微循环,调节体内环境的平衡与稳定。

体育锻炼可预防高血压的发生。研究表明,经常参加体育锻炼者比一般人高血压发病率低 3 倍。这是因为通过肌肉活动对大脑皮层的影响,使调节血管收缩和舒张的中枢神经活动趋于正常,血压降低。另外,在运动过程中,肌肉收缩会产生一些化学物质,对扩张血管起一定的作用。体育锻炼还可以使血管壁的弹性加大,外周阻力减小,使血压下降,也可以使因年龄增长而引起的血管弹性降低(动脉硬化)的症状减弱或推迟出现。

## 第三节　体育锻炼对神经系统的影响

人体的一切活动,其本质都是神经系统的反射活动,都是通过感知、分析、判断、作出反应这个过程来完成的。按照巴甫洛夫的话说,就是“神经系统的活动一方面使有机体各部的活动统一合作,另一方面可以使有机体与外界环境发生关系,使有机体各系统与外界平衡”。因此,神经系统在人体内起主导作用。

### 一、神经系统的结构及功能

神经系统是人体中一个十分复杂和重要的功能系统,它是由中枢神经系统和周围神经系统所组成。中枢神经系统由脑和脊髓组成。中枢神经系统通过感受器和传入神经接受环境的刺激而产生感觉,又通过传出神经支配各效应器的活动。周围神经系统则由脑和脊髓发出的神经纤维构成,可分为脑神经和脊髓神经、植物性神经三部分。植物性神经又分为交感神经和副交感神经,它主要支配人体内脏器官的活动。神经系统对内脏活动的调节,主要是通过植物性神经的作用来实现的。在周围神经中,由中枢神经向周围神经传导的叫传出神经,由周围神经向中枢神经传导的叫传入神经。分布在体表和运动系统的周围神经叫躯体神经,分布在内脏的神经叫植物性神经。在整个神经系统中,中枢神经系统是指挥整个机体活动的“司令部”。

## 二、体育锻炼对神经系统机能的影响

神经系统是人体机能的调节系统。人体各器官、系统的一切活动都是在神经系统的控制、调节下进行的。通过神经系统的调节作用，人体对内外环境的变化产生相适应性的反应，从而使人体的生命活动正常进行。

### （一）提高神经系统的功能

经常参加体育锻炼一方面可以使中枢神经系统即大脑皮质兴奋性加强，抑制加深，使兴奋与抑制更加集中，从而改善和提高神经过程的灵活性和稳定性，使大脑皮层对内外刺激的分析、综合的反应更迅速、精确，以保证机体对外界环境变化的适应。如体操运动员由于经常进行倒立、回环、滚翻等不同动作的练习，所以在乘飞机、火车及轮船时就很少出现晕车晕船现象。而未经过锻炼的人由于车、船颠簸、摇晃，一般都会发生恶心呕吐的晕车晕船现象。另一方面，体育锻炼可以改善和提高中枢神经系统对身体内部各器官、组织的调节能力，从而使各器官、组织的活动更加灵活、协调，机体的工作能力得到提高。例如人体运动时，在交感神经的作用下，胸腔内器官如心、肺、血液循环、呼吸等活动加强。而在副交感神经的作用减弱情况下，腹腔内器官胃、肠和消化道的活动相应减弱。当运动停止后，副交感神经的作用又逐渐增强，而交感神经的作用则逐渐减弱。所以体育锻炼能使神经系统对内脏器官的调节机能得到改善，使内脏器官的活动与肌肉运动相适应，进而提高肌肉的工作能力。

一般来说，经常参加体育锻炼的人，大脑神经系统的反应要比一般人快，行动更加敏捷。在“反应时测试”中，经常参加锻炼者反应时通常在 0.1~0.3 s，而一般人的反应时通常在 0.4 s 以上，这充分表明经常参加锻炼者反应更敏捷和迅速。在对“简单信号区反应速度测试”中，一般人对简单信号反应速度为 217.5 ms，而经常运动的人仅为 161.5 ms。对较复杂信号的反应速度测试，一般人为 327.5 ms，而经常运动的人仅为 248.7 ms。

### （二）改善脑的物质供应

大脑皮质是产生和进行思维和意识活动的物质基础，人的精力充沛程度、工作和学习的效率如何，决定于大脑皮质中枢神经系统物质供应水平的高低。人的大脑重量占体重的 2%~3%，而能量消耗要占整个人体一天消耗量的1/6~1/8，耗氧量占人体各器官需氧量的 20%，所需的血量占人体总血流量的 1/3。脑的血流量比全身肌肉活动时所需量大 15~25 倍。研究表明，脑力劳动者大脑 1 h 的耗氧量相当于一个体力劳动者 8 h 劳动耗氧量的总和。因此改善大脑的物质供应对劳动、工作和学习有着重大意义。

经常从事体育锻炼的人，由于心脏功能增强，脉搏输出量增大，改善了大脑的供血状况和呼吸器官的功能，肺活量增大，气体交换能力得到提高，使大脑获得更多更充足的能量物质和氧气的供应。体育锻炼还能促进大脑本身组织结构的健全和机能发展，促进大脑神经细胞兴奋性的提高，使大脑释放更多的脑啡呔和内腓呔等化学物质，而这些物质对减轻神经紧张、促进学习和记忆力及智力的发展均有良好的作用。例如，我们看书学习是由有关思维和记忆的大脑皮质细胞，在接受外界刺激（书籍）下引起兴奋来完成的。那么，经过长时间的学习,就会随着细胞本身的能量消耗和长时间处于兴奋状态而产生疲劳,如出现头昏脑涨、学习效率降低等现象。出现这种现象,实际上就表明,相应的细胞需要休息才能消除疲劳、恢复机能。

消除疲劳的方法有两种:

(1)静止性(消极)休息。静止性休息主要是通过睡眠,使大脑细胞产生广泛的抑制,从而使已经疲劳的脑细胞恢复机能。

(2)活动性(积极)休息。活动性休息则是通过一定的户外活动,使大脑皮层不同功能的细胞产生兴奋与抑制过程相互转换,从而使疲劳的脑细胞得到交替休息。

上述两种休息的方法和效果是不尽相同的,后者要优于前者。因为体育锻炼使得血液循环加快,在单位时间内流经脑细胞的血液增多,能量物质的补充较快;而且户外空气中氧气含量要明显高于户内,因此,通过血液循环,能使脑细胞获得更多的氧气,加快新陈代谢和疲劳的消除,使我们的大脑更清醒、更灵活,学习和工作效率提高。因此,体育锻炼对脑力劳动者来说尤为重要。

### (三)经常参加体育锻炼可以预防和治疗神经衰弱

神经衰弱一般是由于长期长时间用脑,不注意休息,使大脑皮层的兴奋和抑制机能长时间失衡而引起的神经系统机能下降的一种功能性疾病。

体育锻炼可以有效地预防和治疗神经衰弱。经常参加体育锻炼,可以使大脑皮层的兴奋与抑制经常保持平衡状态,及时消除脑细胞的疲劳。现在国际上广泛开展的健身跑活动,对于一些患有轻度神经性失眠者来说,能起到帮助快速进入睡眠的作用。跑步和其他各种体育锻炼,能增强体质、促进健康,使人精神振奋、精力充沛。国内外一些医学专家经常为身患轻微神经衰弱的病人开“运动处方”,以体育锻炼代替药物,其结果也表明,经过一周的“运动疗法”,有60%~85%的病人疗效显著。大学生经常参加体育锻炼也可预防神经衰弱。

# 第四节　体育锻炼对呼吸系统的影响

## 一、呼吸系统的一般结构与功能

人体在新陈代谢的过程中不断地从外界吸进氧气,呼出体内产生的二氧化碳。这种体内与外界进行的气体交换过程叫呼吸。呼吸是生命活动的主要特征之一。

### (一)呼吸系统的组成

人体的呼吸系统主要包括呼吸道和肺泡。呼吸道按其解剖结构可分为上呼吸道和下呼吸道。上呼吸道包括鼻、咽、喉,下呼吸道包括气管和各级支气管。肺泡是肺组织的基本构成单位,是气体交换的重要场所。

### (二)呼吸系统的功能

**1.呼吸道的功能**

呼吸道是气体进入肺组织的通路,呼吸道能分泌黏液、浆液,具有润湿和净化空气的作用。呼吸道不具备气体交换功能。

**2.肺的通气及气体交换功能**

肺的重要功能之一是通过呼吸运动实现肺通气功能。气体进入肺泡后,必须经过两次气体交换才能使外界的氧气进入组织细胞,并使体内产生的二氧化碳排出体外,这两次气体交换分别是在肺和组织细胞内进行的,故称为肺换气和组织换气。

肺通气功能对人体呼吸机能和参加体育锻炼来说十分重要,常见评定人体肺通气功能的指标主要有:

(1)肺活量。人体最大吸气后再最大呼气所能呼出的气体量,称为肺活量。正常成人的肺活量值,男性为 3 500~4 000 mL,女性为 2 500~3 500 mL。

(2)肺通气量。单位时间内吸入(或呼气)的气体总量为肺通气量,一般以每分钟计算,故又称每分通气量。每分通气量等于呼吸深度与呼吸频率的乘积。正常成年人安静时每分通气量为 8~10 L/min。

## 二、体育锻炼对呼吸系统的良好影响

### (一)肺活量增加

经常参加体育锻炼,能够使呼吸肌力量增强,胸廓扩大,有利于肺组织的生长发育和肺的扩张,使肺活量增加,使呼吸变得慢而深。据沈阳体育学院体育卫生科研小组研究,辽宁省 7~17 岁的业余体校学生的肺活量显著高于同年龄的一般中小学生,男生平均高 936 mL,女生平均高 844 mL。因此,经常参加体育锻炼的人,肺活量值远远高于一般人。

### (二)肺通气量增加

体育锻炼由于加强了呼吸力量,可使呼吸深度增加,从而提高有效呼吸量。所谓有效呼吸量,是指在每次吸入或呼出的气体量中,减除“无效腔”(呼吸道)内的气体量(约 150 mL)后所剩下的真正进行交换的气体量。因此,当呼吸深度增加后,其呼吸频率随之降低,这种慢而深的呼吸既能保证肺有足够的通气量又可使呼吸肌有较长时间的休息,不易产生疲劳。这一点,在运动时表现得尤为突出。一般人因肺活量小,换气效率低,参加运动容易气喘,感到疲劳;而经常参加体育锻炼的人因为呼吸深度加深了,提高了有效呼吸量。例如,在相同的运动状态下,经常参加锻炼者每分钟呼吸 15 次,每次吸气量为 600 mL;而一般人每分钟呼吸 30 次,每次吸气量为 300 mL。从表面看,两者的吸气量是相同的,即:

经常锻炼者:$600\times15=9\ 000(mL)$

一般人:$300\times30=9\ 000(mL)$

但实际到达肺泡进行交换的气体量却有很大差异,因为“无效腔”内的气体是不进行气

体交换的。因此,实际上真正的气体交换量即有效呼吸量为:

经常锻炼者:(600−150)×15=6 750(mL)

一般人:(300−150)×30=4 500(mL)

由此可见,两者的差异是很大的。这就是经常从事锻炼的人在运动时不易疲劳的秘密所在。

## 第五节　体育锻炼对消化系统的影响

### 一、消化系统的一般结构与功能

#### (一)消化系统的结构

消化系统包括消化管与消化腺。消化管由口腔、咽、食管、胃、小肠、大肠和肛门组成,消化腺有唾液、胃腺、胰腺、肝、肠腺等。

#### (二)消化系统的功能

消化腺分泌各种消化液,在消化液中主要含有各种消化酶。消化酶将食物中的糖类、脂肪、蛋白质水解成可以吸收的简单物质,如把淀粉变成葡萄糖,把脂肪变成甘油和脂肪酸,把蛋白质变成氨基酸,这些物质大部分由小肠吸收而进入人体。消化系统不仅把食物转化为身体所需要的营养物质,将它送入淋巴和血流,以供身体生长和维持生命用,而且将代谢过程中的残渣排出体外。食物在消化管内进行分解的过程为消化,食物经过消化后透过消化管壁进入血液循环的过程为吸收。

经常参加体育锻炼对消化系统的机能有良好影响,可使胃肠的蠕动增强,消化液的分泌加多,因而使消化和吸收的能力提高;也能增加人体对食物的欲望和需要量,有利于增强体质。

### 二、体育锻炼对消化系统的良好影响

(1)体育锻炼能提高迷走神经的紧张性,促进消化系统消化液增多,胃肠道的蠕动加强,胃肠的血液循环得到改善,从而使食物的消化更加充分,营养物质的吸收更顺畅,进一步加快新陈代谢的过程。

(2)经常参加体育锻炼能使呼吸加深,使膈肌、腹肌的活动加强,对胃肠能产生一种特殊的按摩作用,对增强胃肠的消化功能有良好影响。同时,能够使腹腔内的消化器官保持正常位置,防止内脏下垂和便秘。

特别提醒:在运动时,由于交感神经的兴奋,迷走神经的抑制,消化液的分泌会大大减少,因此,吃饭前后半小时内不宜做剧烈的运动。

# 第六节　体育锻炼对发展身体素质和提高人体基本活动能力的影响

人的所有身体活动都离不开肌肉运动。人们在日常生活、劳动和体育活动时都必然表现出与人体活动相关的身体素质,如力量的大小、速度的快慢、运动持续时间的长短、关节活动弧度的大小、韧带柔韧度的大小及身体的灵活性等。

身体素质是指人体在体育运动、生产劳动和日常生活中表现出来的力量、耐力、速度、灵敏及柔韧性等运动活动的能力。身体素质,特别是力量和耐力素质是衡量体质强弱和身体活动能力的重要标志之一。

## 一、体育锻炼对发展力量素质的影响

力量素质是指肌肉工作时克服阻力的能力。力量素质按肌肉收缩的特点可分为静力性力量和动力性力量,按衡量肌肉力量大小可分为绝对力量和相对力量,按其表现的形式又可分为最大力量、速度力量和力量耐力等。

人体的所有运动几乎都是肌肉工作时克服阻力的结果,所以力量素质是人们生活和各项运动的基础,也是最重要的身体素质。经常锻炼的人,不仅能够改变肌肉形态,使肌纤维变粗,肌肉健壮有力,而且能够改善神经系统的调节机能,既能使肌肉中的毛细血管网增多,肌肉储氧能力增强等,还能够使神经系统对肌肉运动的控制加强。任何动作的完成都要求有相应的力量,力量素质是速度、灵敏等素质的基础,力量素质的发展和肌肉的发达是一致的,因此发展力量素质对塑造体型、促进血液循环、增强体力有着极为重要的作用。

## 二、体育锻炼对发展耐力素质的影响

耐力是指人体长时间进行肌肉活动和抵抗疲劳的能力,它是人体各器官系统功能和心理素质的综合表现。在体育运动中,按人体能量供应的特点,耐力素质可分为有氧耐力和无氧耐力。

有氧耐力是指在氧气供应相对充足的情况下,在强度小,时间较长,心率控制在 140 次/min 以下,摄氧量可以满足身体运动需要的能力。一般是长距离的跑动、游泳以及长时间的有氧操练习等。有氧耐力训练是增进健康,促进人体及大脑生长发育,提高人体智力潜能的一种积极有效的身体锻炼方法。

无氧耐力是指在氧气供应不足的情况下,较长时间维持快速运动,心率控制在 160 次/min 以上的运动能力。一般是短距离的跑动、游泳等以速度为主的运动项目。

耐力练习对人体的作用:

(1)经常进行耐力练习,可促进大脑的血液循环,增加脑细胞的营养,使大脑皮层的兴奋性增强,抑制加深,兴奋与抑制过程更加平稳,提高了大脑皮层的分析和综合能力,增加了神经过程的均衡性和灵活性,对体内外刺激的反应更加迅速、准确,改善了中枢神经系统对各器官系统的调节作用,提高了整个有机体的工作能力。

(2)经常进行耐力练习,能够改善大脑皮层的神经调节,消除脑神经细胞疲劳,提高工作和学习效率。

(3)经常进行耐力练习,可使心脏体积增大,心肌收缩力增强,从而降低心率,提高循环系统运输能力。

(4)经常进行耐力练习,可使肺内和肌肉中的毛细血管网增加,肺内容积增大,从而提高肺泡与血液进行气体交换的能力。

(5)经常进行耐力练习,可使肌肉及肝脏中储存的能量物质增多,保证了肌肉长时间的工作。

## 三、体育锻炼对发展速度素质的影响

速度素质是指人体进行快速运动的能力。其表现形式有反应速度\动作速度以及位移速度。

反应速度是指人体对各种刺激发生反应的快慢(如短跑从枪响到起动的时间等)。动作速度是指完成单个动作或成套动作时间的长短(如投掷出手的速度、足球运动员的摆腿速度等)。位移速度是指人在周期性运动中通过一定距离的时间(如走、跑的速度等)。

经常进行速度练习,能促进神经系统的功能,使神经系统的兴奋与抑制过程的转换加快,从而使肌肉的收缩和放松交替迅速,加快了动作的速率,提高了反应速度,缩短了完成动作的时间。另外,速度训练可使体内能量物质储备增加,无氧代谢过程加强,中枢神经对缺氧的耐受能力加大。

## 四、体育锻炼对发展灵敏、柔韧素质的影响

灵敏性是指在多变的环境中所表现出来的迅速改变体位、转换动作和随机应变的能力,是人们的运动技能和各种素质在运动中的综合表现。一个人的年龄、性别、体重及速度、力量、耐力、柔韧等素质以及身体的疲劳程度对动作的灵敏性有直接影响。经常参加体育锻炼,能够使身体素质得到全面提高,使神经过程的灵活性和稳定性得到改善和提高,使大脑皮层对内外刺激的分析、综合的反应更迅速、精确,从而保证机体对外界环境变化的适应。

柔韧性是指身体各关节的活动幅度以及跨过关节的韧带、肌腱、肌肉、皮肤和其他组织的弹性和伸展能力。它包括两方面的含义:一是关节活动幅度的大小;二是跨过关节的韧带、肌腱和肌肉等软组织的伸展性。关节活动的幅度主要取决于关节本身的结构。关节的结构不同,柔韧性的差别很大,其中关节的骨结构是不能改变的,但跨过关节的韧带、肌腱和肌肉等软组织的伸展性则可以通过合理的训练得以提高。在运动时经常从事一些牵拉性练习,可使韧带、肌腱和肌肉的弹性增加,从而提高柔韧性。

## 思考题

1.为什么体育锻炼必须持之以恒?
2.你懂得科学锻炼身体的方法吗?
3.冠心病的诱发因素主要有哪些?
4.为什么说体育锻炼能预防冠心病?
5.生活中你应注意哪些问题才能预防高血压?
6.体育锻炼对呼吸系统的影响主要有哪些?
7.发展力量和耐力素质有何意义?

# 第四章　体育锻炼与心理健康

## 第一节　心理健康的评价标准和方法

### 一、心理健康的标准

所谓心理健康是指一个人智能良好，性格健全，对各种精神刺激和社会压力有良好的承受能力和自我控制调节能力，以及良好的社会适应能力，心理活动与外界环境保持一致，行为正常，情绪稳定，能较好地处理各种问题。人们对心理健康的理解存在一定的差异，而且对心理健康的评价规范也受社会风俗习惯的影响。因此，心理健康标准也迥然不一。著名的美国心理学家马斯洛等人提出了十条心理健康的标准：

(1)有充分的安全感；

(2)充分了解自己，并且对自己的能力作出恰当的估计；

(3)生活目标、理想的确定切合实际；

(4)与现实环境保持接触；

(5)能保持个性的完整和谐；

(6)具有从经验中学习的能力；

(7)能保持良好的人际关系；

(8)适度的情绪控制和表达；

(9)在不违背集体利益的前提下，有限度地发展个性；

(10)在不违背道德规范的情况下，适当满足个人的基本需要。

我国心理学工作者刘协和(1993)提出的五条心理健康的标准是：

(1)没有心理异常；

(2)正常发育的智力；

(3)健全的人格；

(4)充沛的精力；

(5)丰富的情感生活。

第三届国际心理卫生大会认为心理健康的四条标准是：

(1)身体、智力、情绪十分调和；

(2)适应环境，人际关系中彼此能谦让；

(3)有幸福感；

(4)在工作和职业中，能充分发挥自己的能力，过有效率的生活。

综合国内外专家的观点，我们认为心理健康的标准主要包括下面七个方面：

### （一）智力正常

智力是指人的认识能力与活动能力所能达到的水平，它主要由观察力、记忆力、思维力、想象力和操作能力等构成。正常智力水平是人们生活、学习、工作、劳动的最基本的心理条件。心理学把人的智力发展水平分为超常、正常、低常三个等级。智力水平在人群中表现为两头小，中间大。智力超常和低下的人是少数，绝大多数人是智力水平正常。从智力测验来说，智商 60 以下为智力低常。衡量一个人的智力发展水平要与同年龄的人的智力相比较。

### （二）情绪健康

情绪稳定与心情愉快是情绪健康的重要标志。在通常情况下，一个人的情绪是比较稳定的。情绪的稳定性，表明了一个人对事物态度的稳定性及一个人中枢神经系统活动的动态平衡性，反映了一个人对社会和自然环境的适应性，意味着机体功能的协调。如果一个人的情绪经常处于波动状态、喜怒无常等是情绪不健康的表现，也是一种心理病态的反应。心情愉快，是情绪健康的另一个重要标志。快乐表示人的身心活动和谐与满意，表示人的身心处于积极向上的健康状态，对一切充满希望。倘若一个人经常心情忧郁、焦虑、烦恼，整天愁眉苦脸，情绪低落，则是心理上不健康的标志。当然健康人的情绪，也有喜、怒、哀、乐的变化，但它是符合情理的，其情绪反应的时间不会太长久，它随着引起情绪变化的因素消失而平息，并能进行自我调节控制，保持情绪的稳定。

### （三）意志健全

衡量意志健全与否，主要依据意志品质，人的意志品质包括意志的自觉性、果断性、顽强性和自制力等四个方面。自觉性是指一个人在行动中有明确的目的性，与自觉性相反的是盲目性。果断性是指人能适时作出决定并执行决定，与果断性相反的是优柔寡断和草率决定。如果一个人在意志行动中，常表现出盲目性和优柔寡断或草率决定，是意志不健全的表现。意志顽强也是意志健全的表现，意志顽强性是指能够长时间专注和控制行动，即在执行决定和实施计划时，能坚持不懈，奋力拼搏，不达目的誓不罢休。它的反面是动摇、不坚定，遇到困难就半途而废，这种意志薄弱的人也是意志不健全的表现。意志的自制力，是指一个人在意志行动中能够控制自己的情绪，约束自己的言行，排除内外因素干扰，驱使意志行动勇往直前。它的反面是冲动，如果一个人在意志行动时，无法控制自己的言行，经常表现出冲动行为，这也是意志不健全的表现。总之，意志健全与否，主要在意志行动中表现出来，它是衡量一个人心理是否健康的重要标志之一。

### （四）行为协调

一个心理健康的人，他的思想与行动是统一的、协调的，他的行为有条不紊，做起事来按部就班，思考问题逻辑性强。心理不健康的人的行动是矛盾的、分裂的，言行不一、表里矛盾、语无伦次，经常出纰漏，思想纷乱，注意力不集中，这表明这个人心理不健康。

### （五）人际关系和谐

人的交往活动能反映人的心理健康状态。在现代社会中，人际关系交往对人的身心健康有着很大的作用。人与人之间的正常的、友好的交往不仅是维持心理健康的一个必不可少的条件，也是获得心理健康的重要方法。人际关系心理适应即和谐，能使人产生一种安全感、舒适感和满意感，使人情绪稳定，心情愉快，有益于身心健康；而人际关系的心理失调，则使人产生紧张感、不安全感和不满意感，使人的情绪波动、心情忧郁等，影响身心健康，甚至引起或促发身心疾病。

### （六）行为反应适度

行为反应是否适度，是衡量一个人心理是否健康的重要标志。尽管人们在行为反应上存在着个体差异，甚至同一个人在不同时期也存在着差异。但是，不管反应敏捷还是反应迟缓，总有一个正常限度。行为敏捷不等于反应过敏，反应迟缓并不是不反应。行为反应敏捷是正常的，而反应过敏则是异常的。同样，反应迟缓是正常的，而不反应则是异常的。如果一个人经常表现出异常敏捷或异常迟缓，则是属于病态心理的范围。例如，一个人被蚊子咬了一下就大喊大叫，或听到叩门声，就吓得心惊肉跳，这是属于异常过敏反应的表现；反之，如果一个人对各种刺激，经常若无其事，或者对重大天灾人祸刺激无动于衷，则属异常迟缓的行为反应。这些反应都是属于心理异常的，不健康的表现。

### （七）心理行为符合年龄特征

人的一生中都要经历儿童、少年、青年、中年和老年各个年龄阶段，这是人体自然发展的基本规律。由于人的年龄不同，人所处的社会地位以及在社会中所扮演的角色和主导活动不同，各个年龄阶段的人心理水平也不尽相同，各有其心理特点。如儿童天真活泼，青年人朝气蓬勃，老年人沉着老练等，就是符合他们各自年龄阶段的心理特点。因此，一个人的心理特点同他所属的这个年龄阶段的一般心理特点基本符合，即心理行为符合各自阶段的年龄特征，就是心理健康的表现。如果上述表现与年龄错位，如儿童表现得老成持重，青年人表现得老气横秋，老年人反而表现得天真活泼，这就是与其年龄的心理特点不相符合，属于心理不健康的表现。当然，判断一个人的心理状况是不是符合其年龄心理行为特点，不能只以一时一事的心理行为表现作为依据，要看其是不是经常性的稳定性的表现。总之，了解和掌握心理健康的标准，对于维护身心健康，有着重要意义。对于个人来说，可以按照标准进行心理健康的自我判断，发现有偏离标准的表现，就可以针对性的加强心理健身锻炼，以期达到增进心理健康的目的。对于周围的人，特别是家中的其他人，如果发现有人有偏离标准的情况，可给予热情帮助和积极疏导，或请医生指导，以便及时得到治疗，避免造成严重的心理障碍和不良后果。

## 二、大学生心理健康状况的评价

大学生往往会遇到来自学业、人际关系、就业及感情等诸多方面的压力，近年来，屡有因严重心理障碍引发的自杀或伤害他人的事件发生。因此大学生心理健康评价对于构建和完善大学生心理问题预警和救援机制具有重要意义。诸多学者在大学生心理健康的评价方面进行了研究，王欣等建立的大学生心理健康量表包含了躯体化、自尊、抑郁、目标感、人际关系、睡眠、焦虑、疲劳、强迫等多个因素；郑日建立的心理健康量表由躯体化、焦虑、抑郁、自卑、退缩、攻击、性心理、偏执、强迫、依赖、冲动、精神病倾向 12 个维度组成。前人的研究表明，心理健康的评价有多种内容，如焦虑状态，人际关系等。以下列举几种测验量表，需要注意的是：测验结果仅供参考，而非结论。因为测验结果与测验当事人的心理状态、认真程度、对题目的理解程度、是否有经验等一系列复杂的因素有关。

**表 4-1　大学生心理健康调查“UPI”量表**

以下问题是为了解你的健康状况并为了增进的你身心健康而设计的调查。

请你按照题号顺序阅读，在最近一年中，常常感觉到、体验到的项目的题号上面划“○”，为了使你顺利完成大学学业，身心健康地去迎接新的生活，请你真实填写，心理咨询中心的咨询人员将以满腔的热情和爱心，以及严守秘密的职业道德，随时为你提供你所期待的帮助。

| | | | |
|---|---|---|---|
| 1 食欲不振<br>2 恶心、胃难受、肚子疼<br>3 容易拉肚子或便秘<br>4 关注心悸和脉搏<br>5 身心健康状况良好 | 16 常常失眠<br>17 头疼<br>18 脖子、肩膀酸痛<br>19 胸痛憋闷<br>20 总是朝气勃勃的 | 31 为脸红而苦恼<br>32 口吃声音发颤<br>33 身体忽冷忽热<br>34 注意排尿和性器官<br>35 心情开朗 | 46 身体倦乏<br>47 一着急就出冷汗<br>48 站起来就头晕<br>49 曾经失去意识，抽搐<br>50 人缘好，受欢迎 |
| 6 牢骚和不满多<br>7 父母期望过高<br>8 自己的过去和家庭是不幸的<br>9 过于担心将来的事情<br>10 不想见人 | 21 胆小<br>22 爱操心<br>23 焦躁不安<br>24 容易动怒<br>25 想死 | 36 莫名其妙地不安<br>37 一个人独处时感到不安<br>38 缺乏自信心<br>39 办事畏首畏尾<br>40 容易被人误解 | 51 过于拘泥<br>52 对任何事不反复确认就不放心<br>53 对脏很在乎<br>54 摆脱不了毫无意义的想法<br>55 觉得自己有怪气味 |
| 11 觉得自己不是自己<br>12 缺乏热情和积极性<br>13 悲观<br>14 思想不集中<br>15 情绪起伏过大 | 26 对任何事情没兴趣<br>27 记忆力减退<br>28 缺乏耐力<br>29 缺乏果断能力<br>30 过于依赖别人 | 41 不相信别人<br>42 过滤<br>43 厌恶交往<br>44 感到自卑<br>45 杞人忧天 | 56 总觉得别人在自己背后说坏话<br>57 总在注意周围的人<br>58 在乎别人视线<br>59 觉得别人轻视自己<br>60 情绪容易破坏 |

“UPI”量表的使用说明：

UPI 调查是为了了解学生精神健康状态，预防心理疾患的发生做到心理问题早期发现，及时治疗而编制的调查表。

（一）UPI 的特点

60 个项目一般在 10 min 左右可测定。UPI 是以大学生为对象设计的问卷，60 个问题几乎覆盖了大学生中所有的烦恼，对神经症的判断率比较高。

（二）UPI 的实施

UPI 的调查在新生入学时或体检时进行。UPI 的作用是为了了解学生心理状况及早期发现问题隐患，以便采取措施预防，所以对 UPI 回收的问卷作以下处理：

1.需请来咨询的

问卷中有以下几种特点之一,就属于这类:

A.35 分以上的(含 35 分);

B.曾因心理卫生方面的问题咨询过的;

C.明确写出咨询要求的(精神卫生方面);

D.第 25 项画圈者。

2.暂不咨询但要引起注意的

A.得分 25~30 分的;

B.有过心理卫生问题并曾咨询过的;

C.明确提出咨询要求的(属于身体方面的问题);

D.第 8、16、26 项画圈者。

**表 4-2 大学生心理适应能力自测表**

下面的问题能帮助你进行心理适应能力的自我判别。请认真阅读,并决定其与你的实际情况的符合程度。按"是"、"不肯定"、"不是"回答。

| 问题 | 答案 |
|---|---|
| 1.我最怕转学或转班级,每到一个新环境,我总要经过很长一段时间才能适应。 | |
| 2.每到一个新的地方,我很容易与别人接近。 | |
| 3.在陌生人面前,我常无话可说,以至感到尴尬。 | |
| 4.我最喜欢学习新知识或新学科,它给我一种新鲜感,能调动我的积极性。 | |
| 5.每到一个新地方,我第一天总是睡不好,就是在家里换一张床,有时也会失眠。 | |
| 6.不管生活条件有多大变化,我也能很快习惯。 | |
| 7.越是人多的地方,我越感到紧张。 | |
| 8.我的考试成绩多半不会比平时成绩差。 | |
| 9.全班同学都看着我,我的心都快跳出来了。 | |
| 10.对他(她)有看法,我仍能同他(她)交往。 | |
| 11.我做事情总有些不自在。 | |
| 12.我很少固执己见,常常乐于采纳别人的观点。 | |
| 13.同别人争论时,我常常感到语塞,事后才想起该怎样反驳对方,可惜已经太迟了。 | |
| 14.我对生活条件要求不高,即使生活条件很艰苦,我也能过得很愉快。 | |
| 15.有时自己明明把课文背得滚瓜烂熟,可在课堂上背的时候,还是会出差错。 | |
| 16.在决定胜负成败的关键时刻,我虽然很紧张,但总能很快地使自己镇定下来。 | |
| 17.我不喜欢的东西,不管怎么学也学不会。 | |
| 18.在嘈杂混乱的环境里,我仍然能集中精力学习,并且效率较高。 | |
| 19.我不喜欢陌生人来家里做客,每逢这种情况,我就有意回避。 | |
| 20.我很喜欢参加社交活动,我感到这是交朋友的好机会。 | |

(一)评分标准

1.凡是单数号题(1,3,5,7,…),选"是"得-2 分,选"不肯定"得 0 分,选"不是"得 2 分。

2.凡是双数号题(2,4,6,8,…),选"是"得 2 分,选"不肯定"得 0 分,选"不是"得-2 分。将各题的得分相加,即得总分。

(二)结果解释

1.35~40 分:心理适应能力很强。能很快地适应新的学习、生活环境,与人交往轻松、大方。给人的印象极好,无论进入什么样的环境,都能应付自如,左右逢源。

2.29~34 分:心理适应能力良好。

3.17~28 分:心理适应能力一般。当进入一个新的环境时,经过一段时间的努力,基本上能适应。

4.6~16 分:心理适应能力较差。依赖于较好的学习、生活环境,一旦遇到困难则易怨天尤人,甚至消沉。

5.5 分以下:心理适应能力很差。在各种新环境中,即使经过一段相当长时间的努力,也不一定能够适应,常常困惑,因与周围事物格格不入而十分苦恼。在与他人的交往中,总是显得拘谨、羞怯,手足无措。

如果你在这个测查中得分较高,说明你的心理适应能力较强。如果你得分较低,也不必忧心忡忡,因为一个人的心理适应能力是随着年龄的增长、知识的丰富而不断增强的。只要你充满自信、刻苦学习、虚心求教、加强锻炼,你的心理适应能力就一定会得到增强。

**表 4-3　大学生人际关系状况自测表**

这是一份有关人际关系困扰的测量表,共 28 个问题。在每个问题上,选"是"的打"√",计 1 分;选"非"的打"×",计 0 分。请你认真完成,然后对照后面对测验结果作出的解释,检查自己的人际关系是否和谐。

| 问　　题 | 答　案 |
|---|---|
| 1.关于自己的烦恼有口难言。 | |
| 2.和生人见面感觉不自然。 | |
| 3.过分地羡慕和妒忌别人。 | |
| 4.与异性交往太少。 | |
| 5.对连续不断的会谈感到困难。 | |
| 6.在社交场合感到紧张。 | |
| 7.时常伤害别人。 | |
| 8.与异性来往感觉不自然。 | |
| 9.与一大群朋友在一起,常感到孤寂或失落。 | |
| 10.极易受窘。 | |
| 11.与别人不能和睦相处。 | |
| 12.不知道与异性相处如何适可而止。 | |
| 13.当不熟悉的人对自己倾诉生平遭遇以求同情时,自己常感到不自在。 | |
| 14.担心别人对自己有什么坏印象。 | |
| 15.总是尽力使别人欣赏自己。 | |
| 16.暗自思慕异性。 | |
| 17.时常避免表达自己的感受。 | |
| 18.对自己的仪表(容貌)缺乏信心。 | |
| 19.讨厌某人或被某人所讨厌。 | |
| 20.瞧不起异性。 | |
| 21.不能专注地倾听。 | |
| 22.自己的烦恼无人可申诉。 | |
| 23.受别人排斥与冷漠。 | |
| 24.被异性瞧不起。 | |

续表

| 问　　题 | 答　案 |
| --- | --- |
| 25.不能广泛地听取各种意见、看法。 | |
| 26.自己常因受伤害而暗自伤心。 | |
| 27.常被别人谈论、愚弄。 | |
| 28.与异性交往不知如何更好地相处。 | |

测查结果的解释:

如果你得到的总分是在0~8分之间,那么说明你在与朋友相处上的困扰较少。你善于交谈,性格比较开朗,主动关心别人,你对周围的朋友都比较好,愿意和他们在一起,他们也都喜欢你,你们相处得不错。而且,你能够从与朋友相处中得到许多乐趣。你的生活是比较充实而且丰富多彩的,你与异性朋友也相处得很好。一句话,你不存在或较少存在交友方面的困扰,你善于与朋友相处,人缘很好、获得许多人的好感与赞同。

如果你得到的总分是在9~14分之间,那么,你与朋友相处存在一定程度的困扰。你的人缘很一般,换句话说,你与朋友的关系并不牢靠,时好时坏,经常处在一种起伏波动的状态之中。

如果你得到的总分是在15~20分之间,那就表明你在同朋友相处上的困扰较严重;分数超过20分,则表明你的人际交往的困扰程度很严重,而且在心理上出现较为明显的障碍。你可能不善于交谈,也可能是一个性格孤僻的人,不开朗,或者有明显的自高自大、讨人嫌的行为。

(注:表4-2、4-3引自谢炳清、伍自强、素秀清主编的《大学生心理健康教程》)

# 第二节　体育锻炼与心理健康的关系

## 一、体育锻炼的心理学基础

体育锻炼的心理学基础,主要反映在锻炼过程中参与者的个体心理方面。

### (一)身体锻炼的动机

能引起、维持一个人的活动,并将该活动导向某一目标,以满足个体某种需要的念头、愿望、理想等称为动机。动机是人体的内在过程,行为是这种内在过程的结果,动机有始发机能、指向选择机能、强化机能。引起动机有两种条件,一是内在条件,二是外在条件。前者就是"需要",即因个体对某种东西的缺乏而引起的内部紧张状态和不舒服感。需要使人产生欲望和动力,引起活力。后者是个体之外的各种刺激,这些刺激包括物质因素,也包括社会因素,可统称为环境因素。它们也是引起动机的原因之一。心理学家把凡能引起个体动机并能满足个体需要的外在刺激称为"诱因"。行为可由需要引起,也可由环境因素引起,但往往是内在条件和外在条件交互影响的结果。同是锻炼身体,青少年是出于活动和身心发展的需要,而中老年人多出于健康的需要。

### (二)情绪

情绪指有机体受到生活环境中的刺激时,其生物需要是否获得满足而产生的暂时性的较剧烈的态度及其体验，包括愉快、悲哀、愤怨、恐惧、忧愁、赞叹等。客观事物的不同特点及客观事物与人之间的不同关系，使人在情绪上抱有不同的态度，产生不同的体验。情绪是人及其他高等动物所共有的一种心理活动，例如人在恐惧时，可使意识变狭窄，判断力、理解力降低，甚至丧失理智和自制力，造成正常行为的瓦解。如果情绪经常反复出现，如神经功能紊乱、内分泌功能失调、血压持续地升高等可能变为某些器官、系统的疾病。身体锻炼能产生脑腓肽，刺激下丘脑，进而产生愉快的情绪体验，这是身体锻炼对情绪的积极调节作用。另外，经常从事身体锻炼，在体育锻炼中享受成功的喜悦，承受挫折的压力，可以大大提高情绪的适应性，也有利于以更积极的态度迎接生活的挑战，适应各种生活环境。

### （三）心理过程和心理特征

人脑对客观现实的反映过程是心理活动的主要方面，由认识过程、情感过程和意志过程三方面构成。人脑的认识过程又称为“信息加工活动”，由感觉、知觉、记忆、思维和想象等活动构成，人在认识客观事物时所产生的态度体验称为“情绪”或“情感”。根据对客观事物的认识，自觉地确定目标、克服困难，力求实现目标的心理过程称为“意志”。认识过程、情感过程和意志过程显然有区别，但又相互联系，认识过程是其他心理活动的基础。例如人们认识到体育锻炼能够增强体质，并在亲身体验中验证了这一点，由此产生了喜爱的情感，从而自我锻炼更加自觉、主动，使体质在进一步的锻炼中得到更好的提高。心理学认为，人在通过认识、情感和意志反映客观世界的过程中会形成各种各样的心理特征，造成人与人之间的心理差异，形成个性心理特征。体育活动可以造就和改善一个人的能力、气质和性格。

#### 1.能力

能力是一种个性心理特征，是顺利实现某种活动的心理条件。能力的发展和发挥要在具体的社会实践中表现出来。身体的整个素质水平是能力发展的条件，身体的器官、系统的功能健全是发展能力的基础，环境和教育的因素对能力的发展有着重要的作用。

#### 2.气质

气质是心理活动稳定的动力特征。这些动力特征主要表现在心理过程的强度、速度、稳定性、灵活性及指向性上，如情绪的强弱、思维的快慢、注意力集中时间的长短、注意转移的难度以及心理活动倾向于外部事物还是内心世界等。气质较多的受到遗传素质的制约，它比其他的心理特点更具有天然的、稳定的特征，是一种较难改变的个性心理特征。

#### 3.性格

对现实稳定的态度以及与之相适应的习惯行为方式是个性心理特征的一个最重要的方面。人的性格是在一个人生理素质的基础上通过社会实践和体育活动逐步形成的，由于每个人所处的具体环境和教育条件的不同，他们所形成的性格具有不同的特征。性格一经形成之后就比较稳定，也正因为性格的稳定，性格才能突出反映一个人的心理面貌和风格。由于环境的变化，性格也是可以改变的，特别是处于形成过程中的性格具有较大的可塑性，也就为教育提供了良好的条件。此外，体育对性格的影响是巨大的，在体育环境条件和体育教育中，公开的竞争、相互间的协调和尊重、集体的委托和依赖、严格的规则等对人的性格形成和发展起着特殊作用。

## 二、影响坚持体育锻炼的心理因素

体育锻炼同其他健康生活方式,如合理的膳食、良好的起居习惯等一样,它经历着被人们接受和坚持的一个连续过程。人们对体育行为的启动和坚持,直接地影响着它所产生的积极心理效应。那么,哪些心理因素影响着参加体育锻炼者坚持体育活动呢?

### (一)锻炼的目的

据报道,大多数成人参加体育锻炼的最主要目的是为了获得健康。也就是说,要改变久坐不动人群的不健康的生活方式,启动锻炼行为就要对他们进行体育锻炼与健康知识的教育。这些健康知识包括通过体育锻炼可获得日常生活所需的体能、预防心血管疾病、塑造形体,以及消除日益激烈的竞争压力所带来的紧张应激等方面内容。人们只有增强了体育锻炼促进健康的意识,才会更多地投入到这项投资少、风险小、收益大的活动当中。

### (二)运动愉快感

运动愉快是在运动中瞬间体验到的一种欣快感,通常是不可预料的突然出现。通常在跑步时,人们很容易出现这种愉快感,因此国外称之为“跑步者高潮”。当高潮出现时,锻炼者感到一种良好的身心状态,整个人与周围情境融为一体,身心轻松,忘却自我,充满活力。愉快是所有休闲活动的主要特点。人们自懂事之日起就主动参与活动,就是因为乐在其中。萨尼斯(Sallis,1995)报告,尽管对于刚参加体育活动的人来说,健康是最重要的目的,但愉快感是锻炼者长期参加体育活动的主要原因。调查表明,由于缺乏运动愉快感,多于50%的人在获得理想的健康效果之前就放弃了运动。大学生要坚持体育锻炼,使其形成一种健康的生活方式,就要根据自己的兴趣和爱好,选择体育活动项目。

### (三)自我效能

自我效能是人们对自己具有从事和完成某项活动过程中达到指定操作表现目的能力的判断。在体育锻炼中,自我效能影响着人们的行为选择。为什么有些人喜欢去跑步或做健身操,而不是去打网球或羽毛球?这里,选择适合自己能力的项目是重要的原因之一。自我效能还能影响人们对锻炼行为的坚持性和人们在运动时的努力程度。例如,两个在身体能力方面没有明显差异的网球初学者,由于他们对自己运动能力的判断是不同的,因此他们在网球运动中会有不一样的表现。高自我效能者在练习中保持充沛的精力和活力,碰到挫折并不灰心,始终相信自己能够掌握网球技能,并且,最终真的在网球场上挥拍自如。而低自我效能者在运动一开始就落后了,因为他认为自己难以应付困难,低估自己的能力,很容易产生恐惧感,常常灰心丧气,失去解决问题的动力,最终很快就放弃了网球运动。因此,对我们来说,最好制订符合个人能力的活动目标,它将有助于个体获得成功感和控制感,提高自我效能,坚持锻炼行为。

### (四)环境

环境会影响体育锻炼的心理效应,同时也影响着运动愉快感的产生。体育活动时的社

会环境包括体育锻炼的指导者、同伴、家长和观众等。研究表明,来自同伴的社会支持是个体参加和坚持体育活动的主要因素之一。体育活动时的自然环境包括阳光、空气和水,阳光、空气和水对运动的人们非常重要。例如,恶劣的空气状况令人感到压抑、沉闷、昏昏欲睡;而清新的空气令人心旷神怡,神清气爽。如果运动环境的空气不处于流通状态,会使空气中二氧化碳的浓度上升,对人的健康造成极大伤害。运动环境中的温度对人们的心理状况也有一定的影响,虽然有资料显示寒冷并不会显著的影响人们的心理状况,但高温对人们的生理、心理有较大的影响。热环境下运动,体内大量出汗可使电解质丢失,会引起中枢神经系统功能不全(如易受刺激,判断力下降,甚至行为异常、精神错乱、昏迷等)。因而,在热环境中运动时除了衣服要轻、松、透气外,还可以在运动前、中、后少量多次的补充含糖和钠盐的饮料。

## 三、体育锻炼对大学生心理健康的积极影响

早在很久以前,人们就已经认识到体育锻炼可以维持和增进人的心理健康。大量研究表明:体育锻炼除了可以增强体质、锻炼意志外,对促进心理健康的作用也是十分明显的,具体表现如下:

### (一)促进智力水平的发展

经常参加体育活动能改善人体中枢神经系统,提高大脑皮层的兴奋和抑制的协调作用,使神经系统的兴奋和抑制的交替转换过程得到加强,从而改善大脑皮层神经系统的均衡性和准确性,促进人体感知能力的发展,使思维的灵活性、协调性、反应速度等得以改善和提高。经常参加体育锻炼,还能使人在空间、时间和运动感知能力方面得到发展,使本体感觉、重力感觉、触觉和速度、高度知觉等更加准确,从而提高大脑神经细胞工作的耐受能力。这在很大程度可以缓解和改善部分人的意志和记忆模糊、朦胧、出现错觉和幻觉等智力上的障碍。

### (二)有利于个性心理的完善

通过体育运动来培养和塑造良好的个性心理,是许多人的共识,因为参加体育锻炼本身就必须与克服困难,遵守竞赛规则,制约和调控自己某些不利于竞赛的因素相连。人们通过活动的方式表达团结、友谊、和平、进步等人类先进思想,在合理规范的竞争中修炼自己的品行,并在成功与失败、荣誉与耻辱、竞争与退让、爱情与事业、个人与祖国乃至生与死之间选择与进取。这些对培养和塑造良好个性心理以及修正个性的不足,都是十分有利的。参加体育活动,还可以提高一个人的自信心和自尊心,并能在体育活动中,寻求到安慰和满足,进而改变人的整个精神面貌。这对减轻由于紧张和压抑而引起的神经系统疾病无疑有着十分重要的意义。

### (三)增进快乐,调节情绪

通过参加体育锻炼特别是参加那些自己喜欢和擅长的运动项目,可以使人从中得到快乐感。一些研究证明,经常进行体育活动的人,大脑会分泌一种可以支配人心理和行为的肽类。这种有魔力的肽类,具有振奋人心的作用。其中一种叫做“内腓肽”的物质,科学家称之

为"快乐素",它能使人产生愉悦感。有的研究还认为,体育锻炼是使中枢神经系统得到适度应激并达到愉快水平的工具。因此,参加体育活动,可以使人从中得到乐趣,振奋精神,陶冶情操,这种积极的情绪状态可以使人自信、自尊、自豪、自强,并使烦恼、不安、寂寞、自卑等不良情绪得以解除。这对那些患有神经衰弱症,歇斯底里等精神疾病患者来说,具有一定的改善和治疗的作用。

### (四)改善人际关系

现代生产方式中高技术运用和单调工业化生产,使现代人在相对封闭状态下独立操作的可能性大大增加,造成人与人之间缺乏感情交流,人际关系疏远。体育运动可以使人与人之间互相产生亲近感。在体育运动中不必用语言即可相互交往,亦可找到志趣相投的知音。他们可以通过一个手势,一套活动,跟随活动等直接或间接地沟通信息,交流心声,自觉不自觉地相互产生一种情感,并能获得较高的安全感和自信心。另外,一些体育活动项目,特别是一些集体项目的本身就给参与者提出了必须互相交流、增进彼此情感的要求。了解同伴、相互信任、相互鼓励,这往往是比赛获胜的基础。所有这些对那些性情怪僻、忧郁寡欢、不愿与人交往、待人接物时冷时热的人来说,不仅能使他们不良的人际关系得到改善,而且还能使他们认识到自己的价值和树立自信心。

### (五)建立成就感

体育活动还具有成就效应。人们参加某项活动并坚持锻炼,他的生理机能和身体素质会得到增强,同时也相应掌握并发展一些体育的技能和技巧。当取得这些成绩后,个体会以自我欣赏的方式传递其成就信息于大脑,从而产生对自我成就的认识和情感体验,产生愉快、振奋和幸福感。因此,适宜的体育活动能使有忧郁情绪的锻炼者获得心理满足,产生积极的情绪体验,从而增强自信心,消除忧郁。

### (六)消除心理疾患

大学生群体中大部分人心理是比较健康的,但当遇到考试失利、人际关系处理不好、就业压力和感情失败等逆境时,部分大学生可能产生悲观、失望等消极的情绪,如果不予以正确的调节,就很有可能引起忧郁、孤独、焦虑等各种心理障碍的产生。

人们在参加适宜的体育锻炼时,往往可以获得自我成就的认知和情感体验,产生愉快、振奋和幸福感,从而增强自信心,摆脱压抑、悲观等消极情绪,并消除心理障碍。大学往往体育设备完善,体育氛围较浓,大学生应该积极主动地将自己融入体育锻炼的环境当中去,通过体育锻炼以减缓或消除由于学习和其他方面的挫折而引起的焦虑和抑郁等症状,为不良情绪的宣泄提供一种合理有效的手段,防止心理障碍或疾病的发生。

## 四、体育锻炼应讲究心理卫生

我们应该坚持体育锻炼,同时,需要强调的是:只有科学的身体锻炼才可能促进心理健康。健身如果不科学,则不仅损害身体,而且会给心理健康带来负效应,这些负效应主要表现在身心衰竭和消极迷瘾问题上。

## （一）身心衰竭

身心衰竭指锻炼者在运动中因长期无法克服的运动应激而产生的一种耗竭性心理反应，它是一种训练应激症状。身心衰竭不仅损害心理健康，而且还直接导致人们退出锻炼。身心衰竭的生理和心理症状如表 4-4 所示。

**表 4-4**

| 生理症状 | 心理症状 |
|---|---|
| 1.安静与锻炼时心率增高<br>2.安静时收缩压增高<br>3.肌肉疼痛增加和长期肌肉疲劳<br>4.血液中的应激生化指标增高<br>5.失眠<br>6.感冒和呼吸道疾病增加<br>7.体重减轻<br>8.最大有氧能力下降<br>9.肌糖原下降<br>10.性欲与消化功能下降 | 1.心境状态紊乱<br>2.生理、精神和情绪的疲劳感增加<br>3.自尊心下降<br>4.人际关系质量的消极变化（玩世不恭，冷酷无情，丧失人格）<br>5.对日常应激的反应延长并消极堆积 |

## （二）锻炼迷瘾

锻炼迷瘾是对有规律的锻炼生活方式的一种心理及生理依赖。比如，错过一次身体练习机会就体验到消极情绪的人，或者即使身体疼痛或受伤也坚持锻炼的人，都属于锻炼迷瘾。锻炼迷瘾可以分为积极和消极两种：有积极锻炼迷瘾的人能够控制锻炼行为，有消极锻炼迷瘾的人则反受锻炼行为的控制。

有消极锻炼迷瘾的人有四个特点：①锻炼后更难以休息并产生更多的应激；②锻炼后体验到高度积极的情感；③当错过一次身体活动的机会后产生高度的抑郁、焦虑和愤怒的情绪体验；④为完成某种锻炼计划经常忽视身体的不适，疼痛或伤病。美国学者摩根曾描述了一位跑步者消极迷瘾的症状：每天参加身体活动，并相信离开了跑步每天就不能正常生活，一旦休息就会体验到一些停训症状，而且即使身体活动产生了职业、社会甚至医疗问题，也不会停止活动。此外，消极迷瘾还体现在个体因迷瘾运动活动而拒遵医嘱，或是淡漠了对家庭、社会和工作的责任。

消极迷瘾发展到极致，就是锻炼依赖。此时锻炼者对身体活动产生了类似于对酒精、药物和赌博的精神依赖并难以摆脱。

诊断锻炼依赖的标准有八条：①活动单一导致每日身体活动的刻板模式和固定的时间表；②为了保证运动活动，日益把运动活动放在优先于其他活动的突出地位；③日益表现出对大运动量承受能力的增加；④有规律的运动活动一旦停止，表现出心境状态紊乱的信号；⑤一旦恢复运动，紊乱现象减轻或消失；⑥主观上意识到自己非运动不可；⑦不顾医务人员、家人、朋友、同事告诫运动会引起、加重或拖延身体的不良状况，而继续从事运动活动；⑧为提高运动成绩而减轻体重，并过分节食。

我们主张科学的身体锻炼，而且要长期坚持。但如果发生了消极迷瘾，锻炼依赖，就是“走火入魔”了，此时，不仅达不到“身心双健”的效果，反而“身心双害”。

# 第三节　增进心理健康的体育锻炼策略

## 一、科学地选择运动项目

参加体育锻炼能否取得良好的心理效应关键在于其是否能从活动中获得乐趣并感到愉悦。体育运动项目是多种多样的,不同的项目具有不同的锻炼价值,对人的心理也有不同的影响。

(1)假如你觉得自己不太合群,不习惯与同伴交往,那你就选择足球、篮球、排球以及接力跑、拔河等集体项目进行锻炼。坚持这些项目活动,能帮助你逐渐改变孤僻的性格。

(2)假如你胆小,那就多参加游泳、溜冰、滑雪、拳击、摔跤、单双杠、跳马等项目。这些运动要求参加者不断克服各种胆怯心理,以勇敢无畏的精神去战胜困难。

(3)如果你处事犹豫不决,不够果断,那就多参加乒乓球、网球、羽毛球、拳击、摩托车、跨栏、跳高、跳远、击剑等体育活动。进行这些项目的活动,任何犹豫、徘徊等都会延误时机,遭到失败,因而能帮助你养成果断的性格。

(4)假如你遇事不够冷静,那就应该多参加下棋、打太极拳、慢跑、长短距离步行、骑自行车、射击等活动。这些活动能帮助你调节中枢神经的兴奋性,增强自我控制能力,使急躁、冲动的弱点得到改进。

(5)如果你做事总是担心完不成任务,那就得选择一些如跳绳、俯卧撑、广播体操、跑步等项目进行锻炼。坚持一个时期后,信心就会得到逐步增强。

(6)假如你发觉自己有好逞强、易自负的弱点,你可选择一些难度大、动作较复杂的如跳水、体操、马拉松等项目进行锻炼,也可以找一些水平超过自己的对手对垒,你就会发现"山外有山"而收敛不良个性。

## 二、合理控制体育锻炼的强度、持续时间和频率

体育锻炼强度是个体在单位时间内所做的功。人们一般用心率、血压、最大吸氧量等客观指标作为评价运动强度的依据。运动生理学和运动医学中规定:体育活动的大强度相当于最高心率的80%~90%,中等强度相当于最高心率的65%~75%,小强度相当于最高心率的60%左右。运动强度对锻炼效果和安全有直接影响,锻炼时要根据自己的身体状况和锻炼目标合理地控制运动强度。有研究表明:一般情况下,锻炼时将心率控制在最高心率的60%~80%既可保证锻炼效果又安全可靠。

体育锻炼持续时间和活动的强度有关,两者之间呈反比。体育锻炼的强度大,持续时间应相应减少,反之,持续时间则应延长。有研究表明:每次锻炼的持续时间在20 min以下时,其降低焦虑的效果明显比持续21~30 min的体育锻炼要差。伯格的研究发现:锻炼者每次进行20~60 min中等强度的锻炼有助于情绪的改善。然而,如果锻炼时间过长,就可能引起疲劳,从而影响锻炼效果。

锻炼的频率是指每周参加体育锻炼的次数,体育锻炼增进心理健康的效果与活动频率密切相关。大多数研究表明:每周活动2~4次可以产生良好的心理效应。

此外,在安排体育锻炼的强度、持续时间和频率时还应综合考虑个体差异和其他因素。如:个性特点、年龄、性别、生理状况、选择的项目、锻炼目标和季节、天气等,以保证良好的锻炼效果。

## 三、重视准备活动和整理活动

准备活动和整理活动是体育锻炼的重要组成部分,锻炼前应进行必要的准备活动,以预热身体,消除心理紧张,为锻炼做好生理和心理准备;锻炼后进行整理活动,可以帮助血液从肌肉返回心脏,帮助身体和心理更好地回到平静状态。准备活动和整理活动不仅可以预防伤病,帮助身体恢复,而且对锻炼产生良好的心理效应具有重要作用。

## 思考题

1.试述心理健康与体育锻炼有何关系。

2.试述国内外学者对心理健康标准认识的异同。

3.如何运用体育锻炼增进心理健康?

# 第五章　体育运动与社会适应性培养

## 第一节　培养适应社会的参与意识与价值观念

### 一、培养适应社会的参与意识

（一）社会参与概述

社会参与，是指人们对各种社会活动、社会生活的介入程度。人类社会必须形成团体，采取共同的行动才能集合较大的社会力量，这一社会力量足以让人们应付各种自然灾害，分享各种劳动成果，阻止某种恶势力的压迫，对抗外族侵略，推翻旧的社会制度，建立新的生产方式和生活方式。当人们结成社会之后，其行为就往往不再是个体的，而带有强烈的社会性质。社会越发达，人们的社会参与程度越高。在现代社会，各种社会团体和群众组织十分兴旺，人们参与社会活动的积极性很高，而人们的社会参与程度又可以看出这个社会的文明程度和社会成员的觉悟程度。

社会参与，根据参与活动的内容，可分为政治参与、学术参与、文体活动参与、宗教参与、家庭参与等种类；根据介入的程度可分为主动参与与被动参与，积极参与与消极参与，持续参与与临时参与，领导参与与服从参与等不同种类。根据介入的性质，可分为有偿参与、义务参与等。

（二）社会参与与健康和体育的关系

构成一个社会需要具备以下 10 个要素：一定的人口，确定的地域，物质生活条件，人际间的互动，社会组织保证，家庭，完整的制度体系，共同的意识和兴趣，强烈的社区意识，教育和科学研究系统。体育运动具备“社会”的基本要素，可以构成一种以体育这一社会文化现象为媒介的“亚社会”。美国社会学家称体育是社会的“焦点”，也有人称体育是社会的缩影。体育与社会的这种联系可以使人们在体育活动当中练就参与社会活动的意识和能力。

人们的社会参与和自身的身心健康水平关系十分密切。社会参与既是一种对他人关心的过程，也是一种得到他人关心的过程。一个身心健康的人往往对社会参与十分热心，并从中得到许多人生乐趣。而一个身心状况欠佳的人，往往拒绝社会参与，从而使自己更加封闭，更加远离社会。

体育参与是一种重要的社会参与。体育以游戏的形式，给人们营造了一个模拟社会生

活的良好氛围，让人们以轻松自如的方式在体育中去感受、认识社会生活的规则、方法和技巧，培养参与社会生活的意识和能力。人们在体育活动中不仅可以锻炼身心，而且可以发展智力。由于体育参与比较简单易行，又具有经常性，所以体育参与常被视作是一种衡量社会参与程度的标志。体育参与对培养社会成员的团队精神、民主意识和规范意识都是十分重要的。

现代社会，由于环境污染、不良生活方式和饮食习惯以及日益激烈的社会竞争和压力的增大，使得诸如癌症、心脏病、冠心病、肥胖症、抑郁症等现代"文明病"不断蔓延，人们的健康受到威胁；同时，生产方式和生活方式的变化，使脑力劳动量显著增加，体力劳动减少，人的身体机能逐渐退化，物种的生物适应性和生物本能的保持和发展受到威胁。体育，已成为人们解决这一系列难题的重要手段，成为人们提高生活质量和生命质量的重要手段。随着社会的发展、生活水平的提高以及人对自身认识的不断加深，体育运动将逐渐成为人们的生活方式，成为人们生活中不可缺少的重要组成部分。人们在体育这个"社会"中不仅可以获得身心的愉悦和健康，而且还能学习到社会的价值观念和规范意识（如公平、公正原则，竞争与合作意识，遵守规则等）；建立和谐的人际关系；培养适当的社会角色（如：足球游戏中对每个参加者进行的守门员、前锋、后卫等角色分工，各个角色的职责各不相同，拥有的义务和权利也各不相同）；建立健康的生活方式；养成良好的行为习惯；练就坚强的意志品质，培养积极的人生态度等。人们在体育活动当中建立的这些意识习惯和能力，正是人们参与社会活动所必需的。

体育参与是一种积极的、有利于人的全面发展的重要的社会参与。经济和社会发展的最终目标是为了人的自由、全面和健康发展，人们无论参与何种社会活动，都不应违背这一目标。

## 二、培养适应社会的价值观念

### （一）价值观概述

从某种意义说，人的活动都是为了满足某种需要和利益，也就是为了追求和实现某种价值。价值观念是主体在改造和认识客体的长期过程中对主客体之间的各种价值关系的总的看法和观点。它既包含着对主体各种需要的理解，又包含着对客体各种价值属性的认识，同时还包含着客体属性满足主体需要而对主体所具有的意义的理解。

价值观念一经确立，便会影响着人们的价值追求活动，影响着人们的具体行为方式和对各种价值关系的看法，人们的各种活动总是在一定价值观的指导下进行的。

社会普遍的价值观反映了人们普遍的价值追求和社会历史发展方向，对社会的发展和人的发展具有重要影响。为了推动社会的进步，保持社会运行的有序和协调发展，社会必须拥有一套能引导人们积极向上、文明健康地参与各种社会活动并能充分发挥人的潜力、有效促进人的自身全面发展的、科学的、带有普遍意义的、理想的价值观体系，同时排除人们不良的价值追求。尽管不同的个体在价值取向上各有不同，但从理想与现实的关系来看，个人理想和整个社会的普遍理想应具有同一的方向或指向，否则，个人将会陷入与社会的背离甚至对抗之中。因此,对个人来说,树立正确的、与社会理想指向一致的价值观念,不仅有利于个人理想的实现,而且有利于个人社会适应能力的提高。历史证明,以奥林匹克为核心的现代体育运动所倡导的价值观念对人们参与社会活动具有普遍的指导意义,具有很高的社会理想价值。人们对体育的社会价值的认识将有利于增强对社会环境的适应能力。

## (二)奥林匹克思想体现了人类共同追求的价值观念,是现代人适应现代社会所必需的精神食粮

自20世纪60年代奥运会实施电视转播以来,每一届奥运会都吸引着数十亿乃至几百亿人次的电视观众,这些观众来自世界不同的民族、不同的宗教、不同的社会制度和不同的文化背景。由此,一些社会学家认为,奥林匹克运动是迄今为止人类社会最具影响力的一种世界性大众文化。那么,究竟是什么力量吸引着来自不同背景的人们,使他们如醉如痴地对一个体育赛事倾注如此的关注呢?是奥林匹克精神文化。

(1)奥林匹克格言"更快、更高、更强"充分表达了奥林匹克运动不断进取的奋斗精神。在竞技场上,她体现为运动员不畏强手,不怕困难,敢于争胜,敢于战胜自己、超越自我的精神。正是在这一格言的鼓舞下,奥运会的运动技术不断提高,运动成绩不断刷新,竞赛规则不断完善,比赛结果更具不可预测性,因此,也使奥林匹克运动更具魅力。对于现实世界而言,她集中体现了人类共同拥有的进取精神、奋斗精神和不断的创新精神。正是由于人类的这种永不满足、自强不息、不断求新的精神,人类社会才得以不断进步和发展。

这种宝贵的精神品质是奥林匹克运动价值体系的精髓。人们欣赏奥林匹克运动,参与奥林匹克运动,不仅因为能够从中享受到运动员的精湛技艺所带来的刺激和美感体验,更是因为从中受到鼓舞,受到教育,受到激励,从而产生出改造社会、改造自然的巨大力量。当一位马拉松运动员在接近终点,因体力不支而几次摔倒,又几次挣扎着爬起摇摇晃晃走向终点的时候,此时胜负已无关紧要,他给予我们的不是失败者的形象,而是心灵的巨大震撼,是一个奋斗不息的胜利者的高大的楷模形象。人生如果有了这种精神,还有什么不能成就的呢?

(2)奥林匹克格言"奥运会中获胜固然重要,但参与更重要"。这是1908年7月24日顾拜旦在参加第4届伦敦奥运会英国政府举办的一次招待会上所引述的名言。为强调奥林匹克运动参与的重要意义,顾拜旦将这一思想推演至社会生活领域,并呼吁:"先生们,请牢记这一铿锵有力的名言,这个论点可扩展到诸多领域。对人生而言,重要的不是凯旋而是奋斗,是使人类变得更勇敢、更健壮、更谨慎和更落落大方。这是我们国际奥委会的指导思想。"顾拜旦先生强调"参与",是为了告诫人们参与运动竞技,不能只看重夺冠和金牌,而应从人类自身的完善出发。运动参与的可贵之处在于其有着高尚的品质、真诚的态度、奉献精神和对理想的追求,其意义远远超过名次和奖牌。这种参与精神既是一种体育态度,也是一种积极的人生态度。正是有了参与,运动员才会有强健的体魄和运动技艺的不断提高,才会有奥林匹克运动的"更快、更高、更强",也才会有今天规模庞大、影响深远的奥林匹克文化。因此,从普及奥林匹克运动的意义上讲,"参与"是奥林匹克运动的第一原则。鲁迅先生对运动参与精神有着独特而深刻的理解:"我每看运动会时,常常这样想:优胜者固然可敬,但那些落后但仍然跑到终点不止的竞技者,和见了这样的竞技者而肃然不笑的看客,乃正是中国将来的脊梁。"中国体育的发展需要鲁迅笔下的"竞技者"和看客,中国经济的腾飞同样也需

要这样的“竞技者”和看客。

(3)体育运动中蕴涵着丰富的人类普遍认可的价值观念。竞争是体育运动的本质属性，但体育中的竞争必须在“公平竞争”(Fair play)的原则下进行。“公平竞争”体现的是“仲裁”和“法”的精神，是体育竞赛得以顺利进行的必要保障。“运动风范”(Sportsmanship)体现的是社会成员如何守法的义务和责任。“合作精神”(Teamwork)则体现的是同一群体中的不同成员为实现共同的目标，而必需的分工协作和无私奉献，以及不同群体的成员为使比赛顺利进行而表现出的对规则的严格遵从。所有这些，至今都是人类社会生活中最重要的价值观念。运动场上每当运动员表现出上述精神时，总能引起观众的共鸣，并获得热烈的掌声。这正是体育比赛为何能在社会生活中发生重大影响，受到社会各界普遍关注和推崇的原因所在。在足球场上，当一方队员因伤倒地，急需救治时，另一方队员不是乘机进攻，而是及时将球踢出场外终止比赛；当重新开球，对方又将持球的权利还给另一方时，我们的内心深处敬佩之情便会油然而生。这就是体育运动独特的教育方式和教育价值。

(4)“和平、友谊、进步”是奥林匹克运动追求的目的，也是人类社会追求的永恒主题。奥林匹克运动不仅仅是一项单纯的体育活动，不仅仅是个体通过体育运动强健身体的活动，其最高目标在于通过体育运动把不同国家、不同民族、不同宗教信仰的人聚集在五环旗下，使大家相互交流，增进了解和友谊，进而达到世界的团结、和平和进步的目的。奥林匹克运动的先驱高瞻远瞩，把体育纳入到人类社会文明进步的范畴，使体育成为促进世界和平与发展的一个积极的力量，无疑是对人类社会的一大贡献。正如顾拜旦所向往的，奥运会是“体力和脑力的结合，相互帮助和竞争的结合，崇高的爱国主义和智慧的世界主义结合”，是和平的象征，是在“有节制、有组织、有技艺的体力较量中产生，使全世界的青年相互尊重和学习，使不同民族特质成为高尚而和平竞赛的动力”。这正是奥林匹克思想教育性的深刻之处。

此外，奥林匹克运动还倡导积极进取、民主友爱、诚实守信、团结协作等价值观念，同时，奥林匹克的社会示范作用和社会透明度又使得她拒绝徇私，拒绝腐败，拒绝不公，拒绝作假。所有这些，都是人们参与社会活动、适应社会生活应该具备的价值观念。体育运动的教育作用使得人们在体育活动中既可以获得身心上的愉悦，又可以树立起与社会理想指向一致的价值观念。

## 第二节 培养适应社会的人际关系与健康人格

人在社会生活中，经常与其他人处于相互接触、相互联系的过程中，即处于复杂的交往中。交往是人类社会实践活动的一个重要方面，也是个性形成的必经途径。

交往是人们为了彼此传递思想，交换意见，表达情感需要，协调行动等目的，运用语言符号和非语言符号而实现的信息沟通过程。交往具有协调和保健作用。与他人进行思想上、行为上、感情上的互动，不仅是人的生存需要，也是生理和心理的需要。脱离社会、脱离人际间的交往，人是难以生活下去的。人们在交往当中可以形成一定的人际关系。人际关系乃是人与人之间心理上的关系、心理上的距离。在人际吸引中，相似性吸引和接近性吸引是主要的吸引方式。相似性吸引是人们之间在兴趣、爱好、理想、信念、态度、价值观等方面的一致或类似,使他们对某些事物或对象容易产生相同或类似的认识和思想上的共鸣。接近性吸引是指人们在居住、学习和参与各种活动时在空间上的接近。

## 一、培养适应社会的人际关系

### (一)共同的兴趣和爱好使人们在体育活动中增进了解和友谊

共同的兴趣、爱好和价值认同使人们在体育活动中增加了交往的机会,使人际间可以产生良性互动。心理学研究表明,交往过程中应保持双方对事物共同的需要即对事物一致的理解,才能使沟通畅通无阻,进而才能使人际交往变得更容易。实践表明,人们都喜欢与自己态度和观念相同的人。在集体性体育活动中,由于人们对体育兴趣和体育价值认识的一致性使人们有一种“性格兴趣相投,谈得拢”和“我们有共同语言的感觉”,这种感觉可以有效地缩短人与人之间的心理距离,从而增强人际间的交往,建立良好的人际关系。现代社会,激烈的社会竞争和越来越快的生活节奏,给人们增加了交往上的困难。为了缓解生活压力和获得情感交流的满足,已经有越来越多的人将目光投向了体育。

### (二)体育运动使人们在空间上更接近

人们的交往方式有直接交往和间接交往。直接交往是一种利用语言、身体姿态、面部表情、肢体活动等面对面的交往形式,它的优点是,不仅可用语言传递信息,而且可用表情、动作等传递情感、态度,能够获得大量的信息反馈。交往双方可以充分交换意见,获得准确的信息。间接交往是指通过第三者或借助报纸、书信等手段进行的,与直接交往相比,间接交往信息反馈量少,传递速度慢,且由于中间环节的转换,可能造成信息量的损失和失真。

体育运动使人们从不同区域,从狭小的居住楼房走到了一起,使不同职业、不同阶层的人可以在一起进行直接的、面对面的交流、沟通和相互学习,这种直接的交流方式可以更有效地增进相互之间的了解。同时,人们在体育活动中,不仅可以加强与老朋友之间的联系,还可以不断结交新朋友。在日常生活中,人们的社会关系主要是血缘、地缘、业缘和学缘关系,体育运动不仅可以延续和强化这种社会关系,而且还可以不断突破和超越这种社会关系。人们在体育活动中可以结交不同职业、不同社会地位、不同区域、不同阶层和不同年龄但却有共同爱好的人,从而使人们的生活空间不断扩大。因为体育运动给人们提供了一个有共同需求、共同目标,参与同一活动的空间和氛围,也只有类似的氛围和空间才容易使人们建立起联系。

另外,人们在体育活动中,除了运用语言交流外,还要运用非语言的肢体进行交流。体育这种特殊的肢体“语言”交流方式,是其他社会交往方式所没有的。奥林匹克运动之所以在全世界备受推崇,使不同国家、不同民族、不同社会制度、不同文化传统和不同肤色的人走到了一起,除了因为奥林匹克所倡导的价值观反映了人类的普遍理想外,还因为“体育”这种国际语言让各国青年紧紧地联系在了一起。奥林匹克所倡导的“和平、友谊、进步”正是反映了体育在人与人、群体与群体、国家与国家、民族与民族之间进行交流的功能和作用。

## 二、培养适应社会的健康人格

### （一）人格的基本含义

人格又称个性，其最基本的含义是指个人具有的稳定的、综合的心理特征，是一个人基本的精神面貌。心理学上把一个人在人生舞台上扮演的角色的种种行为的心理活动都看作是人格的表现。它的基本构成包括两个方面，一方面是个性倾向，即人对社会环境的态度和行为的积极特征，如需要、动机、兴趣、理想、观念、态度、习惯等；另一方面是个性心理特征，即人的心理特点的某些独特的结合，如能力、气质、性格等。

人在社会交往中，逐渐形成和发展自己的人格。对人格形成和发展起决定作用的是社会生活条件。人格的核心内容是自我意识，自我意识包括三个层次的含义：对自己机体及其状态的认识；对自己肢体活动状态的认识；对自己的思维、情感、意志等心理活动的意识，包括自我评价、自我体验、自尊心、自豪感、自我调节、自我控制等。

人格的形成过程也就是社会化的过程。社会化是指作为个体的生物人成长为社会人、并逐步适应社会生活的过程。它包括：教导基本生活技能、教导社会行为规范、指点生活目标和培养社会角色等。对于一个社会来说，如果没有社会化，社会及其文化就不能保持一致性，共同的社会目标也就无法实现。社会成员在文化上的一致性是确保社会的稳定和正常秩序的一个重要因素。

健康人格是指人的心理和行为的和谐统一并符合社会价值标准的人格。社会运动是一个不断发展、变迁的过程，在社会转型时期变迁的速度更加迅速。社会变迁会造成人们的思想观念、行为方式由与整个社会相互适应变为相互不适应，从而使个人在社会生活中感到严重的心理紧迫感和压迫感，甚至使个人的生存活动即发展出现困难，人的社会化会出现偏差、失败及种种病态现象，加上社会畸形文化等不当的外在干扰，人格的成长过程会被扭曲，其中最典型的是青少年犯罪。

### （二）体育在促进人体的健康完美的同时，还促进人格的完善与精神的健康

体育像人生的一个熔炉，其中盈注着成功、失败、艰辛、懊丧、泪水及欢笑。人一旦置身其中，便不得不一次又一次地去经受各种心理的冲击、精神的淬火、意志的考验。每一个走上竞技场上的健儿，并不仅仅表现自己的“力”，而且还必须对自己的意志品质、心理素质交出一份答卷。获桂冠者毕竟屈指可数，而即使是这些灿烂一时的人中之杰，亦都不可避免地会因新星的升起而黯然失色，最终迎来失败，这是一切踏入竞技场上的健儿所共同的归宿。从这个意义上，也许人们更能理解，为什么“参与”本身比“胜负”更重要。因为胜负永远是暂时的，而参与则表现了人生的一种态度。参与更注重的不是表现在结果的那一瞬间，而是整个运动的过程，只有在整个过程中，人才会逐渐培养出良好健康的心理素质，做到临变不乱，宠辱不惊；只有通过整个过程，人才懂得如何去拼搏进取，以一种自强不息的姿态去面对风云变幻的社会与人生。

体育教会了人们不再把眼光停留在某个固定的点上，而是用一种百折不挠的精神武装

人的头脑,激励人们通过自己的活动与努力去不倦地追求新的希望、新的理想和新的人生,使人们永远不以一孔之见而自得,不因一时之功而自足,不因一役之失而自馁,不因一席之名而自傲。于是,在体育运动中,人成熟了,不但身体得到发展,而且精神也得到升华,使身体和精神都散发出一种勃勃向上的朝气,促进人们向着健康的方向迈进。

体育运动可以造就人们勇敢、果断、灵敏以及聪明、机智的品质。在体育中,人们的自尊、自强和自信等自我意识不断地得到了强化,人们认识了自己、了解了自己,进而不断地改造着自己,使自己的个性不断得到发展。体育活动的团队目标使得在体育中的行为总是表现出理智、协作、奉献和责任;表现出愿意接受团队约束、限制、督促与激励,愿意与团队保持一致的团队精神。在体育活动中,人们可以经常获得同伴的赞誉和肯定,获得成功的喜悦和满足感,可以有许多机会发现自己在体力、技术、技能、意志、情感等方面的不足,也可以发现自己个性中的优秀部分,在反复持续的努力中不断地调整自我,超越自我,不断地向新的高度挑战。这种人的社会化过程使人们在体育活动中学会了适应社会,勇于面对社会挑战的本领。

## 第三节　培养适应社会的社会角色

社会角色,即有着特定的权利、义务和行为规范的人。不同的社会角色区分了社会行业和每个社会成员的职业,不同社会角色成员的组合,构成了五彩缤纷的社会。每一个社会角色,都代表着有关的行为期望与规范。担当了某种社会角色,就要表现这个角色的特征。当父亲就要像父亲,做儿子就要像儿子。如果做什么不像什么,不但完成不了自己角色的任务,还会影响别人。人们常说的"教不严,师之过",就是指教师辜负了社会对于教师这个角色的期望。可以说,一个人要符合社会的要求,取得社会成员的资格,就必须学习适当的社会角色。而体育运动场合,恰好能为人们学习社会角色提供优越的环境与适宜的条件。

体育运动给人们分配"社会角色",提供尝试社会角色的机会。所谓体育运动中的角色,也就是指在由体育结成的社会关系中所处的地位,这种地位有其权利、义务和相应的行为要求。在复杂的社会结构中,需要有多种社会权利、义务和行为规范的人员组成。每个人若要在社会中生活,就必须凭借自己的知识和能力,在工作岗位上充当一名角色,各司其职地为社会公众服务。体育锻炼的社会功能,就在于它恰能为培养适应社会的角色观念创造优越的环境与适宜的条件。其中有许多特定的锻炼方式与组合,又为参与者提供了尝试充当各种角色的机会。假如你采取的锻炼方式属于个体行为,那就需要有独立"扮演"角色的能力,学会按科学规律制订锻炼计划、掌握运动负荷与评价锻炼的结果,学会在遇到困难时,如何寻求社会支持系统的帮助。但即使是独立的个体角色扮演,同样也会给你提供一种以自愿的方式与别人进行练习交流的机会。比如,你独自在篮球场练习投篮,当一旦得到"四缺一"的信息,你就会非常乐意地接受别人的邀请,加入到群体活动的行列。这表明,体育锻炼的任何个体行为不可能完全脱离社会环境的制约,特别在与群团组合的社会关系中,每个人都必须尽其所长为自己选择一个角色,并竭尽全力按其所处地位体现其权利、义务和相应的行为,设法尽力显示自己的才华与能力,在竞争中巩固自己的角色地位。

必须指出，凡属群团组合的体育锻炼，无论个体想要扮演什么角色，他们都必须分工明确且又互为关联。至于其组合是否合理，也不完全取决于个人对承担角色的认可，而是要以被群团其他成员接受为前提，并以能否实现群团目标作为检验每个成员是否胜任角色的标准。这表明，在与同伴合作的体育锻炼中，唯有使个体的角色行为被同伴信赖，或能够产生良好的综合效应，才算这种角色分工具有真正的社会价值。比如，无论是组织锻炼小组、开展游戏活动，或相约同伴举行一场友谊比赛，究竟应由谁担任领导者，由谁充当追随支持者，都要根据每个人的特长与能力，在事前有个明确的分工。如果各自的角色一旦确定，那每个成员都有在该位置上发挥作用的权利，同时也要对角色要求承担相应的义务，这样才能通过不同角色行为的协调，产生有利于互动的社会关系。其实，我们通常强调的协作意识和团队精神，就是通过体育锻炼对培养角色观念的一种具体要求。

社会角色是完成社会活动的必要的社会形式和个人的行为方式。通过体育角色的学习，学生懂得了社会角色是与人们的某种社会地位、身份相一致的一套权利、义务的规范与行为模式。它是人们对具有特定身份的人的行为期望，是构成社会群体和组织的基础。由于体育锻炼本身蕴涵着协作因素，可以促使锻炼者按协调配合与角色互补原则，妥善处理同伴与同伴之间，同伴与对手之间的相互关系；通过培养适应社会需要的角色观念，潜移默化地去承担社会中自己相应的权利、义务与责任。

## 思考题

1.简要说明体育对人格的影响主要表现在哪些方面。

2.简要分析奥林匹克倡导的价值观对人们参与社会活动有何指导意义。

3.举例说明角色意识对人们参与社会活动有何影响。

# 第六章　体育运动与保健

## 第一节　体育运动卫生

### 一、体育运动与饮食卫生

人体每天都必须摄取食物，以维持人体正常生理功能和新陈代谢等生命活动。体育锻炼更需要科学地安排饮食，养成良好的卫生习惯。

#### （一）运动与营养卫生

**1.营养与营养素的概念**

获得（摄取）和利用食物的综合过程称为营养。在体内能消化吸收，并具有供给热能，构成机体组织和调节生理功能，为机体进行正常物质代谢所必需的物质称为营养素。营养素可分为两大类，即三大营养素和微量营养素。三大营养素包括糖、脂肪和蛋白质，它们是构成机体组织和提供能量所必须的物质。微量营养素包括维生素和无机盐。

**2.各种营养素对体育运动的作用**

（1）蛋白质。蛋白质使人体肌肉发达，力量增强，是一切体育运动的物质基础。

（2）糖。糖能维持中枢神经系统及心肌和骨骼肌的正常功能，是短时间大强度运动时热能的主要来源。

（3）脂肪。脂肪参与能量供应，维持较高的血糖浓度，推迟疲劳的出现，是长时间耐力项目的重要热能来源。

（4）维生素。维生素 A 能维持正常视力；维生素 E 能减少组织的耗氧量，改善循环和肌肉营养，尤其能改善微循环，提高生物氧化过程，对心脏产生良好的影响，从而提高人体的运动能力和防止过度疲劳；维生素 B1 能辅助糖代谢，维护神经系统的机能；维生素 B2 与细胞的呼吸有密切关系，参与蛋白质的代谢；维生素 C 能提高三磷酸腺苷（ATP）酶的活性，增强机体的应激能力；维生素 PP 对糖、脂类和蛋白质的代谢起着重要的作用。

（5）无机盐。无机盐也称矿物质，它包括除碳、氢、氧、氮以外的存在于体内的其他各种元素，含量较多的无机盐有钙、钠、钾、镁、磷、硫、氯等 7 种。其他元素如铁、铜、锌、锰、氟等存在数量很少，有的只有微量存在，故称之为微量元素。各种无机盐总量约占体重的 5%。无机元素与其他有机的营养物质不同，它不能在人体内合成，除了排出体外，也不会在代谢过程中消失。对人体必不可少的微量元素称为必需微量元素，如铁、碘、铜、锌、氟等。这些

物质在人体内自身相对稳定，并起着十分重要的作用。如：钙能维持神经肌肉的正常兴奋性，缺钙时神经肌肉的应激性增高，肌肉容易发生痉挛；磷能维持血液的酸碱平衡，参与物质能量代谢，一切肌肉、神经系统的活动以及糖和脂肪的代谢，都需有磷的化合物参加；铁在体内参与氧的转运、交换和组织呼吸过程，与细胞内生物氧化有密切关系；氯化钠与肌肉活动关系密切，缺乏时肌肉软弱无力，易于疲劳，大量丧失时可导致肌肉痉挛，这与氯离子减少引起神经肌肉的应激性增高有关。

(6)水。水能吸收由于运动产生的较多热量，使体温不致发生明显的波动，以维持体温的恒定；能润滑关节的摩擦面，以减少运动损伤。此外，体内各种物质的代谢都必须在水的参与下进行。

**3.各种营养素的来源**

(1)蛋白质。蛋白质主要来源于肉类、鱼类、奶类、蛋类、豆类、硬果类(如花生、核桃、莲子等)。

(2)糖。糖主要来源于米、面、玉米、高粱、白薯、马铃薯、水果、瓜类。

(3)脂肪。脂肪主要来源于油类、蛋黄、芝麻、菜籽、大豆、花生。

(4)维生素。维生素A主要来源于动物肝、肾、蛋黄、牛奶或由红、黄、绿色蔬菜及红、黄色水果中得到的胡萝卜素转变而成；维生素B1主要来源于稻谷类、豆类、蛋类、酵母、硬壳果、绿叶蔬菜、水果及动物肝、肾、脑和瘦肉；维生素C主要来源于植物性食物，即所有的蔬菜和水果；维生素D主要来源于动物肝脏、鱼肝油和禽蛋；维生素E主要来源于麦胚油、棉籽油、玉米油、花生油、柑桔皮、肉类、蛋类、奶类和鱼肝油；维生素B2主要来源于动物肝、肾、心及牛奶、鸡蛋、绿叶蔬菜和豆类等；维生素PP主要来源于酵母、花生、稻谷、豆类及动物内脏。

(5)无机盐。钙主要来源于奶类制品、蔬菜、豆类、海带、小虾米；磷主要来源于蛋类、肉类、鱼类、豆类和绿叶蔬菜；铁主要来源于动物肝脏、蛋黄、豆类、绿色蔬菜、五谷的外皮及胚叶部分；氟主要来源于饮料和茶叶；锌主要来源于动物性食物、谷类、豆类等。氯化钠主要来源于食盐。

(6)水。水主要来源于饮料水、食物水和代谢水。

## (二)运动饮食卫生习惯

**1.运动后不宜立即进食**

因为运动时主管骨骼肌、心肌运动的大脑皮质中枢处于一种相对兴奋状态，而其他部位则处于一种相对的抑制状态，大量血液分布在运动系统，消化系统血液较少，胃肠蠕动减弱，消化液分泌减少，功能下降，即便停止了运动，在短时间内仍会保持以上状况，所以运动后立即进食会影响食物的消化吸收，对身体不利，久而久之还会引起消化不良，慢性胃炎等肠胃疾病。合理的进食时间一般在运动后休息半小时进行。

**2.饭后不宜立即进行剧烈运动**

饭后由于胃内有大量食物，妨碍膈肌活动，呼吸受到很大影响，若马上运动不仅易产生消化不良，还可引起腹痛、恶心等症状，甚至会出现胃下垂等疾病。正确的方法是饭后1.5小时以后进行运动。

3.合理安排一日三餐

“一日三餐”是人类古已有之的饮食习惯，然而从目前的实际情况来看，大学生不吃早餐的现象有增无减。他们宁可把进早餐的时间用来睡觉，也不重视早餐，起床后即匆忙赶去教室，致使上课时血糖浓度降低，出现注意力不集中、头晕、心慌等现象。另外，空腹时间过长，也是引起肠胃病的主要原因。所以，早餐是极为关键的一餐，应该保证营养充足，主食以奶类、面包、鸡蛋为好，辅以花生、黄豆、核桃仁等蛋白质含量较高的健脑食品。食物量应占全天食物量的30%。午餐要吃饱，因为它既要补充上午活动消耗的能量，又要为下午的活动储备能量，所以午餐不能马虎。主食以米饭、面及其他杂粮为主，副食应当有猪、牛、鸡、鱼等动物肉并有足够的绿叶蔬菜。午餐量应占全天食物量的40%。晚餐不应吃得过饱、过油腻，因为晚间的活动量较小，能量消耗不大，食物的消化吸收较慢。吃得太饱，会影响晚间的学习、工作效率和睡眠。晚餐以容易消化、清淡主食和蔬菜为主，晚餐量应占全天食物量的40%。

4.运动中提倡少量、多次的饮水方式

机体的60%~70%是由水构成的，水参与机体所有重要的生命过程。在炎热、潮湿的环境中进行大运动量锻炼时，人体将每小时通过排汗失去1~3 L的水，若失去5%的机体水，将导致疲劳乏力和注意力不集中等。但运动前和运动中一次性大量饮水，会使胃膨胀，妨碍膈肌活动，影响呼吸，使血液浓度稀释，血流量增大，增加心脏负担，这样既有碍健康，也不利于运动。运动后亦不宜一次性大量饮水，否则会加重心脏负担，影响整体活动的正常进行，影响生理机能的恢复。因此，正确的方法是：少量多次，即运动中每5~20 min饮水150 mL左右；训练后休息片刻，再慢慢饮一些淡盐开水，歇一会儿再饮一些，逐渐补充。

## 二、体育运动与环境卫生

良好的运动环境，可以激发锻炼者的运动情绪和锻炼效率。反之，会抑制运动情绪，还可引起生理异常反应或诱发运动损伤。

### （一）运动与空气卫生

空气是人类赖以生存的条件之一，氧是人体生命活动的重要物质，新鲜空气中含有大量的负离子，它能调节大脑皮层功能，促进腺体分泌增加，改善呼吸功能，振奋精神，消除疲劳，有效提高效率。

然而，空气中一旦存在有毒气体，被人体摄入后，常引起某些器官、系统的损害和病变。有一氧化碳与人体内血红蛋白结合，会形成碳氧血红蛋白，而导致人体缺氧；四氧化碳会损害人体肝脏。因此，体育锻炼应注意：

（1）避免在空气污浊和恶劣的环境中锻炼。如气压过低、空气湿度过大，易使机体的散热机能受到阻碍；气温过高易中暑；风速过大，会影响运动进行。

（2）尽可能在室外锻炼，特别是在空气新鲜、环境幽雅的地方锻炼。在室内锻炼时，要开窗通风，室内禁止吸烟。

### （二）运动与采光卫生

合理采光既使环境气氛和谐，有利于健康，也有利于锻炼活动的顺利进行。不合理采光

会直接影响锻炼者的视力，妨碍锻炼活动的进行，还容易发生运动损伤。

采光分自然光和人工采光。运动场地采光要求光线充足，室内照明以光线柔和、均匀、不闪烁、不炫目、不明显改变室内温度为度。为增加亮度，窗户玻璃要保持清洁，室内装潢最好以浅色为宜，使锻炼者感觉愉快和舒适。

### （三）运动场地卫生

**1.田径场地**

跑道应平坦、坚实而有弹性，无灰尘，并保持一定湿度。跳跃沙坑要有50~60 cm厚度的沙，保持松软，没有杂物。投掷区应有明显的标记，以免造成伤害事故。

**2.球类场地**

足球场最好铺有草皮，场地平坦、整洁，无杂物。篮、排、网球场地要平整，硬度适中，球场周围应有余地。

**3.室内运动场馆**

光线充足，整洁卫生。

**4.游泳池**

水质符合卫生部门要求，水中含氯量应达到0.2~0.4 mg/L，1 mL水中杂菌数不应超过100个，大肠杆菌值不超过3个。水质透明，在静水时能看到池底的任何地方。为了保持池水清洁，游泳前必须全身淋浴，并通过消毒脚池后入池。深浅水区要有明显标记。此外，还应配备常用的医务卫生设备，如碘酒、酒精、棉签、氧气包、担架等。

## 三、体育运动与衣着卫生

运动衣着和运动鞋应符合运动项目要求，并具有透气性、吸湿性、溶水性等性能。运动衣着选择要轻便、舒适、美观大方。夏季应以浅色薄运动衣裤为好，冬季注意保暖，但又不妨碍运动。运动衣裤要勤换、勤洗，以免汗液和细菌污染机体。

## 四、女子体育卫生

由于女子的身体形态、功能、解剖生理特点以及心脏、呼吸、骨骼、肌肉和身体素质等方面有显著的差别，因此，在进行体育运动时，在运动项目的选择、运动量的安排方面应根据女子生理特点，提出相应的体育卫生要求。

### （一）女子体育锻炼的一般卫生要求

（1）加强心肺功能锻炼。女子呼吸系统和心血管系统机能比男子差，在锻炼中总体运动量比男子要相对小些。因此，女子应重视心肺功能锻炼。多进行有氧运动，如慢跑、步行、游泳等，这些运动项目不仅可以增加心肺功能，而且还可以消耗多余脂肪，有利于健康和健美。

（2）加强背肌、腹肌和骨盆底肌锻炼。从女子生理特点来看，加强这些肌肉锻炼对女子健康有重要意义，可多选择一些增强背肌、腹肌和骨盆底肌练习，如仰卧起坐、仰卧举腿等练习。但女子在青少年时期，骨盆尚未完全发育，不要过多进行负担量过大的负重练习，避免采用剧烈震动和引起腹压升高的练习，如从高处跳下、举重和憋气等练习。

（3）根据女子爱美心理和柔韧性较好的特点，可多选择一些节奏感强、轻松活泼、塑造形体的运动项目，如健美操、啦啦操、瑜伽、艺术体操、体育舞蹈等。

（4）要重视全面身体素质锻炼，克服和改善女生的生理特点，努力提高力量、耐力等身体素质，使之终身受益。

### （二）女子经期体育卫生要求

月经是女子正常的生理现象，在月经期间，身体健康、月经正常者，一般不出现明显的生理机能变化。在月经期参加适量的体育活动，不仅可以改善盆腔血液循环，减少盆腔充血。而且宜于腹壁和盆底肌肉的收缩与放松，对子宫起着轻柔的按摩作用而有利于经血的排出。并且可以调整大脑皮质的兴奋和抑制过程，有利于人体机能的正常运行。但由于月经期子宫内膜脱落出血，生殖器官抵抗力下降，易于感染引起疾病。因此，月经期应特别注意卫生。

（1）适当减少运动量，运动时间不宜过长，特别是月经初潮不久的女性，由于月经周期尚不稳定，更应注意运动量不宜过大，要循序渐进，逐步养成经期锻炼的习惯。

（2）健康状况好，月经正常者，经期第1~2 d可进行少量轻微运动，如广播操、乒乓球、传垫球等，第3~4 d可逐渐增加运动量，如进行球类活动和慢跑等，第5~6 d可正常参加运动。

（3）月经期间应避免做震动大的跳跃、憋气和静力性练习，以免引起子宫异位或子宫受压造成经血过多。

（4）月经期不宜游泳，以免子宫内膜感染引起炎症性病变。

（5）月经期要避免冷和热刺激，如冷水浴、阳光下暴晒等，特别是下腹部不要着凉以免引起卵巢功能紊乱而导致月经失调。

（6）有痛经或月经紊乱的女子，月经期应停止体育活动。

# 第二节　体育运动常见生理反应与运动性疾病

## 一、极点和第二次呼吸

### （一）极点

在中长跑时，能量消耗大，特别当下肢回流血量减少，加剧了大脑氧债的积累，并达到一定的程度时，就会出现呼吸急促、胸闷难忍、下肢沉重、动作不协调、甚至恶心等现象，这在运动生理学上称为“极点”。

### （二）第二次呼吸

当“极点”出现后，情绪要稳定，并适当减慢跑速，加深呼吸，坚持下去，上述生理现象将会逐步缓解与显示。运动生理学称此种现象为“第二次呼吸”。

"极点"与"第二次呼吸"是中长跑运动中常见的生理现象,无需疑惑和恐惧,即使是一位优秀的中长跑运动员,也常出现"极点"现象,但随着训练水平的提高,上述生理反应将逐步推迟和减轻。

## 二、过度训练

过度训练又称为过度疲劳,是机体由于连续疲劳的积累而导致生理功能异常的运动性疾病。

### (一)原因

训练方法不当,运动量过大。比赛过多、过密,缺乏休息。生活失调,劳逸结合不好。

### (二)征象

轻度出现头昏、多梦、失眠、记忆力减退症状;中度出现胸闷、心悸、心前区不适、脉搏血压上升、心律不齐、心电图异常、肺活量和最大通气量下降症状;重度出现腹痛、腹泻、便秘等症状。

### (三)处理

减小运动量,保证休息,注意劳逸结合,补充维生素。

### (四)预防

定期进行体格检查和身体机能检查。在制定训练计划时,要考虑到机体的可接受性与个人特点。要遵循科学训练原则,加强身体全面训练,注意训练的节奏和大中小运动量的合理安排。大运动量训练和比赛后要采取积极的恢复措施,要保证充足的睡眠和营养。生病时不要进行训练,病后训练要逐渐增加运动量并加强医务监督和自我监督。

## 三、热病

在高温环境下进行剧烈运动时,可因热造成危害而发生热病。热病包括脱水、热痉挛、热衰竭和中暑等。

### (一)脱水

**1.原因**

在炎热环境下剧烈运动时,由于大量出汗后血容量显著减少、水摄入不足而致脱水。

**2.征象**

运动性脱水主要是高渗性脱水,当脱水量占体重的2%~3%时,属于轻度脱水,出现口渴、尿少,脱水越重则口渴越剧,尿越少而尿纳越高;当脱水量占体重的3%~6%时,属于中度脱水,表现为严重的口渴感、心率加快、体温升高、疲劳及血压下降等症状;当脱水量占体重的6%以上时,属于重度脱水,表现为呼吸频率增加,血容量减少、恶心、食欲丧失、厌食、容易激怒、肌肉痉挛、精神活动减弱甚至发生幻觉和昏迷，对健康有严重的威胁。

**3.处理**

及时补充丢失的体液。补液应根据其脱水程度和机体的情况决定补液量、种类、途径和速度。丢失 1 kg 水需补充 1 000 mL 液体，在初期可补充水或 5%的葡萄糖溶液，待血钠回降、尿比重降低后，可适当补充含电解质的溶液，如 5%的葡萄糖生理盐水。轻度脱水，以胃肠道补液为首选；中度脱水，常需辅以静脉补液；属于重度脱水，则需从静脉补液。补液速度是先快、后慢，以使循环功能恢复为首要目的，所需液体量一般应在 48 h 内完成。

**4.预防**

主要是要保持运动员的水平衡。水分的补充要采取少量多次原则。运动前 20 min 喝 400~600 mL 的冷水；在运动中每 15~30 min 补液 100~300 mL，每小时的总补液量以不大于 800 mL 为宜；在运动后的补液也应以少量多次为原则，并适当补盐。

### （二）热痉挛

热痉挛常出现在剧烈运动中或运动后。

**1.原因**

主要是因为脱水和无机盐的丢失以及体液水平和电解质浓度不平衡所致。

**2.征象**

肌肉痉挛、出汗多和疲劳，但体温正常。

**3.处理**

及时补充体液。

**4.预防**

在运动中和运动后饮用足够的水及从食物中摄入足够的盐。

### （三）热衰竭

热衰竭常出现在对热尚未适应的人开始剧烈运动时。

**1.原因**

主要是由于循环系统的调节机能障碍和大量出汗导致细胞外液，尤其是血浆量减少造成的。

**2.征象**

虚弱、脉搏加快、直立时血压低、头痛和头晕等，出汗可能稍减少，体温会有升高（通常低于 39.5 ℃）。

**3.处理**

停止运动，并到阴凉处休息，补充水分，必要时输液。

**4.预防**

合理补液和预防脱水，加强身体素质锻炼。

### （四）中暑

中暑是高热环境中发生的一种最严重和复杂的热应激疾病。

**1.原因**

在高温环境下，特别是温度高、通风不良、头部缺乏保护而被烈日直接照射的情况下进行体育锻炼，因体温过高造成下丘脑热调节机能障碍而造成的。

**2.征象**

轻度中暑，可出现面部潮红、头晕头痛、胸闷、皮肤干燥而发烫、出汗停止、体温升高。严重时，恶心、呕吐、脉搏加快、血压下降、体温上升至 41.5 ℃以上，虚脱、意识丧失，甚至会导致死亡。

**3.处理**

迅速将患者移至通风、阴凉处，解开衣领，冷敷额部，饮用清凉饮料、淡盐水，或服用人丹、十滴水、藿香正气水等解暑药物。严重者，安静平卧，头部稍高，冷敷额部，用 50%酒精或白酒擦身。肌肉痉挛者，服用大量盐开水，用白酒和醋在痉挛处反复按摩。昏迷时，可针刺或点掐人中、涌泉、中冲等穴位，并迅速转送医院治疗。

**4.预防**

在高温炎热季节锻炼时，应适当减少运动量，避免在烈日下长时间锻炼；在室外锻炼，宜穿浅色、透气性能良好的运动服装、戴遮阳帽；在室内锻炼，应有良好的通风环境，并注意服用低糖含盐饮料。身体不佳或患病、饥饿、疲劳时不宜剧烈运动。

## 四、运动性贫血

我国成年健康男性每 100 mL 血液中含血红蛋白量为 12.5~16 g，女性为 11.5~15 g，若低于这一生理指数，则被视为贫血。因运动引起的这种血红蛋白量减少，称为运动性贫血。

### （一）原因

由于运动时机体对蛋白质和铁的需求增加，一旦需求量得不到满足时，即可引起运动性贫血；运动时脾脏释放的溶血卵磷脂能使红细胞脆性度增加，加上剧烈运动时血流量加快，易引起红细胞破裂，从而导致运动性贫血；少数学生由于偏食，影响正常营养摄入，运动时常出现贫血现象。

### （二）征象

运动性贫血发病缓慢，平时表现为头晕、乏力、易倦、气喘、恶心，运动后出现心悸、心率加快、面色苍白等现象。

### （三）处理

减小运动量，增加营养，补充富含蛋白质和铁的食物，必要时可口服硫酸亚铁片剂和维生素 C。若血红蛋白男性低于 10 g、女性低于 9 g,应停止大、中运动量训练;若血红蛋白男性低于 8 g、女性低于 7 g,应停止运动训练。

(四)预防

坚持循序渐进和个别对待的原则,合理安排运动量和运动强度。培养良好的饮食习惯,不偏食,不吃零食,建立合理的膳食制度,保证膳食中各种营养素的充分供给,特别要保证蛋白质和铁的需要量。

## 五、运动性晕厥

运动中,由于脑部供血不足,氧债不断积累并达到一定程度时,即可发生一时性知觉丧失,这一现象称为运动性晕厥。

(一)原因

由于剧烈运动或长时间运动,大量血液积聚在下肢,回心血流量减少,导致脑部供血不足而出现晕厥状态。跑后如立即停止不动亦可出现"重力休克"现象。

(二)征象

全身无力,眼前发黑,面色苍白,手足发凉,失去知觉而晕倒。生理检测脉搏慢而弱、呼吸缓慢、血压降低等。

(三)处理

立即将患者平卧,足略高于头,并进行向心方向按摩,同时指压人中、合谷等穴位。如有呕吐,应将患者头偏向一侧,以利呼吸道畅通。如停止呼吸,应立即进行人工呼吸。轻度征象者,由同伴搀扶慢走,并进行深呼吸,即可消失症状。重症患者,经临场处理后,送医院治疗。

(四)预防

平时要加强体育锻炼,提高心血管运动机能水平,增强体质;不要在饥饿情况下参加剧烈运动;疾跑后不要立即停下来,应继续慢跑,调整呼吸、逐渐停下来;久蹲后要慢慢地起立;举重和游泳时要注意呼吸与动作配合,避免过度憋气。

## 六、运动中腹痛

腹痛是运动过程中较为常见的一种症状,在中长跑、马拉松、竞走、自行车等运动项目中发生率较高。

(一)原因

人体进入运动状态后,下腔静脉压力上升,血液回流受阻,致使腹部脏器功能失调;运动

时呼吸紊乱，膈肌运动异常，引起肝脾膜张力性疼痛；运动前吃得过饱，饮水过多以及腹部受凉，引起胃肠痉挛；缺乏锻炼或训练水平低或准备活动不充分，导致腹痛。

### （二）征象

运动性腹痛部位不固定，因肠痉挛、肠结核引起腹腔中部处疼痛；食后运动疼痛常发生在上腹或中部；肝脾膜张力性疼痛，常在左右两侧上腹部。疼痛常为钝痛、胀痛，严重时可出现阵发性绞痛。

### （三）处理

一旦运动中出现腹痛即应减慢运动速度和降低运动强度，加深呼吸，调整呼吸和运动节奏，用手按压疼痛部位，或弯着腰跑一段距离，疼痛常可减轻或消失。如疼痛仍不减轻，甚至反而加重，就应停止运动，口服解痛药物（如颠茄片、阿托品、十滴水等），点掐或针刺足三里、内关等穴位，进行腹部热敷等。如仍无效果，则需请医生诊治。

### （四）预防

合理安排运动时间，餐后 1.5 h 内不宜进行剧烈的活动，运动前要做好充分的准备活动，运动时要循序渐进，运动过程中应注意呼吸的深度及与动作之间的节奏配合。对于患有各种慢性疾病者，病愈之前需在医生和体育教师指导下进行锻炼。

## 七、肌肉酸痛

在一次较大运动量之后，或是长时间未锻炼，刚开始锻炼之后常常出现运动后肌肉酸痛，这种酸痛不是发生在运动中或运动后即刻，而是在运动结束后1～2 d之后，因此也称为肌肉延迟性疼痛。

### （一）原因

是由于当肌肉一次性活动量大时或隔了较长时间未锻炼而刚恢复锻炼时，肌肉对负重负荷及收缩放松活动未完全适应，会引起局部肌纤维及结缔组织的细微损伤，以及部分肌纤维产生痉挛所致。生理和生化的研究结果证实了酸痛时这种局部细微损伤及肌纤维痉挛的存在。由于这种肌纤维细微损伤及痉挛是局部的，因而就整块肌肉而言，仍能完成运动功能，但存在肌肉酸痛感，酸痛后，经过肌肉局部细微结构的修复，肌肉组织会变得较前强壮，以后再经历同样负荷就不易再发生损伤（酸痛）。

### （二）处理

**1.热敷**

对酸痛的局部肌肉进行热敷，促进血液循环及代谢过程，有助于损伤组织的修复及痉挛的缓解。

**2.伸展练习**

对酸痛局部进行静力牵张练习，保持伸展状态 2 min，休息 1 min，重复进行，有助于缓解痉挛。但动作不可过猛,以免牵引时再使肌纤维损伤。

**3.按摩**

可使肌肉放松、促进肌肉血液循环的作用,有助于损伤的修复及痉挛的缓解。

**4.口服维生素C**

有促进结缔组织中胶元合成的作用,有助于加速损伤结缔组织的修复,从而减轻和缓解酸痛。

**5.物理疗法**

可采用针灸、电疗等物理疗法缓解酸痛。

### (三)预防

根据不同的体质科学合理地安排运动负荷,负荷不要过大,也不宜增加过猛;避免长时间集中练习身体某一部位,以免局部肌肉负担过重;准备活动充分,特别加强对即将练习时负荷重的局部肌肉活动;准备活动要有针对性,重视肌肉的伸展牵拉练习,从而避免酸痛的发生。

## 八、肌肉痉挛

肌肉酸痛俗称抽筋,是肌肉不自主地突然性强直收缩,并变得异常坚硬。

### (一)原因

在剧烈运动中,由于肌肉快速连续性收缩,导致肌肉收缩与放松的协调交替关系破坏,特别在局部肌肉处于疲劳时,更易发生肌肉痉挛。肌肉受到寒冷的刺激,或因情绪过于紧张,也会痉挛。

### (二)征象

肌肉痉挛时,局部肌肉产生剧烈性收缩并变得僵硬、隆起,疼痛难忍,痉挛肌肉所涉及的关节,伸屈功能有一定的障碍,且一时不易缓解。

### (三)处理

立即对痉挛部位的肌肉进行牵引,用均匀、缓慢的力量向相反方向牵引痉挛肌肉,一般都可使其缓解。牵引时切忌施力过猛,以免造成肌肉拉伤。如腓肠肌痉挛,伸直膝关节,并作足的背伸动作。若屈拇、屈趾肌痉挛时,则用力将足趾背伸。此外,可配合局部按摩、点穴(承山、涌泉、委中穴等),以加速痉挛缓解和消失。

### (四)预防

运动前做好充分的准备活动,特别要注意对容易痉挛的肌肉进行适当的牵引和按摩。冬季运动要注意保暖,夏季运动应注意及时补充水和盐分。运动中,注意肌肉的收缩节奏,特别是应有足够的放松。游泳下水前,应先用冷水淋浴,以便机体适应冷的刺激。疲劳和饥饿时，不能进行剧烈运动。

## 九、游泳性中耳炎

它是指游泳时细菌随水进入中耳而导致中耳发炎的运动性疾病。

### （一）原因

游泳时，当水进入外耳道后，使鼓膜泡软，可引起鼓膜破损，细菌进入中耳而形成中耳炎。此外，呛水时，细菌也可能从咽鼓管进入中耳而引起中耳炎。

### （二）征象

表现为耳内剧烈疼痛，耳鸣、发烧和头痛，耳漏要在鼓膜破裂后才出现，多为黄色脓液。

### （三）处理

停止游泳，用生理盐水和络活碘清洗消毒，正确、足量地服用抗菌素或磺胺类药物，及时送医院治疗。

### （四）预防

游泳时可用耳塞堵住外耳道，以防水进入耳道内。若耳内灌水，不要随便掏耳，可采用头偏向耳朵有水一侧，用同侧单足跳法或手掌吸引法将水振动排出或吸出。如果仍不能将水排出，应请医生处理。游泳时，应注意正确的呼吸方法，不能戏闹，以免呛水。患有上呼吸道感染或感冒等疾病时，不宜游泳。

# 第三节　运动损伤的预防与处理

## 一、运动损伤的概念及分类

### （一）运动损伤的概念

人体在体育运动过程中所发生的损伤，称为运动损伤。运动损伤不同于一般的工作或日常生活中的损伤，它多与体育运动项目、技、战术动作、训练水平、运动环境与条件等因素有关。因此，了解和掌握运动损伤发生的原因和预防措施，并能进行必要的处理，能更有效地发挥体育锻炼对增强体质的作用，提高运动成绩。

### （二）运动损伤的分类

**1.按受伤的组织结构分类**

可分为皮肤、肌肉、肌腱、韧带、关节、骨、神经和内脏器官损伤。

**2.按受伤后皮肤、黏膜是否完整分类**

(1)开放性损伤:伤口与外界相通称为开放性损伤,如擦伤、刺伤与开放性骨折等。

(2)闭合性损伤:受伤部位无裂口,皮肤完整,如肌肉拉伤、挫伤与闭合性骨折等。

**3.按损伤病程分类**

(1)急性损伤:在一瞬间受直接或间接的暴力或撞击作用而引起的损伤。

(2)慢性损伤:由于局部过度疲劳或者由于急性损伤未得到及时有效治疗等而导致的陈旧性损伤。

**4.按损伤后运动能力的丧失程度分类**

(1)轻度伤:受伤后仍能进行体育活动或训练。

(2)中度伤:受伤后需要停止运动或减少运动量。

(3)重度伤:受伤后不能从事运动。

## 二、运动损伤的发生原因

造成运动损伤的原因是多方面的,它既与锻炼者训练水平、身体素质有关,也与运动项目、技术难度以及活动内容、运动量、运动环境等因素有关。其主要原因有:

### (一)思想上不够重视

对预防运动损伤的认识不足、思想上麻痹大意,缺乏预防措施。

### (二)缺乏合理的准备活动

运动前不做准备活动或准备活动不充分,使人体机能未能达到运动状态,肌肉的力量、弹性和伸展性欠佳,以及身体协调性低下;准备活动的量和强度未按照循序渐进的原则进行;准备活动的内容与运动项目的基本内容脱节,使运动中负担较重部位的机能没有得到充分改善。

### (三)技术动作错误

技术动作的错误,违反了人体结构功能及运动时的力学原理而造成损伤。例如,做前滚翻时,因头部不正引起颈部扭伤;排球传球时,由于手形不正确引起手指扭挫伤等。

### (四)运动负荷过大

安排运动负荷时,没有充分考虑到锻炼者的生理特点,运动负荷超出了人体所能承受的生理负担量,尤其局部负担过重,使机体产生疲劳或过度疲劳,而造成损伤。

### (五)缺乏运动经验与自我保护能力

由于对运动项目的特点认识不足,缺乏运动损伤的预见性与自我保护能力。例如,摔倒时用肘部或直臂撑地,造成尺、桡骨或肘关节或腕关节损伤;跳远时,落地的屈膝缓冲不够,易造成腰部损伤。

### （六）身体功能和心理状态不良

睡眠或休息不好，患病、受伤或伤病初愈、疲劳、心情不舒畅、情绪低落、思想不集中、胆怯、犹豫，过于紧张或过于兴奋，缺乏锻炼的积极性或急于求成等，都可成为运动损伤发生的原因。

### （七）身体素质差

由于力量、速度、耐力、柔韧和灵敏等素质差，在运动中反映出软弱、缓慢、劳累、僵硬、迟钝和对抗能力弱等现象，易造成运动损伤。

### （八）组织方法不当

在教学训练中，不遵守循序渐进、系统性和个别对待的原则，以及比赛的年龄分组原则，缺乏必要的保护，场地上学生过多，教学上缺乏细心的教导和正确的示范，允许没有训练基础和伤病学生参加剧烈运动，比赛的日程安排不当，赛场和比赛时间随意更改等，都可能发生运动损伤。

### （九）动作粗野或违反规则

教学、训练中不遵守纪律，互相逗闹嬉戏，恶作剧，竞赛时缺乏体育道德，不服从裁判，甚至故意伤人等。

### （十）运动环境不好

运动场地不平，器械安装不坚固或年久失修，缺乏必要的保护措施；运动服装及鞋子不符合运动卫生要求；空气污浊、噪音大、光线暗淡、气温过高或过低等，都能成为致伤的原因。

## 三、运动损伤的预防

### （一）加强运动安全教育

克服麻痹思想，提高预防运动损伤的意识，真正从思想上认识到积极、正确的预防运动损伤的措施，对促进生长发育，增强体质，改善健康水平，提高运动成绩具有非常重大的意义。

### （二）认真做好准备活动

准备活动的内容与量，应视训练内容、比赛情况、个人机体状况、气候条件等因素而定。让机体的神经系统、内脏器官、肌肉和身体的协调性充分动员起来，为正式运动作好充分的功能准备。

### （三）合理安排运动量

应根据自身的体能和运动水平，确定运动量的大小，特别要注意防止局部负担过重。

### （四）加强身体素质及易伤部位的练习

加强身体素质及易伤部位的练习，提高它们的机能，是预防损伤的一种积极手段。在发展肌肉力量的同时，要注意发展肌肉的伸展性，这可防止肌肉拉伤。预防关节扭伤，就要增强关节周围的肌肉和韧带的力量，以加强关节的稳定性。

### （五）掌握动作技术要点

各种运动项目都有其自身的特点和规律，在进行各种锻炼活动时，只有遵循其特点和规律，才能正确掌握动作，避免损伤。

### （六）增强保护与自我保护的能力

熟悉运动损伤发生规律、运动项目的特点，学会保护和自我保护，掌握预防各种运动损伤的手段和方法。如摔倒时，立即屈肘、低头、团身滚动；跳远时屈膝缓冲等。

### （七）合理安排教学、训练和比赛

遵守循序渐进和区别对待的原则，运动量、运动强度和动作难度必须与学生的身体状况和训练水平相适应。场地使用布局须得当，在每次教学、训练和比赛中，组织要井然有序，对易发生损伤的环节要做到有预防措施。

### （八）认真进行医务监督

若身体或心理有不良反应，要控制运动量，不要勉强进行锻炼，不宜练习高难度动作。要认真对运动场、器材和防护用具等作安全检查。不要穿不适合的服装及鞋子进行锻炼。禁止伤病和体检不合格者参加剧烈运动或比赛。

### （九）避免在不良的自然环境中进行锻炼

在不良的环境中进行锻炼，易引起疲劳、中暑、抽筋、虚脱、冻伤和出现神经反应迟钝、兴奋性降低、动作协调性差等而导致伤害。

## 四、运动损伤的处理

### （一）运动损伤的一般处理方法

**1.冷热疗法**

这是一种运用低或高于人体温度的物理刺激，进行治疗的一种物理疗法。

（1）冷敷法能降低局部组织温度，使血管收缩，具有止血、镇痛、防止或减轻肿胀的作用。冷敷时，一般使用冰袋或寒冷气雾剂，也可用冷毛巾。常用于急性闭合性软组织损伤的早期治疗。

（2）热疗能扩张局部血管，促进血液循环，具有消肿、解痉、减少粘连和促进愈合的作用。

一般采用热水袋或热毛巾进行热敷以及红外线照射等。常用于急性闭合性软组织损伤的中后期和慢性损伤的治疗。

**2.按摩疗法**

按摩是利用双手、足或器械进行的各种操作，以提高和改善人体生理功能、消除疲劳和防治疾病的一种方法。按摩在体育运动中对调整运动员的生理功能、消除疲劳、防治运动伤病和提高运动能力等方面都起着积极的作用。运动按摩的基本手法有推法、擦法、揉法、揉捏法、搓法、抖动及运拉等九种。

**3.中药、针灸及拔罐疗法**

中药在创伤治疗中主要使用内治及外治方剂；针灸疗法包括针刺和灸两种；拔罐疗法是以杯罐为工具，借热力排去罐内空气，造成罐内负压，使罐吸附在皮肤或穴位上，引起局部毛细血管扩张及皮下淤血而达到治疗疾病的一种方法，多用于陈旧性软组织损伤的治疗。

**4.局部痛点注射疗法**

这是一种治疗软组织损伤时最常用的方法，常用的药物有普鲁卡因、副肾皮质激素等。

**5.包扎与固定**

经过包扎，可以固定敷料或夹板，限制伤肢的活动；保护创口，避免或减少感染；减轻疼痛；压迫止血，防止和减轻伤部肿胀。

**6.伤后的康复锻炼**

采取各种方法，尽快提高和促进患者各种功能的恢复，加速疾病的痊愈和缩短康复期，及早恢复患者的生活和劳动能力。常用的方法有功能疗法、全身疗法、主动疗法和自然疗法。

## (二)常见运动损伤的处理

**1.擦伤**

因运动时皮肤受擦致伤。

(1)症状。擦伤后皮肤出血或组织液渗出。

(2)处理。小面积擦伤，可用红药水涂抹伤口即可。大面积擦伤，先用生理盐水洗净，后涂抹红药水，再用消毒布覆盖，最后用纱布包扎。

**2.挫伤**

因撞击器械或练习者之间相互碰撞而造成挫伤。最常见的挫伤部位是大腿、小腿前部。

(1)症状。单纯挫伤在损伤处出现红肿、皮下出血，并有疼痛；内脏器官损伤时，则出现头晕，脸色苍白、心慌气短、出虚汗、四肢发凉、烦躁不安，甚至休克。

(2)处理。在 24 h 内冷敷或加压包扎，抬高患肢或外敷中药。24 h 后，可按摩或理疗。进入恢复期可进行一些功能性锻炼。如果怀疑内脏损伤，则作临时性处理后，送医院检查和治疗。

**3.肌肉拉伤**

肌肉主动强烈地收缩或被动过度地拉长造成的肌肉微细损伤、肌肉部分撕裂或完全断裂,称为肌肉拉伤。

(1)症状。局部疼痛,压痛,肿胀,肌肉痉挛、硬度增加,功能障碍,肌肉收缩或被动拉长时疼痛加重,有时伴有大片瘀斑。严重的肌肉拉伤是肌肉撕裂。

(2)处理。轻度的肌肉拉伤可即刻冷敷,局部加压包扎,抬高患肢。24 h 后可施行按摩或理疗。如果肌肉已大部分或完全断裂,在加压包扎急救后,立即送医院手术治疗。

**4.肩关节扭伤**

因肩关节用力过猛以及反复劳损所致,也有因技术错误,违反解剖学原则而造成的损伤。如投掷、排球扣球,大力发球时常出现这类损伤。

(1)症状。有压痛、疼痛,急性期有肿胀,慢性期三角肌可能出现萎缩,肩关节活动受限。

(2)处理。单纯韧带扭伤,可采用冷敷,加压包扎。24 h 后可采用理疗、按摩和针灸治疗。出现韧带断裂时,应立即送医院缝合和固定处理。当肩关节肿胀和疼痛减轻后,可适当施行功能性锻炼,但不宜过早活动,以防转入慢性。

**5.网球肘**

网球肘又名肱骨外上髁炎,其特点是肘及肱骨外上髁疼痛。它是伸手(腕)肌群在肱骨外上髁的附近部分、局部滑囊或关节囊的损伤。

(1)症状。少数病例是在受到一次撞击或牵拉出现症状,但大多数往往是逐渐出现症状的。开始做某一动作时疼痛,以后活动时疼痛,后来不活动也痛。

(2)处理。休息、用支持带固定保护、熏洗、按摩等。严重者用封闭疗法。

**6.疲劳性骨膜炎**

疲劳性骨膜炎易发生于初参加训练或训练量突然猛增的人,常发生在胫腓骨、跖骨、尺骨、桡骨。

(1)症状。明显受伤史,逐渐发病。轻者运动后疼痛,经休息后减轻。重者运动时疼痛。局部疼痛、压痛、肿胀。

(2)处理。轻度病例不需特殊方法治疗,一般减少运动量 2~3 周症状自动消失。重者应休息,并用弹力绷带裹扎患部,抬高患肢,用药或按摩等。

**7.髌骨劳损**

髌骨具有保护股骨关节面、维护关节外形和传递股四头肌力量的作用,是维护膝关节正常功能的重要结构。髌骨劳损是膝关节长期负担过重或反复损伤累积而成的,也可一次直接外力撞击致伤,如篮球滑步急停,跳高和跳远时踏跳不合理或摔倒受击,都可导致这类损伤。

(1)症状。膝软与膝痛。损伤早期和轻型患者,只在大运动量训练后感到膝关节酸软无力,休息后多可消失。随着损伤程度的加重,膝部酸软与疼痛逐渐增重,但准备活动后可减轻,运动结束又加重,休息后又可减轻。出现膝软或膝痛与膝关节动作的关系密切,主要表现为半蹲痛,以及上下楼梯时都出现膝软与膝痛,甚至在半蹲发力时突然坐下或跌倒。用拇指或食指摸压髌骨周缘有压痛。在患膝屈曲不同位置下按压髌骨并上下、左右推动髌骨时,可出现髌骨压痛。

(2)处理。采用中药外敷、针灸、按摩等。平时加强膝关节肌群力量练习,如采用高位静

力半蹲,每次保持 3~5 min 即可。伤情好转时,可逐渐增加时间,每日进行 1~2 次。

**8.踝关节扭伤**

运动中跳起落地时失去平衡,使踝关节过度内翻或外翻致伤。在准备活动不充分,场地不平坦的情况下,更易造成这类损伤。

(1)症状。伤处疼痛、肿胀、韧带损伤处有明显压痛,皮下淤血。

(2)处理。受伤后,应立即冷敷,用绷带固定包扎,并抬高伤肢。24 h 后,根据伤情采取综合治疗,如外敷伤药、理疗、按摩等,必要时作封闭疗法。待病情好转后,施行功能性练习。对严重患者,可采用石膏固定。

**9.腰部扭伤和劳损**

腰部扭伤和腰部劳损,主要指腰部软组织,包括肌肉、筋膜、韧带和滑膜等的损伤。前者有明显的外伤史,伤后立即或 1~2 d 后发生腰疼,称为急性腰扭伤。后者无明显外伤史,逐渐发生腰疼,称为腰部劳损。

(1)急性腰部扭伤。负荷重量过大,脊柱过度前屈,突然转体,技术动作错误,如直膝弯腰提重物。

①症状。绝大多数有明显的外伤史,局部疼痛或串痛,活动受限等。

②处理。休息,按摩,其他如火罐、针灸、封闭等均可选用。

(2)腰部劳损。指腰部肌肉、韧带、筋膜反复受牵拉,出现痉挛而产生的慢性损伤。是由长期弯腰负荷过多或体位姿势不良,腰部反复细微损伤或急性扭伤愈合不佳,腰部肌力软弱,脊柱畸形等造成的。

①症状。腰部酸痛或胀痛。劳损部位有压痛点,有酸、胀、疼反应。

②处理。按摩、体疗是治疗腰疼的重要方法。体疗中应特别加强腰腹肌锻炼,这对增强肌肉的弹性和耐力,提高脊柱的稳定性、灵活性和耐久性,改善肌肉的供氧状态,松解粘连,都是有益的。

方法:仰卧、俯卧"两头翘",4 拍为一遍,每次不少于 30 遍,每日两次。针灸、理疗、封闭、内服药均有一定疗效。

**10.关节脱位**

因受外力作用,使关节面失去正常的连接关系,叫关节脱位,又称脱臼。关节脱位可分为完全脱位和半脱位(或称错位)两种,严重的关节脱位,伴有关节囊撕裂,甚至损伤神经。运动中发生的关节脱位,大都是间接外力撞击所致。

(1)症状。关节脱位后,常出现畸形,与健肢对比不对称,因软组织损伤而出现炎症反应、局部疼痛、压痛和关节肿胀,并失去正常活动功能,甚至发生肌肉痉挛等现象。

(2)处理。用长度和宽度相称的夹板固定伤肢。如果没有夹板,可将伤肢固定在自己的躯干或健肢上,防止震动,随后及时送医院治疗。必须指出,如果没有把握作整复处置时,切不可随意做整复手术,以免再度增加伤害。

**11.骨折**

运动中,身体某部位受到直接或间接的暴力撞击时,造成骨折。例如在踢足球时,小腿被踢,造成胫骨骨折;摔倒时,手臂直接撑地引起尺骨或桡骨骨折;跪倒时可造成髌骨骨折等。在运动中骨折是比较严重的运动损伤,但发生率很低。骨折分不完全性骨折和完全性骨折两种。常见的骨折有肱骨骨折、前臂骨骨折、手骨骨折、大腿骨骨折、小腿骨骨折、肋骨骨折、锁骨骨折等。

(1)症状。骨折发生后,患处立即出现肿胀,皮下淤血,有剧烈疼痛感(活动时加剧),肢体失去正常功能,肌肉产生痉挛,有时骨折部位发生变形,移动时可听到骨摩擦声。严重骨折时,伴有出血和神经损伤、发烧、口渴,直致休克等全身性症状。

(2)处理。若出现休克时,应先进行处理,即点按人中穴,并进行口对口人工呼吸或胸心脏外按摩;若伴有伤口出血,应同时实施止血和包扎。骨折后暂勿移动患肢,应用夹板或其他代用品固定伤肢,及时护送医院检查和治疗。

**12.脑震荡**

脑震荡是指头部受到外力打击后,使大脑管理平衡的膜半规管、椭圆囊、球囊等感受器机能失调,直至引起意识和机能的一时性障碍。在体育锻炼时,两人头部相掩,或撞击硬物或从高处跌下时头部撞地,都可造成脑震荡。

(1)症状。神志昏迷,脉搏徐缓,肌肉松弛,瞳孔稍大但能对称;神经反射减弱或消失;清醒后,患者有头痛、头晕、恶心、呕吐感;平时情绪烦躁,注意力不易集中,耳鸣、心悸、多汗、失眠、记忆力减退等。

(2)处理。立即让患者平卧,头部冷敷;若有昏迷,即指压人中、内关、合谷穴;若呼吸发生障碍,立即进行人工呼吸。上述处理后,若出现反复昏迷或耳、鼻、口出血,两瞳孔放大,又不对称时,表示病情严重,应立即护送医院治疗。在运送途中,要让患者平卧,头部固定,避免颠簸。

脑震荡一般都可自愈,无须住院治疗,但要注意休息和必要的药物治疗,保持情绪安定,减少脑力劳动。

在恢复过程中,可定期做脑震荡痊愈平衡试验,以检查病况进展。如果经试验表明能保持平衡,表明脑震荡已基本治愈。这时,可适当参加体育锻炼,但要避免滚翻和旋转性动作。

## 五、运动损伤的急救

### (一)急救的意义

在运动现场,一旦发生损伤,及时、正确的急救处理,可减轻患者痛苦,减少并发症和感染,并为转送医院进一步治疗创造条件,这对保证生命安全具有十分重要的意义。因此,因时因地、采取简便易行、切实有效的急救措施是非常重要的。

### (二)急救的方法

**1.止血法**

(1)冷敷法。冷敷可以使血管收缩,减少局部充血、降低组织温度,抑制神经感觉,从而有止血、止痛和减轻局部肿胀的作用。冷敷止血法,常用于急性闭合性软组织损伤。最简便的方法是,用冷水冲洗或用冷毛巾敷于伤处,有条件的使用氯化烷喷射。

(2)抬高伤肢法。抬高伤肢,可使伤处血压降低,血流量减少,以达到减少出血的作用。

(3)压迫法。可分为指压法、止血带法、包扎法等。

指压法:包括直接指压法和间接指压法两种。直接指压法是用指腹直接压迫出血部位。但由于手指直接触及伤口,容易引起感染,所以最好敷上消毒纱布后进行指压。间接指压法是用指压出血部位的上端动脉血管,以切断血流渠道,达到止血的目的。

(4)止血带法。适应于四肢动脉出血。常用的止血带有橡皮、气性和布制止血带。进行时,先将患肢抬高,然后在患处上方缚扎止血。缚扎时最好加垫,以防缚扎太紧,造成肢体组织坏死。

(5) 包扎法。主要有绷带卷包扎法,如环形包扎法(图 6-1)、螺旋形包扎法(图 6-2)、反折螺旋包扎法(图 6-3)、"8"字形包扎法(图 6-4)、三角巾包扎法等。

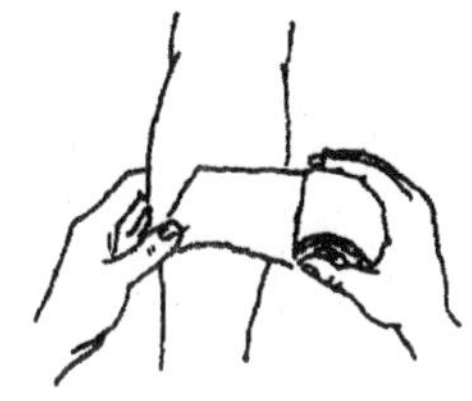

图 6-1　环形包扎法

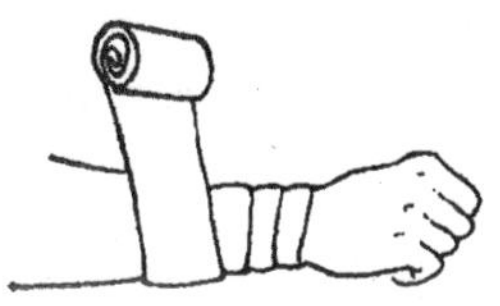

图 6-2　螺旋形包扎法

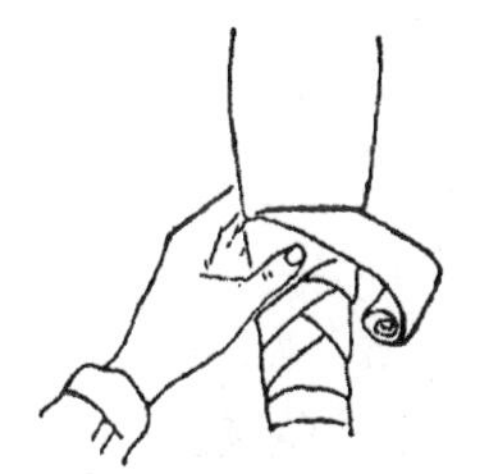

图 6-3　反折螺旋包扎法

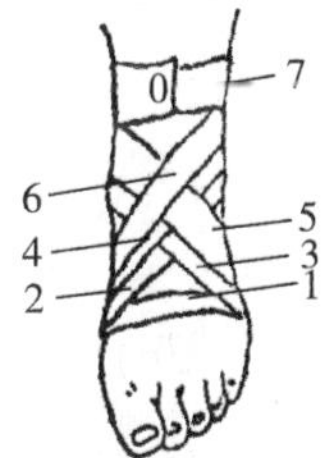


图 6-4　"8"字形包扎法

**2.人工呼吸法**

人工呼吸,主要目的是为停止呼吸的伤员恢复自主呼吸创造条件。人工呼吸的方法也有多种,其中口对口人工呼吸和心脏胸外挤压法效果最佳。

(1)口对口人工呼吸法。首先清除患者口中的分泌物或呕吐物,松开衣领。裤带和胸腹部衣服,并及时将患者仰卧,头部后仰,托起下颌,捏住鼻孔,压住环状软骨(即食道管),防止空气进入胃中。急救者随即深吸一口气,两口相对,将大口气吹入患者口中,吹气后将捏鼻子的手松开。如此反复进行,吹气频率每分钟约 16~18 次,直至患者恢复自主呼吸为止(图 6-5)。

(2)心脏胸外挤压法。将患者仰卧,急救者两手上下重叠,用掌根置于患者胸骨下半段处,借助于体重和肩臂力量均匀而有节律地向下施加压力,将胸壁下压 3~4 cm 为度,然后迅速将

图 6-5　口对口人工呼吸和心脏胸外挤压法

手松开，胸壁自然弹回。如此反复进行，每分钟 90～100 次的节律，直至自主恢复心脏跳动（图 6-5）。

必要时口对口人工呼吸法和心脏胸外挤压法同时进行，急救者之间密切配合，两者以 1∶4 频率连续进行，直至自主恢复呼吸心跳或确定死亡。在抢救的同时，应迅速请医生处理。

**3.搬运法**

经过现场急救处理后，应迅速和安全地将伤员转移到休息处或医院治疗。搬运的方法有徒手搬运法（扶持法、托抱法、双人椅托法、三人托抱法）、担架法、车辆运送法等。

（1）扶持法。急救者让伤员的一只手扶在自己的颈肩上，并拉握其手部，另一手抱住伤员的腰部（图 6-6）。此方法适用于神志清醒、伤势较轻、自己基本上能走的伤员。

（2）抱托法。急救者一手抱住伤员的背部，另一手托住其大腿及腘窝，将伤员抱起，伤员的一侧臂挂在急救者肩上（图 6-7）。此方法适用于神志清醒但身体虚弱的伤员。

（3）椅托法。两名急救者相对，用同侧的手相互握住对方的双臂、另一手相互搭在对方的肩上，让伤员坐在“椅架”上，伤员的两臂分别搭在急救者的肩上（图 6-8）。此方法适用于神志清醒、足部受伤而行走困难的伤员。

图 6-6　扶持法

图 6-7　抱托法

图 6-8　椅托法

（4）三人托抱法。三人站在同一方向，将伤员托抱起来。此方法适用于体力严重衰弱和神志不清的伤员。

（5）担架法。可用特制担架或门板、宽凳代用。

（6）车辆运送法。注意运送途中防止震动和颠簸。

## （三）几种运动损伤的急救方法

**1.外大出血**

（1）头部出血。头部前额、颞部出血，要压迫颞浅动脉。其压迫点在耳屏前方，用手指摸到搏动后，将该动脉压在颞骨上（图 6-9）。

(2)面部出血。指压颌外动脉,其压迫点在下颌前约 1.5 cm 处(图 6-10)。

(3)上肢出血。肩部和上臂出血可指压锁骨下动脉。在锁骨上窝内、胸锁乳头肌外缘,用手指将该动脉向后内正对第一肋骨压迫(图 6-11)。前臂出血可压迫肱动脉(图 6-12)。手指出血可压迫指动脉。

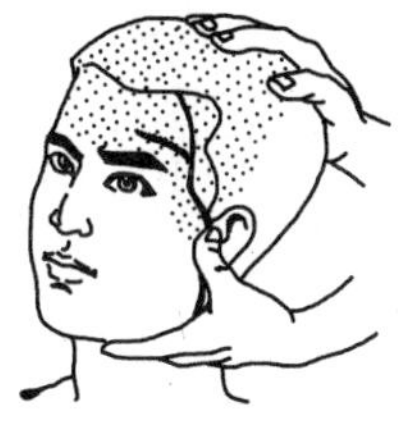

图 6-9 颞浅动脉指压法

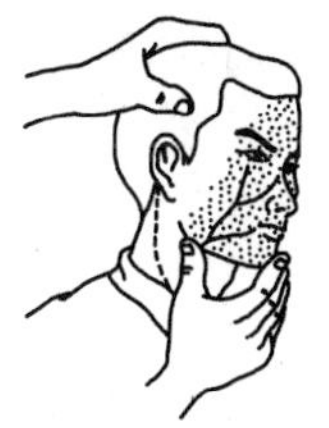

图 6-10 颌外动脉指压法

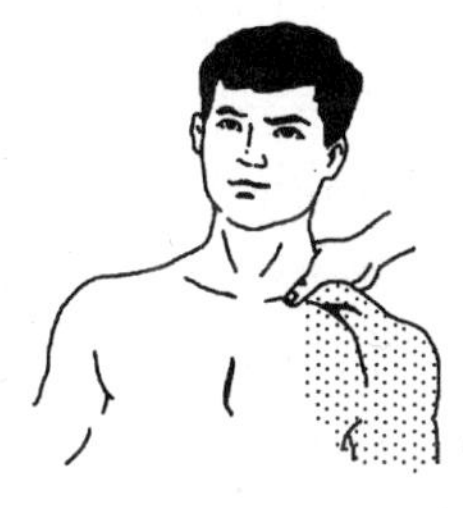

图 6-11 锁骨下动脉指压法

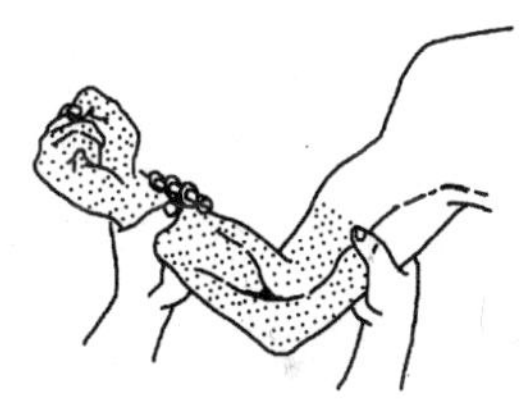

图 6-12 肱动脉指压法

(4)下肢出血。大腿、小腿部出血,可压迫股动脉。在腹股沟中点处摸到动脉搏动,用手掌或拳向下方的股骨面压迫(图 6-13)。足部出血可压迫胫前动脉和胫后动脉,用拇指和食指指腹在胫骨远端的前方和内踝后方摸到两动脉搏动后,将其压迫在胫骨上(图 6-14)。

图 6-13 股动脉指压法

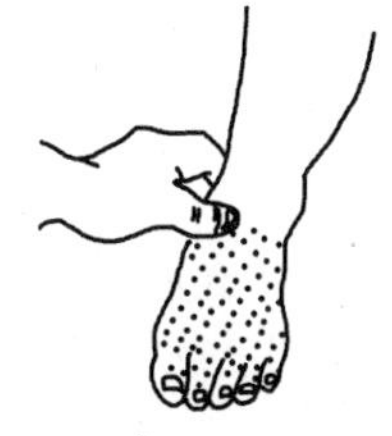

图 6-14 胫前、胫后动脉指压法

**2.骨折**

(1)锁骨骨折。用 T 形木板固定(图 6-15)。患臂用三角巾或毛巾悬吊胸前。

(2)前臂骨骨折。用两块长度从肘部到手部,宽度与前臂相当的木板,分别放置于前臂掌侧和背侧,再用三条宽带把上、中、下部绑好,然后屈肘90°,用布带悬吊于胸前(图6-16)。

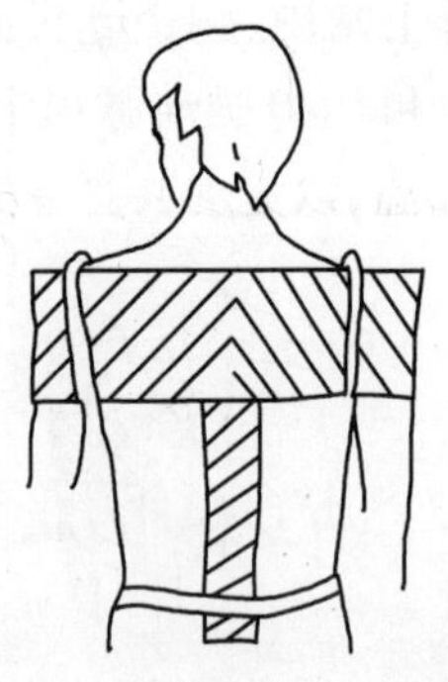

图6-15 锁骨骨折固定法

图6-16 前臂骨骨折固定法

(3)小腿骨骨折。用两块长度从大腿下部至足跟的木板,分别放置于小腿内、外两侧,再用宽带分别在膝上、膝下和踝部绑好木板(图6-17)。

(4)股骨骨折。用一块长度从腋下至足跟的木板放置于患肢外侧,一块长度从大腿根部至足跟的木板放置于患肢内侧,并分别在其内面衬垫棉花,再用5~8条宽带把木板绑好,在外侧打结,然后用布带把患肢和健肢一起固定(图6-18)。

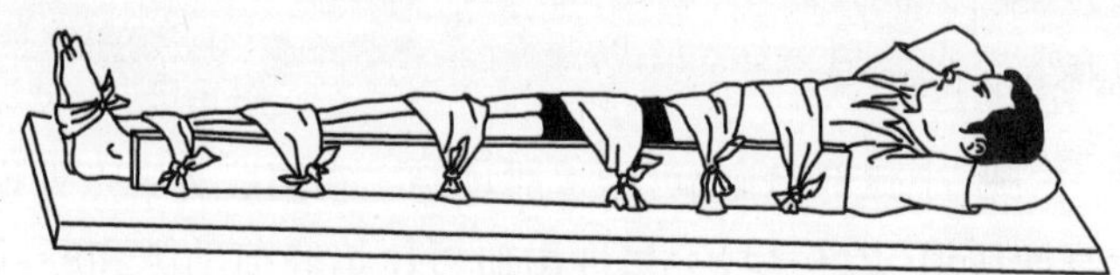

图6-17 股骨骨折固定法

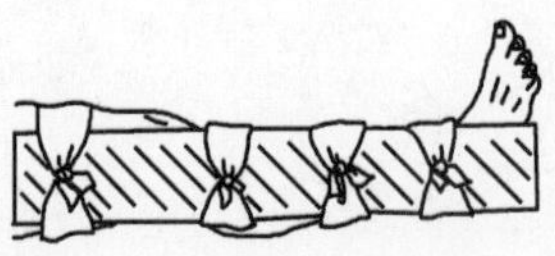

图6-18 小腿骨骨折固定法

**3.关节脱位**

(1)肩关节脱位。取三角巾两条,其中的一条斜跨胸背部于腱肩上打结,用以悬挂患肢前臂;另一条三角巾折叠成宽带,绕过患侧上臂,在腱侧腋下打结。

(2)肘关节脱位。把特制的托板弯成肘关节脱位后相适应的角度,置于患肢肘后,然后绷带缠稳,再用悬臂带挂起患肢前臂。如无特制托板,可用普通托板代替,或用肩关节脱位急救法急救。

4.**休克**

(1)把伤员平卧或将头和躯干抬高 10°,下肢抬高 20°,以增加回心血流量,改善脑部供血。

(2)注意保暖。给伤员盖上毛毯或棉被,以免受凉。但不要加温,以免皮肤血管扩张,影响生命器官的血液灌注量和增加氧的消耗。

(3)维持呼吸机能。若呼吸道有分泌物,口、鼻、咽部有血块等,应及时清除。昏迷的伤员,头应侧偏,并将舌牵出口外。

(4)控制出血。若伤口有大量的外出血,应及时采用相应的方法进行止血;若有内出血,应迅速运送医院抢救。

(5)止痛。务使病人安静,避免过多的搬动,对疑有骨折、脱位者,应初步进行包扎固定,除严重颅脑损伤外,剧烈疼痛时,可服用止痛剂。

(6)针灸急救。针刺取人中、十宣、内关、百会、涌泉、足三里、太冲等穴,应用大幅度捻转,强刺激手法。针灸选百会、大敦、神厥、隐白、气海、关元等穴,以悬灸为主。

(7)补充血容量。在紧急情况下,可选用 50%葡萄糖液 60~100 mL 静脉注射。

5.**溺水**

(1)立即将溺水者救上岸后,清除口腔中的分泌物和其他异物,并迅速进行倒水。急救者一腿跪地,另一腿屈膝而立将溺水者匍匐在其膝盖上,使其头部下垂,按压其腹、背部,使溺水者口、嘴及气管内的水排出(图 6-19)。也可采用图 6-20、图 6-21 的方法控水。但不要过分强调倒水而延误了宝贵的抢救时间。

图 6-19　排水法

(2)立即进行人工呼吸,若心跳停止,应同时施行心脏胸外挤压法。人工呼吸和心脏胸外挤压以 1 : 4 的频率进行,急救者之间应密切配合,进行积极而耐心的抢救,直至自主呼吸恢复为止。

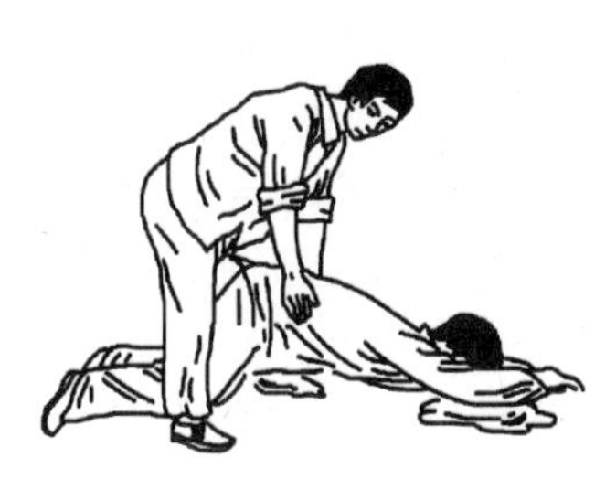

图 6-20　排水法

图 6-21　排水法

(3)在就地抢救的同时,要迅速派人请医生来处理。

(4)溺水者苏醒后,应立即送医院,作进一步检查和治疗。在运送途中,必要时继续进行人工呼吸。

# 第四节　运动处方

## 一、运动处方的概念

运动处方的概念最早是美国生理学家卡波维奇(Kapovich)在20世纪50年代提出的。20世纪60年代以来,随着康复医学的发展及对冠心病等疾病的康复训练的开展,运动处方开始受到重视。1969年世界卫生组织(WHO)开始使用运动处方术语,从而在国际上得到认可。

运动处方的完整概念是:康复医师或体疗师,对从事体育锻炼者或病人,根据医学检查资料(包括运动试验和体力测验),按其健康、体力以及心血管功能状况,用处方的形式规定运动种类、运动强度、运动时间及运动频率,提出运动中的注意事项。运动处方是指导人们有目的、有计划和科学地锻炼的一种方法。

## 二、运动处方的产生和发展

### (一)古代及近现代的运动处方

世界上最早的运动处方可追溯到我国战国(公元前475—前221年)的作品《行气玉佩铭》。这块玉佩上刻有45个字,郭沫若译为:“行气,深则蓄,蓄则伸,伸则下,下则定,定则固;固则萌,萌则长,长则退,退则天。天几春在上,地几春在下。顺则生,逆则死。”可见在中国2 000多年以前就指出运动则生,不运动则死的道理,即现代所说的“生命在于运动”。中国早期的资料有汉代(公元前168年)《导引图》。《五禽戏》是三国时代的华佗(141—203年)提出的一套既可合又可分的医疗体操。这是世界上最早的医疗保健体操。“五禽戏”是模仿虎、鹿、熊、猿、鸟五种动物的姿态和行动特征,象形编制的。

公元前460—前377年,古希腊医学家希波克拉第(Hippocratēs)最早用体操来治疗疾病,他的论著《运动疗法》《健身术》是运动处方的萌芽。这部著作除运动外,还包括饮食,他认为饮食与运动有密切的关系。

在18世纪,瑞典的Petet.H.Ling(1776—1839年)创造了利用肋木、体登等,配合徒手体操进行康复锻炼的方法,创编了专门锻炼身体各个部位的医疗体操。

### (二)现代的运动处方

现代运动处方是从20世纪50年代开始,到今天仅有40余年的历史。现代运动处方已发展成为指导人们进行健身、康复的重要方法。日本、美国、德国等国在运动处方的理论和应用方面进行了大量的研究工作。1960年日本猪饲道夫教授首先使用了“运动处方”这一术语。日本体育科学中心在运动处方的研究方面成绩显著,该中心于1970年成立,1971年在猪饲道夫教授的倡导下成立了“运动处方研究委员会”,在全国各地成立了20多个研究小组。经过5年的努力,于1975年制订出适用于各年龄组的运动处方方案,并出版了《日本健身运动处方》。美国军医库珀(Kenneth H.Cooper)用了4年时间进行健身与健康关系的研究,于1968年出版了《有氧代谢运动》(后被译成25种文字,发行了1 200万余册,为世界许多国家所采用),他创造了耐力锻炼健身方法——12 min跑测试法。德国的Hollmann研究所从1954年起,对运动处方的理论和实践进行了大量研究,成果显著,制订出健康人、中老年人、运动员、心血管系统疾病、糖尿病、肥胖病等的运动处方。

## 三、运动处方的制定

### (一)制订运动处方的基本原则

**1.因人而异原则**

运动处方必须因人而异,切忌千篇一律。要根据每一个参加锻炼者或病人的具体情况,制定出符合个人身体客观条件及要求的运动处方。不同的疾病,运动处方不同;同一疾病在不同的病期,运动处方不同;同一个人在不同的功能状态下,运动处方也应有所不同。

**2.有效性原则**

运动处方的制定和实施应使参加锻炼者或病人的功能状态有所改善。在制定运动处方时,要科学、合理的安排各项内容;在运动处方的实施过程中,要按质、按量认真完成训练。

**3.安全性原则**

按运动处方运动,应保证在安全的范围内进行,若超出安全的界限,则可能发生危险。在制定和实施运动处方时,应严格遵循各项规定和要求,以确保安全。

**4.全面性原则**

运动处方应遵循全面身心健康的原则,在运动处方的制定和实施中,应注意维持人体生理和心理的平衡,以达到“全面身心健康”的目的。

### (二)运动处方的制定程序

运动处方的制定程序包括:一般调查、临床医学检查、运动试验及体力测验、制定运动处方、实施运动处方、运动中的医务监督、运动处方的修改等步骤。

(1)通过体检和临床医学检查,了解锻炼者的一般情况(如性别、年龄、职业、病史、锻炼情况、食欲、睡眠、常用药等),及其身体健康状况(采用医学手段检测生化指标及身体素质水平)。

(2)根据检测结果和锻炼者需求确定锻炼的目的,选择锻炼的手段。

(3)按照科学锻炼的原则和方法,制定运动处方。

(4)实施运动处方。

(5)进行运动中的医务监督。锻炼一段时间后,再次检测健康状况,根据其承受运动负荷能力和体力状况所反馈的信息,评价运动处方效果。

(6)运动处方的修改和微调。在运动处方的实施过程中,可根据锻炼者的具体情况,对运动处方进行微调,以使锻炼者找到最适合自己条件的运动处方。

### (三)运动处方的内容

运动处方的内容应包括运动种类、运动强度、运动时间、运动频率及注意事项等。

**1.运动处方的运动种类**

运动处方的运动种类可分为三类,即:耐力性(有氧)运动、力量性运动及伸展运动和健身操。

(1)耐力性(有氧)运动。耐力性(有氧)运动是运动处方最主要和最基本的运动手段。在治疗性运动处方和预防性运动处方中,主要用于心血管、呼吸、内分泌等系统的慢性疾病的康复和预防,以改善和提高心血管、呼吸、内分泌等系统的功能。在健身、健美运动处方中,耐力性(有氧)运动是保持全面身心健康、保持理想体重的有效运动方式。

有氧运动的项目有:步行、慢跑、走跑交替、上下楼梯、游泳、自行车、功率自行车、步行车、跳绳、划船、滑冰、滑雪、球类运动等。

(2)力量性运动。力量性运动在运动处方中,主要用于运动系统、神经系统等肌肉、神经麻痹或关节功能障碍的患者,以恢复肌肉力量和肢体活动功能为主。在矫正畸形和预防肌力平衡被破坏所致的慢性疾患的康复中,通过有选择地增强肌肉力量、调整肌力平衡,改善躯干和肢体的形态和功能。

力量性运动根据其特点可分为:电刺激疗法(通过电刺激,增强肌力,改善肌肉的神经控制)、被动运动、助力运动、免负荷运动(即在减除肢体重力负荷的情况下进行主动运动,如在水中运动)、主动运动、抗阻运动等。抗阻运动包括:等张练习、等长练习、等动练习和短促最大练习(即等长练习与等张练习结合的训练方法)等。

(3)伸展运动和健身操。伸展运动及健身操较广泛地应用在治疗、预防和健身、健美各类运动处方中,主要作用有放松精神,消除疲劳,改善体形,防治高血压、神经衰弱等疾病。伸展运动及健身操的项目主要有太极拳、保健气功、五禽戏、广播体操、医疗体操、矫正体操等。

**2.运动处方的运动强度**

(1)耐力性(有氧)运动的运动强度和运动量。运动强度是运动处方的核心及设计运动处方中最困难的部分,需要有适当的监测来确定运动强度是否适宜。运动强度是指单位时间内的运动量,即:运动强度=运动量/运动时间。而运动量是运动强度和运动时间的乘积,即:运动量=运动强度×运动时间。运动强度可根据心率来确定。

在运动处方实践中,一般来说达最大运动强度时的心率称为最大心率,达最大功能的60%~70%时的心率称为“靶心率”或称为“运动中的适宜心率”,日本称为“目标心率”,是指能获得最佳效果并能确保安全的运动心率。为精确地确定各个病人的适宜心率,须做运动负荷试验,测定运动中可以达到的最大心率或做症状限制性运动试验以确定最大心率,该心率的70%~85%为运动的适宜心率。用靶心率控制运动强度是简便易行的方法,具体推算的方法有:

以最大心率的65%~85%为靶心率,即:靶心率=(220-年龄)×65%(或85%)。年龄在50岁以上,有慢性病史的,可用:靶心率=170-年龄。经常参加体育锻炼的人可用:靶心率=180-年龄。

例如:年龄为40岁的健康人,其最大运动心率为:220-40=180次/min,适宜运动心率为:下限是180×65%=117次/min,上限为180×85%=153次/min,即锻炼时心率在117~153次/min,表明运动强度适宜。

(2)力量性运动的运动强度和运动量。力量练习的运动强度以局部肌肉反应为准,而不是以心率等指标为准。在等张练习或等动练习中,运动量由所抗阻力的大小和运动次数来决定。在等长练习中,运动量由所抗阻力和持续时间来决定。

在增强肌肉力量时,宜逐步增加阻力而不是增加重复次数或持续时间(即大负荷、少重复次数的练习);在增强肌肉耐力时,宜逐步增加运动次数或持续时间(即中等负荷、多次重复的练习)。在康复体育中,一般较重视发展肌肉力量,而肌肉耐力可在日常生活活动中得到恢复。

(3)伸展运动和健身操的运动强度和运动量。有固定套路的伸展运动和健身操,如:太极拳、广播操等,其运动量相对固定。如:太极拳的运动强度一般在 4~5 MET 或相当于 40%~50%的最大吸氧量,运动量较小。增加运动量可通过增加套路的重复次数或动作的幅度、架子的高低等来完成。

一般的伸展运动和健身操的运动量可分为大、中、小三种。小运动量是指做四肢个别关节的简单运动、轻松的腹背肌运动等,运动间隙较多,一般为 8~12 节;中等运动量可做数个关节或肢体的联合动作,一般为 14~20 节;大运动量是以四肢及躯干大肌肉群的联合动作为主,可加负荷,有适当的间歇,一般在 20 节以上。

**3.运动处方持续的时间**

(1)耐力性(有氧)运动的运动时间。运动处方中的运动时间是指每次持续运动的时间。每次运动的持续时间为 15~60 min,一般须持续 20~40 min;其中达到适宜心率的时间须在 15 min 以上。在计算间歇性运动的持续时间时,应扣除间歇时间。间歇运动的运动密度应视体力而定,体力差者运动密度应低,体力好者运动密度可较高。

运动量由运动强度和运动时间共同决定(运动量=运动强度×运动时间),在总运动量确定时,运动强度与运动时间成反比。运动强度较大则运动时间较短,运动强度较小则运动时间较长。前者适宜于年轻及体力较好者,后者适宜于老年及体力较弱者。年轻及体力较好者可由较高的运动强度开始锻炼,老年及体力较弱者由低的运动强度开始锻炼。运动量由小到大,增加运动量时,先延长运动时间,再提高运动强度。(表 6-1)

**表 6-1　运动时间与运动强度(%$\overline{V}O_{2max}$)的配合**

| 运动量 | 运动时间 | | | | |
|---|---|---|---|---|---|
| | 60 | 5 | 10 | 15 | 30 |
| 小 | 70% | 65% | 60% | 50% | 40% |
| 中 | 80% | 75% | * 70% | * 60% | * 50% |
| 大 | 90% | 85% | 80% | 70% | 60% |

*:表中百分率(%)为最大吸氧百分率(%$\overline{V}O_{2max}$)表示的运动强度。(据 沈步乙等,《实用康复体育学总论》,1994)

日本体育科学中心建议人们采用三种中等运动量的锻炼,即表中带有 * 的运动量,即 15 min~70%$\overline{V}O_{2max}$;30 min~60%$\overline{V}O_{2max}$;60 min~50%$\overline{V}O_{2max}$。

(2)力量性运动的运动时间。力量性运动的运动时间主要是指每个练习动作的持续时间。如等长练习中肌肉收缩的维持时间一般认为在 6 s 以上较好。促最大练习是负重伸膝后再维持 5~10 s。在动力性练习中,完成一次练习所用时间实际上代表动作的速度。

(3)伸展运动和健身操的运动时间。成套的伸展运动和健身操的运动时间一般较固定,而不成套的伸展运动和健身操的运动时间有较大差异。如:24 式太极拳的运动时间约为

4 min;42 式太极拳的运动时间约为 6 min;伸展运动或健身操的总运动时间由一套或一段伸展运动或健身操的运动时间、伸展运动或健身操的套数或节数来决定。

**4.运动处方的运动频率**

(1)耐力性(有氧)运动的运动频率。在运动处方中,运动频率常用每周的锻炼次数来表示。运动频率取决于运动强度和每次运动持续的时间。一般认为,每周锻炼 3~4 次,即隔一天锻炼一次,这种锻炼的效率最高。最低的运动频率为每周锻炼 2 次。运动频率更高时,锻炼的效率增加并不多,反而有增加运动损伤的倾向。小运动量的耐力运动可每天进行。

(2)力量性运动的运动频率。力量练习的频率一般为:每日或隔日练习 1 次。

(3)伸展运动和健身操的运动频率。伸展运动和健身操的运动频率一般为每日 1 次或每日 2 次。

**5.运动处方的注意事项**

为了确保安全,在运动处方中,要根据参加锻炼者或患者的具体情况,提出相应的注意事项。

(1)耐力性(有氧)运动的注意事项。用耐力性(有氧)运动进行康复和治疗的疾病多为心血管、呼吸、代谢、内分泌等系统的慢性疾病,在按运动处方进行锻炼时,要根据各类疾病的病理生理特点、每个参加锻炼者的具体身体状况,提出有针对性的注意事项,以确保运动处方的有效原则和安全原则。一般的注意事项应包括以下几个方面:①运动的禁忌征或不宜进行运动的指征。在耐力性(有氧)运动处方中,应有针对性地提出运动的禁忌证。如:心脏病人运动的禁忌证有:病情不稳定的心力衰竭和严重的心功能障碍;急性心包炎、心肌炎、心内膜炎;严重的心率失常;不稳定型、剧增型心绞痛,心肌梗塞后不稳定期;严重的高血压;不稳定的血管栓塞性疾病等。②在运动中应停止运动的指征。在耐力性(有氧)运动处方中应指出须立即停止运动的指征,如心脏病人在运动中出现上身不适,运动中无力、头晕、气短,运动中或运动后关节疼痛或背痛等。③运动量的监控。在耐力性(有氧)运动处方中,须对运动量的监控提出具体的要求,以保证运动处方的有效和安全。④要求做充分的准备活动。⑤明确运动疗法与其他临床治疗的配合。如:糖尿病患者的运动疗法须与药物治疗、饮食治疗相结合,以获得最佳的治疗效果。运动的时间应避开降糖药物血浓度达到高峰的时间,在运动前、中或后,可适当增加饮食,以避免出现低血糖等。

(2)力量性运动的注意事项。①力量练习不应引起明显疼痛。②力量练习前、后应做充分的准备活动及放松整理活动。③运动时保持正确的身体姿势。④必要时给予保护和帮助。⑤注意肌肉等长收缩引起的血压升高反应及闭气用力时心血管的负荷增加。有轻度高血压、冠心病或其他心血管系统疾病的患者,应慎做力量练习;有较严重的心血管系统疾病的患者忌做力量练习。⑥经常检修器械、设备,确保安全。

(3)伸展运动和健身操的注意事项。①应根据动作的难度、幅度等,循序渐进、量力而行。②指出某些疾病应慎采用的动作。如:高血压病患者、老年人等应不做或少做过分用力的动作及幅度较大的弯腰、低头等动作。③运动中注意正确的呼吸方式和节奏。

## 四、运动处方的基本格式

目前,对运动处方的格式没有统一的规定,运动处方应全面、准确、简明、易懂。运动处方应包括以下内容:

(1)一般资料。
(2)临床诊断结果。
(3)临床检查和功能检查结果。
(4)运动试验和体力测验结果。
(5)运动的目的和要求。
(6)运动内容。
(7)运动强度。
(8)运动时间。
(9)运动频率。
(10)注意事项。
(11)医师签字。
(12)运动处方的制定时间。

例如:

运动处方

姓名:________ 性别:________ 年龄:________ 日期:________
诊断:
病史:
运动史:
临床检查结果:
运动试验结果:
练习目的:
练习内容:

运动强度:
运动时间:
运动频率:
配合放松练习:
注意事项:

处方者签名:

## 思考题

1.试论体育运动与营养的关系。

2.简述各类运动损伤的诊断及治疗方法。

3.简述运动损伤现场急救的原则。

4.试述各类运动病症的诊断及预防。

5.试述中度运动性疲劳的判断及消除。

6.如何利用保健卫生知识指导体育运动？

# 第七章　大学生体质健康评价

人类对体质健康的理解是随着时代不断发展的,对体质健康进行全面测试和评价的方法也在不断地改进和完善。目前,人们比较普遍认为,身体成分、心血管系统的功能水平、肌肉的力量和耐力、柔韧性等是影响人体健康水平的主要因素,也是影响人们学习和工作乃至提高未来生活质量的重要条件。本章根据教育部颁布的《国家学生体质健康标准(2014 年修订)》,对大学生在身体形态、身体机能、身体素质等方面相关的评价指标和测试方法予以介绍,以方便大学生进行体质健康的自我评价。

## 第一节　大学生体质健康评价的测试项目和操作方法

### 一、身高

#### (一)场地器材

身高测量计。身高测量计应选择平坦的地方放置,立柱的刻度尺应面向光源。

#### (二)测试方法

受试者赤足,立正姿势站在身高测量计 id 底板上,足跟、骶骨部及两肩胛区与立柱接触,躯干自然挺直,头部正直,耳屏上缘与眼眶下缘呈水平位。测试人员站在受试者右侧,将水平压板轻轻沿立柱下滑,轻压于受试者头顶。测试人员读数时以 m 为单位,保留两位小数点。

### 二、体重

#### (一)场地器材

电子体重计。使用前需检验其准确度和灵敏度。

#### (二)测试方法

受试者赤足,男生着短裤,女生着短裤、短袖衫,站在秤台中央。测试人员读数以 kg 为单位。测试误差不超过 0.1 kg。

## 三、肺活量

### (一)场地器材

电子肺活量计。使用干燥的一次性口嘴(如非一次性口嘴,则每换一次测试对象需消毒一次)。

### (二)测试方法

受试者面对仪器站立,手持吹气口嘴,先进行一两次较平日深一些的呼吸动作后,更深地吸一口气,向口嘴处中等速度和力度呼气至不能再呼出为止。每人可测 2 次,每次间隔 15 s。记录最大值,以 mL 为单位,不保留小数。

## 四、50 m 跑

### (一)场地器材

50 m 直线跑道若干条,地面平坦,地质不限。发令旗一面,口哨一个,秒表若干块(一道一表)。

### (二)测试方法

受试者至少两人一组,采用站立式起跑,当听到"跑"令后起跑。发令员在发出口令的同时摆动发令旗。计时员视旗动开表计时,受试者躯干部到达终点线的垂直面停表。记录以 s 为单位,精确到小数点后一位。

## 五、800 m(女)、1 000 m(男)跑

### (一)场地器材

400 m 田径场跑道,地面平坦,地质不限。发令旗一面,秒表若干块。

### (二)测试方法

受试者至少两人一组,采用站立式起跑,当听到"跑"令后起跑。发令员在发出口令的同时摆动发令旗。计时员视旗动开表计时,受试者躯干部到达终点线的垂直面停表。记录以 min、s 为单位,不计小数。

## 六、立定跳远

### (一)场地器材

沙坑或平地上进行均可。钢尺一个。

（二）测试方法

受试者两脚自然分开，站在起跳线后，两脚原地同时起跳，不得有垫步或连跳动作。丈量起跳线后缘至最近着地点后缘的垂直距离。每人跳三次，记录其中最好成绩。以 cm 为单位，不计小数。

## 七、引体向上

### （一）场地器材

单杠或引体向上专用测试器。

### （二）测试方法

受试者立于杠下，跳起正握成悬垂姿势，然后屈臂引体至下颌超过横杠上缘，再慢慢伸直双臂，还原成悬垂姿势，即为成功一次，单位为次数。受试者不得借助身体摆动的力量完成动作，若有身体摆动，助手可帮助稳定，但不得助力。不合乎规格要求的动作不计数。

## 八、1 min 仰卧起坐

### （一）场地器材

软垫若干，铺放平坦。秒表一块。

### （二）测试方法

受试者全身仰卧于垫上，两腿稍分开，屈膝呈 90 °左右，两手指交叉贴于脑后，另一同伴压住其踝关节固定下肢。受试者起坐时两肘触及或超过双膝为完成一次。仰卧时两肩胛必须触垫。记录 1 min 内完成的次数。

## 九、坐位体前屈

### （一）场地器材

坐位体前屈测试仪若干，摆放平整。

### （二）测试方法

受试者面向仪器，坐在垫子上，双腿向前伸直，脚跟并拢，蹬在测试仪的挡板上，脚尖自然分开，双手并拢，掌心向下平伸，膝关节伸直，上体前屈，用双手中指指尖推动游标平滑前进，直到不能推动为止。测试两次取最大值，以 cm 为单位，精确到小数点后一位。

# 第二节 大学生体质健康的评价指标与自我评价

## 一、大学生体质健康的评价指标

### (一)体重指数(BMI)

BMI 指数(即身体质量指数,简称体质指数又称体重指数,英文为 Body Mass Index,简称 BMI),是用体重千克数除以身高米数平方得出的数字,是目前国际上常用的衡量人体胖瘦程度以及是否健康的一个标准。当我们需要比较及分析一个人的体重对于不同高度的人所带来的健康影响时,BMI 值是一个中立而可靠的指标。大学生 BMI 指数评价标准见表 7-1。

表 7-1 大学生体重指数(BMI)评分表

| 等 级 | 单项得分 | 男 生 | 女 生 |
|---|---|---|---|
| 正常 | 100 | 17.9～23.9 | 17.2～23.9 |
| 低体重 | 80 | ≤17.8 | ≤17.1 |
| 超重 | | 24.0～27.9 | 24.0～27.9 |
| 肥胖 | 60 | ≥28.0 | ≥28.0 |

注:体重指数(BMI)= 体重(千克)/身高$^2$(米$^2$)。

### (二)肺活量

肺活量是指在不限时间的情况下,一次最大吸气后再尽最大能力所呼出的气体量,这代表肺一次最大的机能活动量,是反映人体生长发育水平的重要机能指标之一。大学各年级学生肺活量指标的评价标准见表 7-2 至 7-5。

### (三)50 m 跑

50 m 跑是通过较短距离的高强度跑来评价人体的速度素质,可以反映人体中枢神经系统的机能状态和神经与肌肉的调节机能,也可以综合反映人体的爆发力、灵敏反应、柔韧度等素质。速度素质有明显的性别差异,且体重过大或肥胖都会影响速度。大学各年级学生 50 m跑指标的评价标准见表 7-2 至表 7-5:

### (四)1 000 m(男)、800 m(女)跑

1 000 m(男)、800 m(女)跑是评价耐力素质的指标。由于耐力是衡量人的体质健康状况和劳动工作能力的基本因素之一,又是从事各项体育运动必不可少的一种运动素质,因此

测试耐力水平对于评价学生健康状况有着非常重要的意义。研究已证实,低强度、长时间的长跑能充分地动员体内脂肪分解供能,有效提高机体分解和利用脂类物质能力,促进身体健康。长跑测验既可以反映肌肉的有氧和无氧耐力水平,又可以反映呼吸系统和心血管系统的机能水平,且测试方法简单易行,有其他测验项目不可替代的作用。大学各年级学生1 000 m(男)、800 m(女)跑指标的评价标准见表7-2至表7-5。

### (五)立定跳远

立定跳远是发展下肢爆发力与弹跳力的运动项目。它要求下肢与髋部肌肉协调快速用力,并与上肢的摆动相配合,所以它也需要一定的灵巧性。立定跳远具有简便易行的特点,有平地就能进行练习。大学各年级学生立定跳远指标的评价标准见表7-2至表7-5。

### (六)引体向上

引体向上对发展上肢悬垂力量、肩带力量和握力有重要作用。它是以按动作规格完成的次数来计算成绩的,做的多则成绩好,因此,它是一种力量耐力项目。大学各年级男生引体向上指标的评价标准见表7-2和表7-3。

### (七)1 min仰卧起坐

仰卧起坐是体能锻炼的一个重要环节,其主要作用是增强腹部肌肉的力量,既可增进腹部肌肉的弹性,亦可收到保护背部和改善体态的效果,并具有简单不受场地环境影响的优点,是相当适合社会大众的简易运动方式。它对于期待消除腹部赘肉与避免下背痛的一般人群而言,更是非常适合的运动之一。大学各年级女生1 min仰卧起坐指标的评价标准见表7-4和表7-5。

### (八)坐位体前屈

坐位体前屈的测试目的是测量在静止状态下的躯干、腰、髋等关节可能达到的活动幅度,主要反映这些部位的关节、韧带和肌肉的伸展性和弹性及身体柔韧素质的发展水平。大学各年级学生坐位体前屈指标的评价标准见表7-2至表7-5。

**表7-2　大学一、二年级男生单项指标评分表**

| 等　级 | 单项得分 | 肺活量(毫升) | 50米(秒) | 1 000米(分.秒) | 立定跳远(厘米) | 引体向上(次) | 坐位体前屈(厘米) |
|---|---|---|---|---|---|---|---|
| 优秀 | 100 | 5 040 | 6.7 | 3′17″ | 273 | 19 | 24.9 |
| | 95 | 4 920 | 6.8 | 3′22″ | 268 | 18 | 23.1 |
| | 90 | 4 800 | 6.9 | 3′27″ | 263 | 17 | 21.3 |
| 良好 | 85 | 4 550 | 7.0 | 3′34″ | 256 | 16 | 19.5 |
| | 80 | 4 300 | 7.1 | 3′42″ | 248 | 15 | 17.7 |

续表

| 等级 | 单项得分 | 肺活量（毫升） | 50米（秒） | 1 000米（分.秒） | 立定跳远（厘米） | 引体向上（次） | 坐位体前屈（厘米） |
|---|---|---|---|---|---|---|---|
| 及格 | 78 | 4 180 | 7.3 | 3′47″ | 244 | | 16.3 |
| | 76 | 4 060 | 7.5 | 3′52″ | 240 | 14 | 14.9 |
| | 74 | 3 940 | 7.7 | 3′57″ | 236 | | 13.5 |
| | 72 | 3 820 | 7.9 | 4′02″ | 232 | 13 | 12.1 |
| | 70 | 3 700 | 8.1 | 4′07″ | 228 | | 10.7 |
| | 68 | 3 580 | 8.3 | 4′12″ | 224 | 12 | 9.3 |
| | 66 | 3 460 | 8.5 | 4′17″ | 220 | | 7.9 |
| | 64 | 3 340 | 8.7 | 4′22″ | 216 | 11 | 6.5 |
| | 62 | 3 220 | 8.9 | 4′27″ | 212 | | 5.1 |
| | 60 | 3 100 | 9.1 | 4′32″ | 208 | 10 | 3.7 |
| 不及格 | 50 | 2 940 | 9.3 | 4′52″ | 203 | 9 | 2.7 |
| | 40 | 2 780 | 9.5 | 5′12″ | 198 | 8 | 1.7 |
| | 30 | 2 620 | 9.7 | 5′32″ | 193 | 7 | 0.7 |
| | 20 | 2 460 | 9.9 | 5′52″ | 188 | 6 | −0.3 |
| | 10 | 2 300 | 10.1 | 6′12″ | 183 | 5 | −1.3 |

**表7-3　大学三、四年级男生单项指标评分表**

| 等　级 | 单项得分 | 肺活量（毫升） | 50米（秒） | 1 000米（分.秒） | 立定跳远（厘米） | 引体向上（次） | 坐位体前屈（厘米） |
|---|---|---|---|---|---|---|---|
| 优秀 | 100 | 5 140 | 6.6 | 3′15″ | 275 | 20 | 25.1 |
| | 95 | 5 020 | 6.7 | 3′20″ | 270 | 19 | 23.3 |
| | 90 | 4 900 | 6.8 | 3′25″ | 265 | 18 | 21.5 |
| 良好 | 85 | 4 650 | 6.9 | 3′32″ | 258 | 17 | 19.9 |
| | 80 | 4 400 | 7.0 | 3′40″ | 250 | 16 | 18.2 |
| 及格 | 78 | 4 280 | 7.2 | 3′45″ | 246 | | 16.8 |
| | 76 | 4 160 | 7.4 | 3′50″ | 242 | 15 | 15.4 |
| | 74 | 4 040 | 7.6 | 3′55″ | 238 | | 14.0 |
| | 72 | 3 920 | 7.8 | 4′00″ | 234 | 14 | 12.6 |
| | 70 | 3 800 | 8.0 | 4′05″ | 230 | | 11.2 |
| | 68 | 3 680 | 8.2 | 4′10″ | 226 | 13 | 9.8 |
| | 66 | 3 560 | 8.4 | 4′15″ | 222 | | 8.4 |
| | 64 | 3 440 | 8.6 | 4′20″ | 218 | 12 | 7.0 |
| | 62 | 3 320 | 8.8 | 4′25″ | 214 | | 5.6 |
| | 60 | 3 200 | 9.0 | 4′30″ | 210 | 11 | 4.2 |

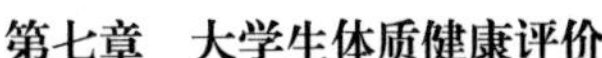

续表

| 等　级 | 单项得分 | 肺活量（毫升） | 50 米（秒） | 1 000 米（分.秒） | 立定跳远（厘米） | 引体向上（次） | 坐位体前屈（厘米） |
|---|---|---|---|---|---|---|---|
| 不及格 | 50 | 3 030 | 9.2 | 4′50″ | 205 | 10 | 3.2 |
| | 40 | 2 860 | 9.4 | 5′10″ | 200 | 9 | 2.2 |
| | 30 | 2 690 | 9.6 | 5′30″ | 195 | 8 | 1.2 |
| | 20 | 2 520 | 9.8 | 5′50″ | 190 | 7 | 0.2 |
| | 10 | 2 350 | 10.0 | 6′10″ | 185 | 6 | -0.8 |

**表 7-4　大学一、二年级女生单项指标评分表**

| 等级 | 单项得分 | 肺活量（毫升） | 50 米（秒） | 800 米（分.秒） | 立定跳远（厘米） | 1 min 仰卧起坐（次） | 坐位体前屈（厘米） |
|---|---|---|---|---|---|---|---|
| 优秀 | 100 | 3 400 | 7.5 | 3′18″ | 207 | 56 | 25.8 |
| | 95 | 3 350 | 7.6 | 3′24″ | 201 | 54 | 24.0 |
| | 90 | 3 300 | 7.7 | 3′30″ | 195 | 52 | 22.2 |
| 良好 | 85 | 3 150 | 8.0 | 3′37″ | 188 | 49 | 20.6 |
| | 80 | 3 000 | 8.3 | 3′44″ | 181 | 46 | 19.0 |
| 及格 | 78 | 2 900 | 8.5 | 3′49″ | 178 | 44 | 17.7 |
| | 76 | 2 800 | 8.7 | 3′54″ | 175 | 42 | 16.4 |
| | 74 | 2 700 | 8.9 | 3′59″ | 172 | 40 | 15.1 |
| | 72 | 2 600 | 9.1 | 4′04″ | 169 | 38 | 13.8 |
| | 70 | 2 500 | 9.3 | 4′09″ | 166 | 36 | 12.5 |
| | 68 | 2 400 | 9.5 | 4′14″ | 163 | 34 | 11.2 |
| | 66 | 2 300 | 9.7 | 4′19″ | 160 | 32 | 9.9 |
| | 64 | 2 200 | 9.9 | 4′24″ | 157 | 30 | 8.6 |
| | 62 | 2 100 | 10.1 | 4′29″ | 154 | 28 | 7.3 |
| | 60 | 2 000 | 10.3 | 4′34″ | 151 | 26 | 6.0 |
| 不及格 | 50 | 1 960 | 10.5 | 4′44″ | 146 | 24 | 5.2 |
| | 40 | 1 920 | 10.7 | 4′54″ | 141 | 22 | 4.4 |
| | 30 | 1 880 | 10.9 | 5′04″ | 136 | 20 | 3.6 |
| | 20 | 1 840 | 11.1 | 5′14″ | 131 | 18 | 2.8 |
| | 10 | 1 800 | 11.3 | 5′24″ | 126 | 16 | 2.0 |

**表 7-5　大学三、四年级女生单项指标评分表**

| 等级 | 单项得分 | 肺活量（毫升） | 50 米（秒） | 800 米（分.秒） | 立定跳远（厘米） | 1 min 仰卧起坐（次） | 坐位体前屈（厘米） |
|---|---|---|---|---|---|---|---|
| 优秀 | 100 | 3 450 | 7.4 | 3′16″ | 208 | 57 | 26.3 |
| | 95 | 3 400 | 7.5 | 3′22″ | 202 | 55 | 24.4 |
| | 90 | 3 350 | 7.6 | 3′28″ | 196 | 53 | 22.4 |
| 良好 | 85 | 3 200 | 7.9 | 3′35″ | 189 | 50 | 21.0 |
| | 80 | 3 050 | 8.2 | 3′42″ | 182 | 47 | 19.5 |
| 及格 | 78 | 2 950 | 8.4 | 3′47″ | 179 | 45 | 18.2 |
| | 76 | 2 850 | 8.6 | 3′52″ | 176 | 43 | 16.9 |
| | 74 | 2 750 | 8.8 | 3′57″ | 173 | 41 | 15.6 |
| | 72 | 2 650 | 9.0 | 4′02″ | 170 | 39 | 14.3 |
| | 70 | 2 550 | 9.2 | 4′07″ | 167 | 37 | 13.0 |
| | 68 | 2 450 | 9.4 | 4′12″ | 164 | 35 | 11.7 |
| | 66 | 2 350 | 9.6 | 4′17″ | 161 | 33 | 10.4 |
| | 64 | 2 250 | 9.8 | 4′22″ | 158 | 31 | 9.1 |
| | 62 | 2 150 | 10.0 | 4′27″ | 155 | 29 | 7.8 |
| | 60 | 2 050 | 10.2 | 4′32″ | 152 | 27 | 6.5 |
| 不及格 | 50 | 2 010 | 10.4 | 4′42″ | 147 | 25 | 5.7 |
| | 40 | 1 970 | 10.6 | 4′52″ | 142 | 23 | 4.9 |
| | 30 | 1 930 | 10.8 | 5′02″ | 137 | 21 | 4.1 |
| | 20 | 1 890 | 11.0 | 5′12″ | 132 | 19 | 3.3 |
| | 10 | 1 850 | 11.2 | 5′22″ | 127 | 17 | 2.5 |

## 二、大学生体质健康的自我评价

大学生体质健康的自我评价可分为两个部分。

首先是对各项测试结果和评价指标对照评分表评分，得出相应评价指标的等级和得分。例如，某大学大二男生测得身高为 1.75 m，体重为 65 kg，计算其体重指数(BMI)为 $65/1.75^2=21.2$，查表 7-1，在 17.9~23.9 的正常值内，可得 100 分；测得肺活量为 4 500 mL，查表 7-2 为良好，可得 80 分；测得 50 m 跑成绩为 6.8″，查表 7-2 为优秀，可得 95 分；测得 1 000 m 跑成绩为 3′25″，查表 7-2 为优秀，可得 90 分；测得立定跳远成绩为 265 cm，查表 7-2 为优秀，可得 90 分；测得引体向上为 17 次，查表 7-2 为优秀，可得 90 分；测得坐位体前屈为 18.8 cm，查表 7-2 为良好，可得 80 分。通过这一步对每项指标的评价分析，我们能够了解自己在身体形态、身体机能、身体素质等各个方面的具体情况和等级，可以对不够理想的指标进行有针对性的锻炼，争取做到身体的全面协调发展。

如果想要对自己的体质健康状况进行总体评价,就需要用查出的分数进行下一步的计算。其方法就是将各单项的得分对应表 7-6“大学生体质健康评价指标与权重表”进行折算,用总分作为最后的等级评价,满分为 100 分。根据最后得分评定等级:90.0 分及以上为优秀,80.0~89.9 分为良好,60.0~79.9 分为及格,59.9 分及以下为不及格。

**表 7-6　大学生体质健康评价指标与权重表**

| 单项指标 | 权　重/% |
|---|---|
| 体重指数(BMI) | 15 |
| 肺活量 | 15 |
| 50 米跑 | 20 |
| 1 000 米跑(男)/800 米跑(女) | 20 |
| 立定跳远 | 10 |
| 引体向上(男)/1 分钟仰卧起坐(女) | 10 |
| 坐位体前屈 | 10 |

例如,上面举例中某大二男生的体重指数(BMI)为 100 分×15% = 15 分、肺活量为 80 分×15% = 12 分、50 米跑为 95 分×20% = 19 分、1 000 米跑为90 分×20% = 18 分、立定跳远为 90 分×10% = 9 分、引体向上为 90 分×10% = 9 分、坐位体前屈 80 分×10% = 8 分,其总分应为15 分+12 分+19 分+18 分+9 分+9 分+8 分 = 90 分,根据等级标准,该生体质健康状况总评为“优秀”。

## 思考题

1.对体质的健康状况进行自我评价有哪些重要意义?

2.你打算怎样提高自己的体质健康水平?

# 第八章　运动休闲与野外生存

随着社会的发展,物质产品日益丰富,人们的休闲时间也越来越多,休闲已不仅仅是简单的学习、工作之余的休息了,更多的人在休闲活动中放松自己的心情,以内心的体验去感悟人生,从而获得对人生的一种全面的理解和诠释。

## 一、休闲体育的含义

最初,体育只是人的一种本能,当生存不再是困扰人的主要问题时,体育开始丰富它的内涵,人类开始向自然挑战,实现自我价值,从此,古老的体育家族中诞生了一个新的成员——休闲体育。

休闲体育是指人们在工作学习之余进行的群众性体育活动,通过各种身体活动形式,在欢悦和谐的氛围中,实现增强体质、促进健康、恢复体力、抵御疾病、调节心理、陶冶情操、激发生活欲望、培养高尚道德品质、改善人际关系、满足精神追求以及享受高质量人生乐趣等目的。

## 二、科学享受现代生活

有关专家预测,新世纪将是一个生命年龄提升的世纪。但时下有一句口头禅正在警示着人们:“往上提的是年龄,往下降的是生命的健康水准。”在这个健康水准下降的原因中,人们已经看到,越来越发达的经济,越来越丰富的物质,越来越复杂的食物,越来越恶劣的环境和越来越大的精神压力,正在对人类生存产生着不少的负面影响,“现代文明病”“生活方式病”在疾病谱中年年上升。

有人认为,衡量一个国家发达程度的重要标准是看民众参与健身的普遍性和竞技体育水平。因为只有在生活水平达到或者越过温饱后,人们才能真正认识到奔小康与保健同等重要。在过去,当无数的家长还在为吃饱穿暖苦思良策时,孩子们也只能以爬树、滚铁环等来充实自己的“业余”生活。如今,年轻人要漂亮,中年人要活力,老年人图健康的想法,不约而同地使他们的视野聚焦在休闲体育上,“请人吃饭不如请人流汗”成了比较时髦的语言。

知识分子是社会的一个特殊群体。当前,在我国人民健康水平有不同程度提高的前提下,引起社会最为关注和忧虑的就是中青年知识分子的健康水准每况愈下。我国知识分子平均寿命较同期人口平均寿命少 10 岁;同年死亡率,中年人超过老年人。日本职员中出现的过劳死,在我国中青年知识分子中也屡见不鲜。

# 第一节　休闲体育的分类、功能、特点

## 一、休闲体育的分类

休闲体育的分类方法较多：

按参加人数多少，可分为单人的（如冲浪、攀岩等），多人的（如郊游、舞蹈等）；

按组成人员的性质，可分为家庭的（如荡秋千、远足等）和集体的（如球类、体育游戏等）；

按活动环境不同，可分为室内的（如壁球、保龄球等）和户外的（如野营、登山、沙滩排球等）；

按活动性质划分，可分为养生性的（如钓鱼等），医疗性的（如气功、太极拳等），健身性的（如舞蹈、体育游戏等），娱乐性的（如台球、门球、交谊舞、趣味体育等），消遣性的（如体育旅行、钓鱼、放风筝等）和冒险性的（如攀岩、蹦极等）；

按竞争程度的强弱可分为竞赛类的（如球类、赛马、赛车等）和非竞赛类的（如健美、野营、攀岩等）；

按参加者在活动时的身体状态又可分为观赏性的（如健美等），相对安静性的（如钓鱼等）和运动性的（如球类、舞蹈等）；

若按活动的基本特征，则又可以分为：

眩晕类。如荡秋千以及游艺场里各种旋转、起伏、上升、下降、滑动、碰撞、俯冲、腾空等。这类活动通过获得日常生活中难以得到的身体状态和空间感觉，获得运动乐趣。

命中类。如射靶、台球、门球、保龄球、地掷球、高尔夫球等。这类活动需要算度和控制力量，是思维和体力相结合的体现。当命中目标时，会使人兴奋欢悦，一种成功感油然而生。

节奏类。如舞蹈、健身操、健美操等。这类活动的节奏感强，富有韵律，都以身体活动为共同特征，有欢快的音乐伴随和融会运动节奏，其娱乐性和健身性极强。

滑行类。如滑水、冲浪、帆舨、滑雪、滑冰、溜旱冰等。这类活动以足蹬或足踩各种器具作各种滑行动作为主要特征，集娱乐性、趣味性、健身性于一身。因大多在户外进行，与日光、空气和水等自然因素结合紧密，还可使身体得到自然力的锻炼。

攀爬类。如登山、攀岩等项目。这类活动中有的具有很大的冒险性，是人类为呈现自身价值，表现出实现自我的一种超凡脱俗的行为。它有时不顾惜生命代价，在惊险中强化意志磨炼，在征服自然中追求精神满足。

## 二、休闲体育的功能

### （一）休闲体育使建功立业和愉悦身心相得益彰

淡漠的健身意识深深地侵蚀着最需要健康的知识分子，往往建功立业与增进健康成了知识分子痛苦的抉择。有不少人认为，要想成就一番事业，就必须以生命的透支为代价；要想身强力壮，势必要事业受损。由于错误观念的驱使，不少知识分子往往成为打疲劳战的内行，天长日久，形成恶性循环。据有关部门统计，在青少年中有25%的人存在显性或隐性心理危机，这给人们的健康带来极为不利的影响。休闲体育则是根治知识分子"心病"的灵丹妙药。休闲体育常帮助人们树立正确的人生态度和开阔的胸襟，通过休闲体育的锻炼，着眼于从实际出发，把人生的目标和要求定在自己通过努力能达到的范围之内，既不举步不前，又不好高骛远。在休闲运动中，把注意力从消极情绪转移到有意义的事物上去，参加休闲体育或投身到大自然的怀抱中，使情绪转移。经常变换角色换位看问题，不以自我为中心，这些都是休闲体育强心健体与建功立业相得益彰的特殊功能。

### （二）休闲体育促成和完善FUN生活方式

随着休闲体育渗透到世界各地，FUN的家庭生活方式在国内外也日渐风靡。FUN是Fitness、Unity、Nutrition的缩写，意为健身、和谐和营养。

健身（Fitness），是从休闲体育所涵盖的内容里去受益。要求每个家庭成员每日进行30 min的体育锻炼，如跑步、散步、跳绳、打球、游泳或做健身操等，每周锻炼至少5次，运动形式经常变化，以提高运动兴趣，平衡机体发展。

和谐（Unity）。中国有句古语："和为贵。"健康长寿也是如此。人要想健康长寿，就得在"和"字上做文章，而休闲体育正是体内和、家庭和、自然和、社会和的综合者和促进者。一个人通过休闲体育的锻炼，使身心、气血、脏腑调和，喜乐就会常相伴，否则，七情六欲失度，是破坏体内和的重要因素。休闲体育的亲和力和融洽氛围是促进家庭和的重要因素，家庭和不仅万事兴，也是健康长寿的关键。

休闲体育也促进人与自然和，引导着青少年"到阳光下，到操场上，到大自然中去"，使他们回归自然，忘却心中烦忧，到大自然里去呼吸新鲜空气，增强体质。

休闲体育是促进人与社会和的重要途径。人在社会中生活，除了遵纪守法，遵守社会公德之外，要与同学、同事、朋友和睦相处，通过休闲体育活动，以淡泊超脱的襟怀，站在高层次的人生境界上去审视自己，净化自己，与人相处亲切和蔼，以诚相待。志得意满时，要置之泰然，谦虚谨慎。人在失意时方寸易乱，休闲体育会使人心平气静，泰然自若。

营养（Nutrition）。休闲体育锻炼，也促使人们学习和掌握有关营养知识，根据所从事的锻炼项目来施加营养。引导人们饮食时注意多吃鸡、鱼、豆类等动植物蛋白，少吃油炸、油汤等脂肪类食物；多吃新鲜水果和蔬菜，少吃加工类食品；多吃富有纤维类食物，少吃高盐类食品等。做到既有丰富的营养摄入，又有科学的饮食结构。

### （三）休闲体育为延长人的寿命提供契机

众所周知，一般哺乳动物的最高寿命，相当于它生长期的5~7倍，人的生长期一般在20~25岁，按此推算，人的最高寿命应该是100~175岁。那么，人为何活不到自然寿命呢？我们将人类的生理活动与一般动物作一番比较，就不难找出休闲体育延长人的寿命的答案。

（1）人的呼吸方式改变。除人以外，几乎所有的动物均采用腹式呼吸，这种方式可以充分发挥肺叶细胞的作用，增大肺活量。人类以胸式呼吸为主，根据用进废退的原理，这使大

部分肺叶细胞长期闲置而失去活性，从而使肺活量变小，经常伏案工作的知识分子生理表现更甚。在现代休闲体育中，无论是跑步、游泳或是体育游戏和冲浪，都会不由自主地改变习以为常的胸式呼吸。深呼吸使长期弃之不用的肺叶细胞重新发挥作用，持之以恒的锻炼使肺活量增大。目前，在国内外兴起的“回归自然”的运动，就主张远离都市的喧嚣，纵情于山水之间，沉湎于休闲体育之中，以便追求人类已逐渐丧失的原始本能。

(2)人的运动姿势改变。人类用下肢直立运动代替四肢爬行，无疑是一大进步，然而随之也带来了诸多不利因素。比如直立姿势使大脑处于人体最高位置，导致大脑极易缺氧(大脑占人体重2%~2.5%，而用氧占30%~35%)，直立姿势使人体血压升高，心脏负担加重。这些都容易使大脑和心脏发生疾病而影响人的寿命。休闲体育为参与者提供了取之不尽用之不竭的契机。参与者为了陶冶情操，寻找生命的意蕴，坦然地与大自然融为一体，在茂密的丛林深处攀树戏耍；在湍急的河谷中搏击风浪；在冰天雪地里跌打滚爬；在飞流直下的峭壁上攀登瀑布；有时干脆另辟蹊径，模仿原始人的生活方式和习性，在雨水泥浆中洗澡或像动物一样爬行，躺在沙滩上，用灼热的沙子掩埋自己只剩下能呼吸的器官等。

(3)人的循环功能改变。生活在大自然中的动物，能适应四季气候的变化，而人类生活在日益舒适的环境中，血管的锻炼愈来愈少，心脑血管容易硬化。寒冬的清晨如果惧怕寒冷不锻炼，则骨骼肌的产热明显减少，肌肉处于松弛状态，血液循环减慢，肌肉中的血液分布相对减少，血液粘滞度增高，不但使人畏寒，而且容易伤风感冒或诱发心血管疾病。从事休闲运动产热对身体有好处，尤其是冬季从事休闲体育锻炼能使血液里的白血球数量增多，增强人体免疫系统，提高抗病力。在千里冰封、万里雪飘的北国，观赏着寒江雪柳，玉树琼花，晶莹冰雕，风花雪月，感受到北国冰雪的豪爽，又进行着滑雪、滑冰运动，使得你意志更坚强，心情更舒畅，体格更健壮。

## 三、休闲体育的特点

(1)休闲体育是促进人的全面发展，身心并举的手段。休闲体育的项目本来就是从人类的劳作方式、生活方式和原始娱乐方式中游离出来，然后规则化，并逐步完善定型的。

(2)休闲体育重视人与自然的结合，它是在追求竞技体育超越生理极限的“更高、更快、更强”之外，强调参与和获得愉悦感、成就感，体现了人类返璞归真，回归自然，追求绿色、环保、生态平衡的美好愿望。

(3)休闲体育提供的是因人而异、因时因地而异、丰富多彩的体育健身方法。外国人的休闲方式丰富多彩。如英国人喜欢足球、橄榄球、赛马、飞镖等，既不失绅士风度又不乏激情；德国人喜欢在公园或沙滩上举行家庭排球赛；散步、跑步、游泳、健美、舞蹈则是日本人的钟爱，日本人对高尔夫球、滑冰、攀岩、冲浪、花样跳伞也会尝试一番。

(4)休闲体育的每一个项目，都有一个完整的逻辑和概念体系，这是人类社会体育实践的结晶。休闲体育科学是建立在现代科学基础之上，把人类一切科学理论知识和技术作为自己存在和发展的基础的一门科学。

(5)休闲体育强调人的个性伸张和弘扬，强调人的个性在体育活动中得到自由升华和发展。休闲体育可以使人在无穷的趣味中发展个性。

趣在于情：江南水乡的柔美之情，万里海疆的壮丽之情，广阔草原的豪放之情，雪域高原的神秘之情……都会在休闲体育中得到加深。

趣在于景:无论是浓淡相宜的湖光山色,还是飞流直下的飞瀑,无论是如梦似画的万山云雾,还是千里黄沙的大漠风光,万千美景都会在休闲体育中尽收眼底。

趣在于新:休闲体育项目的不断变换,方法的不断更新,新的感觉,新的体验,使从事者永无止境的心理得到满足。

趣在交友:无论是偶尔相识的朋友,抑或结伴同行的旅伴,只要用心体验休闲体育的真谛,用心结交,彼此关照,以诚相待,就可永结朋友,其乐融融。

趣在增识:在休闲体育中,可以学习到经济、文化、历史、哲学、美学、人文等多种知识,对丰富人生、丰富生活有很大作用。

趣在自由:沉湎于体育练习或寄情于山水之中,不必为种种琐事烦心,在名山大川之中,可与大自然融为一体,得到彻底的放松、彻底的解放。

# 第二节　个性与休闲体育项目选择

## 一、因人而异的休闲体育

### (一)体态肥胖者的项目选择

体态肥胖者可选择远足、自行车、球类、慢跑、游泳、跳绳、踢毽等活动,这类活动有利于减少体内脂肪的堆积,使身体变得健美。

以慢跑为例。慢跑作为强身健体的手段已成为现代生活中人们防治疾病的积极有效的手段。慢跑能增强心脏功能,预防心血管系统疾病。研究表明,慢跑可加速脂肪的消耗,减少体脂储存,降低血中胆固醇和甘油三酯的含量,增加抗动脉硬化的高密度脂蛋白的含量,舒张冠动脉口胫,从而预防高血脂、高血压病及冠心病的发生;慢跑还可增强呼吸、消化、肌肉的功能。长期坚持慢跑锻炼,可以预防老年肺气肿、老年肌肉萎缩、便秘及消化不良等症。国外还把慢跑作为肥胖症、孤独症、失眠症、忧郁症及虚弱症的辅助疗法。

**1.慢跑的形式**

(1)慢速放松跑:慢跑速度可根据个人的体质而定,运动时间以每天20~30分钟为宜。

(2)原地跑:不受场地、气候等条件限制,可在室内或室外进行的一种跑步锻炼方法。方式是在跑步机或原地以慢跑的速度和姿势跑动。

(3)定时跑:是一种不受速度和距离的限制,只要求一定时间的锻炼方法,适合初练跑步及体质较弱者。随着体力的增强,可采用限定距离和时间的方法。

**2.慢跑中应注意的问题**

(1)锻炼的速度应因人而异。年老体弱者最好以走步或快步走为过渡,然后再进行跑步锻炼。

(2)开始锻炼时,距离不宜太长,速度不能太快,锻炼时间应从短到长逐渐增加,以锻炼

后身体微感疲劳为宜。

(3)呼吸顺畅。慢跑时呼吸要自然、深长、协调,不应有憋气感。若呼吸急促,上气不接下气,可能是跑速过快或身体不适应,应降低跑速。若跑时呼吸困难,胸闷难受,就应停跑,请医生检查。

(4)注意可能发生的危险信号。跑时如觉胸部疼痛,透不过气来,头昏眼花,心率反常等,应立即停跑,请医生检查,总之,应根据体质情况量力而行。

### (二)身体瘦长者的项目选择

身体瘦长者上身短,手臂和腿细而长,肩窄胸薄,体脂很少,整个身体呈长条型。宜选择增强肌肉力量和促进消化功能的休闲体育项目,如健美、跑步、游泳、太极拳、自行车等。

以健美为例。健美运动对青少年骨骼发育有良好的作用。经常从事健美运动能够促进骨骼的形态和性能发生良好的变化,具体表现为:骨密度增长大,骨径变粗,骨腔变小,骨臂变厚,从而使骨骼更加坚固,提高骨的抗折、抗压、抗弯和抗扭曲的能力;还可促使激素分泌增多,大大提高免疫力,使人体发育健全,精力旺盛。

### (三)体弱多病者的项目选择

体弱多病者应采用循序渐进、逐步加大运动量的休闲体育锻炼项目。一开始,可打太极拳、散步、做健美操、钓鱼等,进而可滑雪、溜冰、打球、登山、荡秋千,随着体质的增强,可进行快跑、骑自行车、划船等项目。

以垂钓项目为例。钓鱼是一种陶冶身心的娱乐活动,在我国有着悠久的历史。钓鱼是一种综合性的体育运动项目,既有越野、登山、骑车、远足、采集、探险等诸多身体活动相伴,又有水文、地理、气象、生物、文学、历史等多种学科知识的扩充与运用。当今的钓鱼活动已成为集体育、娱乐、休闲于一体的综合性体育娱乐运动。

垂钓是一种祛病延年的精神疗法。垂钓是在江河、湖畔等地,新鲜的空气、充足的阳光、安静的气氛,有助于防治各种肺部疾病,还能改善慢性肾炎、肝炎、胃炎等慢性病。所以俗话说:“湖边持竿祛疾病,养心养性胜补药。”

### (四)脑力劳动者

由于经常用脑,久坐不动,脑力劳动者因而容易患神经衰弱、痔疮、消化不良、高血压等症。舞蹈、慢跑、爬山、打球、游泳、体操等休闲体育是他们健身防病的体疗“良药”。

街舞是北京 2000 年流行的一种时尚健身舞,已有许多健身中心对它进行了推广。它一经亮相,便以其夸张的舞姿、明快的节奏、显著的健身、健心功能得到了时尚健身迷的青睐。人们在休闲时间提高艺术修养和陶冶情操,丰富人的审美观。

经常参加休闲体育锻炼有利于促进大脑的发育,增加大脑皮层厚度,增多脑神经细胞树突,从而提高工作和学习效率。经常进行舞蹈健身锻炼有利于为大脑提供更多的氧气和营养物质,使人的视觉、听觉、本体感觉、神经传导速度和神经过程的灵活性都得到提高。经常性的舞蹈健身活动对脑力劳动者来说不失为一种适宜的运动。

## 二、根据个性选择休闲体育项目

### (一)外向型个性适宜的休闲项目

这类人性格开朗活泼,浑身充满活力。群体性项目(球类)会给他们更大的快乐和刺激,如橄榄球、网球、壁球、篮球、排球、足球等。

以普及项目篮球为例:篮球是以传球、进球、投篮、防守等技术进行攻防对抗的一种球类运动。大学生从事篮球运动是对人体的力量、速度、灵敏度、耐力等身体素质的极大考验。该运动项目不仅能够增强中枢神经系统、心血管系统、呼吸系统等内脏的功能,还能培养人们勇猛顽强、机智灵活的优良品质等。通过篮球运动所形成的氛围,可把社会压力和竞争压力抛到九霄云外,帮助你协调人际关系,体验到"人人为我,我为人人"的团队精神的真谛。

### (二)紧张型个性适宜的休闲项目

这类人虚荣心强,敏感多疑,适宜从爆发力强或平衡的休闲体育中获得身体上和思想上的平静,竞争性的团队运动不太适合他们。可选择攀登、溜冰、潜水、健美等休闲体育项目。

以攀岩为例:攀岩本身就是一项群众性、平民化的运动,把它推广到百姓的日常生活中,让它成为人们的一种生活需要,是攀岩业的主要发展方向。攀岩不仅是一项运动,其中还蕴含着丰富的体育精神、意志、思想、文化。攀岩是一项新兴的富于挑战性和冒险性的体育运动,它集健身、娱乐和技巧于一体,圆了都市人期待已久的登山梦。

传统的攀岩者,将大自然视为真正的乐园、竞技场、健身房,只要有充分的休闲时间,他们便会义无反顾地奔向粗犷豪放的山岩。通过攀岩训练,许多学生领会到好多障碍都是自己给自己设置的,面临峭壁,从胆怯到无所畏惧,跨越障碍便战胜了自己。

### (三)竞争型个性适宜的休闲项目

竞争精神具有积极的意义,要有效地发挥这类人的特点,最好是引导他们在休闲时间投入到一项专门的体育运动中,如网球、垒球、赛马、篮球、排球、足球及其他具有竞争性的活动中,让他们有机会和其他人一决高低。

以网球为例。现代奥运会的创始人皮埃尔·德·顾拜旦曾经说过:"竞技的核心不是斗争,而是光明磊落的比赛。正是铭记这个精神才能更加强盛、更加雄壮、更加勇敢,从而陶冶人性。"正是由于竞争的光明磊落,才使得世界网球四大比赛——英国温布尔顿网球赛、美国公开赛、法国公开赛和澳大利亚公开赛经久不衰,而且生命力愈来愈强。

网球比赛体现的竞争是体育运动以至人类社会的普遍现象,没有竞争,体育运动就会失去魅力。没有竞争,运动员的成绩就不会提高。毫无疑问,在网球竞赛中运动员必须有强烈的取胜意识,不畏强手,敢于竞争,达到更快、更高、更强的境界。但是网球场上的竞争不是随意进行的竞争,竞争规则规范竞赛参加者行为,网球爱好者自觉遵守竞赛规则,实际上就是公平竞赛的最好体现。

### (四)沉思型个性适宜的休闲项目

这类人不适宜从事竞争性强和过于激烈的休闲运动,他们更适合于自行车、划船、散步、太极拳、钓鱼、放风筝等可以独立进行的活动。

以骑自行车为例。骑自行车旅行近年来开始流行起来,它一方面是对自己体能和意志的全方位考验,另一方面也是受经济条件制约下的一种妥协。骑自行车旅行可以使你专门体验一种久违了的"苦楚",考验一下自己所能承受的限度并为之乐此不疲。无论是平坦的公路,还是美丽的青山和一望无际的大草原,在留下你艰难跋涉的车痕之时,也会给你的休闲生活留下美好的回忆。

### (五)害羞型个性适宜的休闲项目

这类人群最青睐那些安分且能获得个人满足感的休闲运动项目。和他人竞争可能会给其带来一定的心理压力,所以不适宜群体性、竞争性的休闲体育项目,可选择滑板车、慢跑、游泳、溜冰、散步等运动项目。

以滑板车为例。在公园里、广场上,人们在崇尚健康、丰富的休闲体育内容的同时,滑板车不知不觉地来到了我们身边。如今,轮滑、滑板车、滑沙、保龄球、壁球、蹦床、攀岩、漂流、卡丁车、蹦极、独轮车、跳舞毯这些被视为最具时尚风格的新兴休闲体育运动项目,因为激情四溢、个性十足受到广大青少年的青睐,并吸引着广大青少年源源不断地加入进来。

# 第三节　休闲与生存项目介绍

## 一、登山

登山可以健康身心,是一种既传统又现代的锻炼方法。

### (一)必备装备

(1)水瓶:高海拔山区相当干冷,需饮用足够的水,以防脱水并维持体能。一般来说,携带一个一公升容量的水瓶就足够了,热天出汗多须携带两只水瓶,水瓶是相当重要的物品。

(2)防晒油与护唇膏:高海拔山区的阳光强烈度较海边高出数倍,必须用衣服或防晒油覆盖皮肤,以降低紫外线的暴晒程度。

购置防晒系数为 15 以上的防晒油较为合适。人体的鼻子、耳朵、嘴唇是敏感部位,应将防晒油涂在太阳光能照射到的地方。

(3)驱虫剂:在野外用含有 DEET 的药物驱虫效果相当好,尤其是对蚊子,使用高剂量的 DEET 可以使蚊子持续数小时不敢靠近。

### (二)实用技巧

(1)热身运动往往被爬山的人忽略,人们常常是到达山下后就开始上山,不做任何准备活动,这样做对关节和肌肉不利。尤其是乘车到山下的人,没有充分活动开,如果立即上山,很容易对关节、肌肉、韧带造成损伤。在上山之前一定要做好充分的准备活动,夏天一般做 5 min左右的准备活动,冬天要做约 10 min 的准备活动。

(2)通常人们爬山,多数是根据个人的体力、感觉,以比较单一的方式向山上行进,其实上山的方法也有多种。

例如:想增加耐力,可采用小步幅,中频率上行,配合深呼吸;想增长腿部力量,可采取中大步幅,中等速度,间歇性上行,走一段,稍事休整,再走一段;想提高速度(尤其是年轻人),可采用中步幅,高频率,间歇跑,即跑一段,走一段,调整,再跑一段,再走一段。

(3)下山后要在平缓的地方做一些整理放松运动,使快速跳动的心脏逐渐恢复正常,使身上的汗渐渐退掉,将紧张的关节肌肉、韧带适当伸拉、放松,使其恢复到平常状态。同时注意保暖,以防着凉。

### (三)注意事项

(1)人们爬山时,容易兴奋,超体力向山上行进。这样爬山容易造成心跳过速,心脏供氧不足,对身体造成损害,有心脑血管疾病的人,甚至可能出现危险。所以,爬山时要密切注意自己的每分钟脉搏次数,注意做深呼吸放松,使心跳保持在正常范围之内。

(2)上山时要注意由慢开始,根据体力、心率等逐渐加快上山的速度,把心率控制在个人能承受的范围内。根据每个人的体能状况选择所爬山的高度,不一定非要爬到山顶。

### (四)技术等级

为推动我国登山运动的发展,中国登山协会在国家体育总局的统一安排下,于近年出台了“登山运动员技术等级标准”。

整个等级分为国际级登山运动健将、运动健将、一级登山运动员、二级登山运动员、三级登山运动员、登山运动员六个级别的称号。登山运动员称号仅需登上海拔 3 000 m 或以上独立山峰即可获得。三级运动员,男子须登上一座海拔6 500 m 以上高度的独立山峰;女子须登上海拔 6 000 m 以上高度的独立山峰。在此基础上每增加 500 m 高度,上升一级称号,直到国际级的 8 500 m。

## 二、攀岩

攀岩分为器械攀岩和自由攀岩两种。器械攀登指直接拉或站在利用器械做成的人工支点上,在岩壁上攀爬。自由攀登,又叫徒手攀登,靠手脚能力使用自然支点完成。

攀岩是一项深受人们欢迎的运动,它集健身、娱乐和竞技于一体,能锻炼一个人的综合素质。通过这项运动,不仅可以获得过人的力量,惊人的勇气,极好的韧性,更可以提高耐力和判断力,使人在竞争激烈、纷繁杂乱的都市生活中应付自如。因此,攀岩正日益成为健康而富于刺激、力量的极限运动。

基本要领:抓,用手抓住岩石的凸起部分;抠,用手抠住岩石的棱角、缝隙和边缘;拉,在抓住前上方牢固支点的前提下,小臂贴于岩壁,抠住石缝,用力下拉引体向上;撑,利用台阶、缝隙或其他地形,以手和小臂使身体向上或向左右移动;推,利用侧面、下面的岩体或物体,

以手臂的力量使身体移动;张,将手伸进缝隙里,用手掌或手指屈曲张开,以此抓住岩石的缝隙作为支点,移动身体;蹬,用前脚掌内侧或脚趾的蹬力将身体支撑上爬;跨,利用自身的柔韧性,使用大幅度的左右、上下的跨腿避开难点,以寻求有利的支撑点;挂,用脚尖或脚跟挂住岩石,以获得支撑和用力点使身体移动;踏,利用脚前部下踏较大的支点,获得用力点,移动身体。

## 三、远足

远足是徒步到郊外大自然中休闲、娱乐的一项体育活动,属远距离旅行。由于远足常与丰富多彩的活动相结合,如登山、游泳或浏览名胜古迹,或拉练野营配合革命传统教育等,不仅可以锻炼身体,增进健康,培养组织能力和团队精神,同时还可以起到休闲娱乐、陶冶情操的作用。

(1)远足要有明确的目的性,预先确定好活动内容、时间、路线、目的地等。对沿途可能遇到的各种情况做到胸中有数。如果安排游泳活动,还要预先了解游泳场的安全状况,密切注意天气预报。

(2)远足要求服装质轻、合体、耐用,衣服有放置杂物的口袋。穿运动鞋,要有防滑纹理,鞋帮高及踝关节,并且有一定的透气性,要穿上含有棉纱成分的运动袜。主食选择含水较少,不易腐败变质的食物。副食则以真空包装的内罐制品为主和水分、维生素 C 含量高的水果,以及必要的生活用品和药品。

(3)选好营地。通常应把营地建在地面开阔,地势稍高,地面干燥、近水源的地点,切忌选择山崖下,或靠近河、海的水洼处,更不能在大的枯树下安营。野炊和便溺场所要安排在下风方向,帐篷之间的距离不要相距太远,营地应有明显的灯火标志,野营时必须遵守国家和地方的有关法规。

## 四、溯溪

溯溪是一种新兴的户外运动项目。所谓溯溪,是由峡谷溪流的下游向上游,克服地形的各处障碍,溯水之源而登山之巅的一项探险活动。在溯溪过程中,溯行者须借助一定的装备,具备一定的技术,去克服诸如急流险滩、深潭飞瀑等许多艰险阻碍,充满了挑战性,也正是由于地形复杂,不同地方须以不同的装备和方式进行,因而使得这项活动富于变化而魅力无穷。

### (一)溯溪的计划和执行

溯溪是集登山、露营、攀岩、野外求生等综合技能于一身的全身运动,危险性较其他活动相对要高。因此对于溪流的选择、队伍的组成,溯登季节,资料搜集,路线,交通,溯溪装备,粮食计划与采购,医药品,溯行人员的职责分配,筹划者或参与者不可不慎重考虑。

### (二)溯溪的种类

以地域研究为主的溯溪:如调查某山区的所有溪流兼综合调查其溪谷、岩壁和步道及动植物、人文生态资源。这种方式的溯溪所探索的溪谷都是未知的处女地，更无任何资料可供参考，必须动员很多人，经年累月利用假期逐一探勘方能完成。

无目的的溯溪：兴趣相投的背包客组成队伍，伴行溯溪，尽兴而上，这是目前国内最盛行的方式。

### （三）必备装备

由于潜在的危险，需要有一些专用装备来保护身体和物品，尽量减少外来的伤害和破坏。原则上其装备是登山装备加上攀岩器材、水上设备。初学者最好跟随溯溪团体或专家，可省去闭门摸索，装备上亦可减轻团体装备的购置，不过以下一些基本装备仍不可无：

（1）下降器毛绳：9~11 mm，防水，拉力在 2 000~3 000 kg，攀登用。

（2）安全带：攀登者带在身上，由铁锁等与毛绳相连，起保护作用。

（3）铁锁：用于连接各种绳索、安全带及攀登器械，使用简便。

（4）上升器：在攀登过程中，用于向上攀登时使用，也起保护作用。

（5）下降器：在攀登过程中，用于下降的专用器械。

（6）头盔：保护攀登者头部的安全帽。

（7）防水镜：可保护攀登者眼睛。

（8）溯溪鞋：为溯行者必要的装备，不要使用磨损率大的草鞋和无阻滑作用的矶钓鞋，应使用潜水布质料的溯溪鞋，既有阻滑效果又有保暖功能。

（9）护腿：为潜水布质料，除可防寒外，还可免于杂木石头碰伤、割伤腿部之虑，分长统和短统两种，长统除护小腿外还可护膝。

（10）直式背包：以能装下溯溪装备、基本登山携带用品等为宜，太大太小均不适合。

（11）应穿伸缩性大的运动裤。

### （四）溯溪的技术要求

（1）学习正确使用攀登保护装备，包括安全带、安全帽、铁锁、下降器、上升器。

（2）按顺序沿人工悬梯登至下降处等候。

（3）在下降过程中，要注意岩石、裂缝、陡坡以及水流的冲击。

（4）在熟练掌握了下降的技术动作后，可选择适宜的着脚点做跳跃动作，并在接近瀑底时，解开保护绳索，轻松跃入潭中，充分体验溪降的乐趣、惊险。

### （五）注意事项

在参加野外活动如登山、溯溪等运动时，溺水是极易发生的伤亡事故。为避免发生溺水事故，应注意以下几点：

（1）涉水过河的地点应选择在水最浅（浅于膝盖以下）并且水流平稳之处，避免在急流及瀑布上游处渡河，以免因不慎滑倒，尚来不及爬起或上岸，就已接近危险地区了。若在水较深处渡河，应先架设好保护绳索或手持一根长杆试探水的深浅，小心地慢慢渡过。如果是参加溯溪活动，需要经常进行涉过溪流的训练，最好装备头盔、救生衣及溯溪鞋等专用装备，以提供安全保障。

（2）在山间徒步旅行或登山，选择营地时，不可在河岸和河水上涨时能危及到的地方扎营，以免骤降大雨，山洪暴发或河水上涨，造成溺水事故。

另外，当天气不好或下大雨时，应当绕开需涉水过河的路线。若发现河水上涨，不可冒险强行涉河。

## 五、溪降

溪降与溯溪的方向相反，是由上游向下游，由瀑布主体沿绳下跃，或顺水滑降，它更重娱乐性，参与性更强，是适合于普遍开展的大众户外休闲运动。

### （一）必备装备

溪降需要基本的登山装备，如安全带、铁锁、下降器、绳索、头盔等，以及防水服。无论瀑布下降、跳水，还是滑降，都必须穿鞋，最好是登山鞋，以便下降、横移或攀登时比较方便，另外须备一双干爽的鞋子，以便离开水时换下湿鞋。

### （二）常用技术

溪降中最常用的技术为下降，即利用下降器进行瀑布下降，还必须掌握横移和攀登方法。瀑布下降时由于瀑布主体水流急、水量大，一般避开主体而选择水流较小的路线。绳索则选用防水登山绳，下降时因绳子湿，操作不如干绳便利，须小心，谨防降速过快而不易控制。

### （三）实用技巧及注意事项

悬崖跳水比专业的跳水要求低，类似跳“冰棍儿”，但必须正确掌握要领，否则易出事故。起跳前身体要稳，在起跳的同时两臂曲于胸前，两肘紧夹两侧，一手捏住鼻子，以防入水时灌水。跃出的距离视悬崖的具体情况确定，一般水平2 m左右。绝对避免碰到岩壁，且落水方向为潭水的最深处，不要离岩太近。身体在空中垂直并保持平衡，入水时一条腿微微前伸，另一条腿则微上抬屈膝，这样能缓冲下降速度，不致受伤。只要正确掌握要领，有防水服增加浮力，并能保护身体，一般不会出现危险，但需要足够的勇气和胆量。

选择跳水的悬崖，首先必须探测悬崖高度和崖下潭水的深度，如5 m左右的悬崖，潭水深度为2~3 m，超过10 m的悬崖则潭水深度至少5 m以上。动作要领必须正确，对于有经验的溪降者，跳水时可以在空中做旋转动作，无跳水专业技巧绝对不可以空翻或头朝下“扎猛子”。

滑降是利用水流冲刷而形成的自然光滑的岩面滑水，像幼儿园滑滑梯一样。有两种方式：一是匍匐头向下游坐“飞机”，一是仰身滑水。匍匐滑水时两臂前侧平伸，抬头目视前方，入水时低头，身体几乎全部没水后抬头钻出水面，仰身滑水时两臂侧直并于体侧，抬头，身体呈直线，或两腿伸直并拢，呈座式，上身稍朝后仰。

滑降的地形应较平滑，忌有明显突出的尖棱角岩块，坡度不宜太大，滑降面下方边缘距潭不宜过高。

## 六、野营

野营属野游型活动，深受人们特别是青少年的喜爱。每逢节假日，人们三五成群，离开喧闹的都市，来到大自然中，那起伏的山峦，潺潺的溪流，茂密的森林，遍野的山花会使人们心旷神怡，新鲜的空气和野外的各种身体活动对人的身心健康也大有裨益。人们回归美丽的自然可以陶冶情操，可以增长知识，掌握野外生活的各种本领。结伴出游还可以增进人际交往和友谊，确是一项富有教育意义和锻炼价值并充满乐趣的活动。

### （一）出发前的准备

**1.出发前的心理准备**

从准备过程开始，就要在同伴之间形成一个民主和睦的气氛，既要独立地把自己的任务完成好，不依赖别人，又要积极地去帮助他人；不能只顾自己的兴趣，要顾及大多数人的兴趣和爱好；事先学习一些野营的本领，如野炊、支帐篷、游戏方法、行装知识等。

**2.选择野营地点、时间**

野营地点的选择是决定活动是否有意义，是否成功的关键因素。一般选择野营地点时要考虑以下几点：

（1）远离嘈杂，生态环境较好；

（2）比较容易得到食物和物资补充；

（3）附近有急救设施；

（4）有良好水源；

（5）土地比较干燥，有草地、有日照又有适当林木；

（6）地域比较开阔、通风好、风景宜人，又能避开山谷、密林。

野营最好选择天气较暖又非雨季时进行。除条件较好且安全的地区野营时间可以稍长一些外，一般时间不宜拖得太长。

**3.制订日程和活动内容**

日程和活动内容要根据野营时间的长短，野营地的条件，同伴们的共同爱好与能力等因素来安排。一般把体力消耗大的活动放在日程的前一半，而把体力消耗少、趣味性强的活动放在日程的后一半。

**4.组织准备**

尽管是好朋友一起出游，但最好在组织上也有个明确的分工，大家在各尽其责的基础上互相帮助，会使活动更有效率，更有意义。如：有负责向导的，负责食物的，负责财务的，负责组织游戏的，负责学习内容的，负责保健的，负责设营和安全的等。

**5.个人用品的准备**

（1）衣着：上装可以多种多样，但一般应符合以下几方面的要求：不太紧身，不影响身体活动，通风性好，保暖性强，衣服上有一些口袋（以便带些常用物品）。无论什么季节，都尽可能穿长裤，因为穿短裤容易在野外活动中被虫咬或被树枝、岩石刮伤。

(2)鞋:以鞋底较厚的运动鞋为宜,如果是新鞋,应该在出发前试穿一段时间,以防磨脚,要有备用鞋带。

(3)袜子:袜子是容易受到忽略而又非常重要的装备,以通气性较好的棉毛类袜子为最佳。

(4)帽子:野外活动时最好戴上帽子,以既能防雨又能防晒,具有一定通气性的帽子为宜。

(5)眼镜:夏日出游,为防止紫外线的强烈照射,可配戴太阳镜或茶色防护镜。

(6)雨具与背袋:雨具以上下分身的雨衣为最好,背袋以市场上卖的旅行用背袋为宜,还要考虑到背起方便、舒适。

(7)寝具:最好用市场上卖的睡袋。枕头可用衣服代替,若使用充气枕头则更好,既不占地方,也很方便。

当然还有许多其他物品要带,如碗筷、日用品、洗漱用具、卫生用品等。

**6.集体用品的准备**

(1)帐篷:注意要在出发前进行检查和练习架设。

(2)设营工具:根据需要可携带如斧头、锤子、钉子、绳子、铁锹甚至镰刀等工具。

(3)野炊用具。

(4)照明用具。

(5)小药箱:带一些如外伤药、止泻药、防暑药、防蚊虫药、创可贴、绷带等医药品。

### (二)进行(徒步旅行)

一切准备就绪,就可以踏上旅途了。野营既可以利用公共交通工具,也可以利用自行车或徒步旅行,几者结合也行,在这里主要向同学们介绍一些徒步旅行的知识。

**1.行走方法**

行走要尽量使整个脚掌平着地,身体不要起伏过大,姿势要自然,膝关节要富有弹性。

**2.行走速度**

速度节奏要均匀,一般一天步行不要超过 40 km,集体步行时,要按照体弱者的速度行进。

**3.休息**

出发后约 20 min 时,要进行短时间的休息,目的是检查衣服、装备、鞋并进行必要的调整。之后大约每走 1 h 休息一次,负重行走时可适当缩短休息的间隔时间。

**4.行进中的游戏**

为了使旅途更富有情趣,在行走途中可以搞一些有意义的游戏,可以在同伴之间互相提问树木、花草的名称,也可组织唱歌比赛、做游戏等。但不能过分影响行进速度,也不能搞得太疲劳。

### (三)设营

到达营地后第一件事就是安营扎寨。

1.搭帐篷

由于帐篷的种类多样,具体搭帐篷的方法就不一一介绍了,但选择搭帐篷的地点时要考虑以下几点:

(1)离取水点较近,但当河水涨时又不致对帐篷构成威胁;

(2)不潮湿,易排水;

(3)上方没有大树和岩石(以免雷击或滚石击伤);

(4)向阳避风。

2.搭炉灶

搭炉灶有几种常用的方法,如挖灶,即在平地或土坡上掘炉灶,用石头垒炉灶;或用树枝搭成支架,将锅吊在上面。效果较好的是几种方法并用。

## (四)野营生活与活动

建好营地,野营生活就开始了。营地的管理是营地生活愉快、安全的保证,要推选一位营地的负责人;要有作息时间的规定;集体外出时,要有人轮流看守营地。整个营地的生活与活动应该是有节奏、有序、健康、安全、丰富多彩。为使各种活动能顺利进行,不但要在事先进行必要的学习和准备,还要有专人负责,制订周密的计划。

1.野炊、野餐

野营生活中的野炊野餐,不仅直接影响到野营期间的营养和健康,野营者还能在操作中学到许多在野外合理摄取营养的知识和野炊的本领。大家齐心协力做出的一顿丰盛可口的饭菜,会使人感到回味无穷。要使野餐的饭菜更加合理、可口,应考虑以下几点:①营养的摄取应不少于 3 000 Cal,并保证一定的蛋白质类食物的摄取。②应重视早、中餐。③在安全卫生的前提下采摘食用野菜、山菇等。最好在制订活动日程时,就订出详细的食谱和所需的材料,以免不够或多带。

2.篝火晚会

野营中的篝火晚会是一项极富浪漫色彩的活动,其规模可大可小。通常在篝火晚会中伴随唱歌、跳舞、讲故事、讲笑话等活动,要开好篝火晚会应注意以下几点:

(1)篝火晚会应选择在比较开阔的地点进行,绝对不能在禁止烟火的地区(季节)组织篝火晚会;

(2)时间不要太长;

(3)要有一定的内容准备,有主持人;

(4)要有专门负责火和燃料管理的人;

(5)要特别注意防火,有防火措施。

3.其他活动

根据营地周围的地理条件,还可以进行诸如游泳、赶海、划船、看日出、钓鱼、放飞机模型、放风筝、攀岩等多种多样的活动。大家可以根据自己的条件和爱好去选择,使野营生活更富有诗意,充满乐趣。

## 七、野外探险

久居都市的人们有一种远离城市喧嚣，回归大自然的渴望。野外探险正是在人们的这种渴望中应运而生的。

### （一）预备工作

**1.制订计划**

对于要去的地方掌握和了解的情况越多越好。详细研究地图并多读一些相关资料，对所要到达的地方有一个感性认识。尽最大可能对当地的天气和地理有所了解。

应估计大致行程，不要制订力所不能及的计划，以免给自己心理和生理上带来压力。预算所带的食品、衣物，以及必备的药品。预则立，一定要在行前制订一个充分周到的计划。

**2.行前准备**

带好常用的一些装备，在实际情况中根据路线、天气的不同自由取舍。

到野外活动不要穿新鞋，以免增加脚的额外负担，如果是攀登 1 000 m 的山，要穿专门的或厚底的旅游鞋。

多带些衣服，以应付天气的变化。在山上一般情况下温差较大，只有经常增减衣服才能保持清爽和保暖。在山间行走，为了不使膝盖碰伤或被树枝刺伤、割伤，应选择有弹性、宽大的裤子。

### （二）必备装备

各种探险旅游及户外活动所必需的设备主要有：帐篷、背包、睡袋、防潮垫或气垫、登山绳、岩石钉、安全带、上升器、大小铁锁、绳套、冰镐、岩石锥、小冰镐、冰爪、雪杖、头盔、踏雪板、高山眼镜、羽绒衣裤、防风衣裤、毛衣裤、手套、高山靴、袜子、防寒帽、冰锥、雪锥、炊具、炉具、多功能水壶、吸管或净水杯、指北针、望远镜、等高线地图或其他资料、防水灯具、各种刀具等。

### （三）野外生存技巧

**1.如何找水源**

只要不是身处沙漠，如果对植物有些了解的话，找到水源应不是一件非常困难的事。

（1）地下水：高山融雪、溪水、渗入地下的雨水、山泉都为地下水，但此类水应注意消毒。

（2）地上水：包括泥水、雨水、露水、冰雪化水等。

（3）如地下水、地上水都未能找到，应在地上通过植物找代用水：①枯萎的竹子切断竹节，收集节内积存的水分。②早起收集朝露。③水藤、水树、仙人掌、椰子、野丝瓜内部都贮有大量的液体。

常用的给水消毒的方法有煮沸、药片消毒等。

**2.如何利用地图找出自己的位置**

在野外如果不清楚自己的位置，很容易迷失方向。在林中或山谷中迷失时，一定要先找到开阔的地方,从中找出高大且又明显的目标物,对照地图,就可以大概知道自己的位置,并且按照罗盘的方向,回到正确的路上。

**3.野外方向判断**

野外判断方向和位置的方法有许多,这里介绍几种常用的方法:

(1)利用罗盘(指北针):把罗盘或指北针水平放置使气泡居中,等磁针静止后,其标有N的一端所指的是北方。

除了测出正北方向外,罗盘或指北针还可以测出某一目标的具体方位。方法是把罗盘照准器对准目标,或将刻度盘上的O刻度对准目标,让目标、O刻度和磁中点在同一直线上,罗盘水平静止后,N端所指的刻度便是测量点至目标的方位,如磁针N端指向36°,则目标在测量位置的北偏东36°。

利用罗盘或指北针辨别方向虽然简单快捷,但需要注意:①尽量保持水平线;②不要离磁性物质太近;③勿将磁针的S端误认作北方,造成180度的方向误差;④掌握活动地区的磁偏角进行校正。

(2)利用太阳:在晴朗的白天,根据日出、日落就可以很方便地知道东方和西方,也就可判断方向。但只能大致估计,较准确的测定有以下几种方法:

①手表测向。"时数折半对太阳,12指的是北方",一般在上午9时到下午4时之间用手表可以很快地辨别出方向,用时间的一半所指的方向对准太阳,12时刻度就是北方。如下午14:40,其一半为7:20,时针对向太阳,那么12指的就是北方。或者是把表平置,时针对准太阳,时针与12时刻度平分线的反向延伸方向就是北方;或者将一根小棍垂直立在手表中央转动手表,使小棍的影子与时针重合,此时与12时刻度之间的较小角的平分线即是北方。

必须注意:判定方向时,手表应平置,在南、北纬20~30°的区域中午前后不宜使用。

②日影测向。

## (四)意外情况处理

**1.水泡的防治**

最好穿着与脚"磨合"惯了的鞋、吸汗的棉或线袜子。在容易磨出水泡的地方事先贴一块"创可贴"。如有条件,可以到商店里买一瓶防止起泡的喷雾剂(主要是减轻摩擦作用)。一旦磨出了水泡,首先用消毒过的缝衣针把水泡挑破,挤出水泡内的液体,然后用碘酒、酒精等消毒药水涂抹创口及周围,最后用干净的纱布包好。

**2.中暑的防治**

在夏季登山前一定要准备好预防和治疗中暑的药物,如:十滴水、清凉油、仁丹等。另外,还应该准备一些清凉饮料和太阳镜、遮阳帽等防暑装备。一旦有人中暑,应尽快将其移至阴凉通风处,将其衣服用冷水浸湿,裹住身体,并保持潮湿。或不停扇风散热并用冷毛巾擦拭患者,直到其体温降到38 ℃以下。中暑者意识清醒时,应让其以半坐姿休息。若中暑者已失去意识,则应让其平躺。

通过以上救治措施,中暑者的体温如已下降,则改以衣物覆盖,并充分休息;否则,重复

以上措施,并尽快送医院救治。

**3.抽筋**

抽筋发生的原因是由于登山时过度的运动或姿势不佳,而引起肌肉的协调不良,或因登山时或登山后受寒,体内的盐分大量流失,因而致使肌肉突然产生非自主性的收缩。抽筋的症状有患处疼痛,肌肉有紧张或抽搐的感觉,患者无法使收缩的肌肉放松。急救的方式为拉引患处肌肉,使患处伸直,轻轻按摩患处肌肉。补充水分及盐分,休息,直到患处感觉舒适为止。

**4.如何应付蛇咬**

首先应判断是否为毒蛇咬伤。通常观察伤口上有两个较大和较深的牙痕,才可判断为毒蛇咬伤。若无类似牙痕,并在 20 min 内没有局部疼痛、肿胀、麻木和无力等症状,则为无毒蛇咬伤,只需要对伤口进行清洗、止血、包扎。若有条件再送医院处理。

一般而言,被毒蛇咬伤 10~20 min 后,其症状才会逐渐呈现。被咬伤后,争取时间是最重要的。首先需要找一根布带或长鞋带在伤口靠近心脏上端 5~10 cm 处扎紧,防止毒素扩散。但为防止肢体坏死,每隔 10 min 左右,放松 2~3 min。应用冷水反复冲洗伤口表面的蛇毒,然后以牙痕为中心,用消过毒的小刀将伤口的皮肤切成十字形。再用两手用力挤压或在伤口覆盖 4~5 层纱布,用嘴隔着纱布用力吸吮(口内不能有伤口),尽量将伤口内的毒液吸出。

**5.如何应付蜂蜇**

首先要注意预防,尽量离草丛和灌木丛远些,发现蜂巢应绕行,最好穿戴浅色光滑的衣物,因为蜂类对深色物体在浅色背景下的移动非常敏感。如果有人误惹了蜂群,而招至攻击,唯一的办法是用衣物保护好自己的头颈,反向逃跑或原地趴下。千万不要试图反击,否则只会招致更多的攻击。如果不幸已被蜂蜇,可用针或镊子挑出蜂刺,但不要挤压,以免剩余的毒素进入体内。然后用氨水、苏打水甚至尿液涂抹被蜇伤处,中和毒性。可用冷水浸透毛巾敷在伤处,减轻肿痛。如有条件,最好去医院就医。

## 八、定向运动

定向越野是运动员凭借对地图的识别和使用能力,依据组织者预先设计的图上路线,借助于指南针和地图保证运动方向,在野外徒步赛跑,逐一到达各个检查点的运动。定向运动不仅能强健体魄,而且还能培养人独立思考、果断解决所遇困难的能力。

### (一)历史沿革

定向一词起源于 1886 年的瑞典,那里森林湖泊广布的复杂地形使地图和指南针显得尤为重要。久而久之,一套自娱自乐的游戏规则便约定俗成,这就是定向,意思是,在地图和指南针的帮助下,越过不被人所知的地带。1895 年,在瑞典挪威联合王国的一处军营里举行了第一次正规的定向比赛,标志着定向运动作为一种体育比赛项目的诞生,距今已有百余年的历史。

定向运动作为一种体育项目是从本世纪初在北欧开始的,到 20 世纪 30 年代已在芬兰、挪威、瑞典、丹麦兴起,1932 年举行了第一次世界定向运动比赛。最大型的一次比赛是 1998

年在瑞典举行的,当时有3.9万人参加,定向运动也是国际承认的奥林匹克体育项目。

### (二)种类

定向运动按所用工具分为:

(1)徒步定向。徒步定向又分为:一般定向越野、五日定向越野、积分定向越野、接力定向越野等。

(2)工具定向。工具定向又可分为:水上定向(乘船定向、独木舟定向等),陆地定向(如滑雪定向、骑马定向等)两大类。

### (三)方法

定向越野有许多玩法,其中"夺标式定向"就是一种。在活动区域内设置若干个点标,并将其在地面的精确位置在图上用紫色圆圈标示出来。根据点标寻找难度的不同,每个点具有不同的分值。参与者应在规定时间内,自行决定运动方向、路线和寻找顺序。在扣除相应分值后,以分高者为胜。

按惯例,地图一般只能在比赛开始前一两分钟发给参加者。拿到图后,参与者首先应仔细分析地形,按先易后难的原则选择好到达第一个点的方向与路线,然后听哨音出发。

切记,在定向越野中取得胜利的关键并非是跑得快,体力是一个基础,关键是别忘了动脑筋。所有参加定向越野的人员,无论是否能找到全部点标,无论是否能取得名次,都必须返回终点并将地图交给工作人员,以便点清人数。

### (四)比赛规则

除比赛提供或建议自带的装备外,不得使用任何其他有助于提高竞赛成绩的器具。

比赛若以小组方式进行,所有成员必须同时出发、行进、返回;小组成绩以最后一名成员的到达时间为准计算。

参赛人员找到各检查点之后,应在检查卡上正确的方格内打孔或记密码,并要始终保持其清晰可见。若发生错打(记)、重打(记)或模糊等问题,应在返回终点后及时向工作人员说明,否则会按漏点处理。

参加人员若移动或损坏检查点将被取消参赛资格。

### (五)必备装备及五大基本技能

必备装备为指南针及地图。

定向运动需要具备五项技能:

①换算比例尺;②认识等高线;③判定方向;④标定地图;⑤确定站立点。

### (六)实用技巧

(1)认识地图:①定向用的地图与其他地图相比,最大的不同是有比例尺和等高线。比例尺是用来计算实地距离的,而等高线对了解山地的高低起伏非常重要。②地图符号。定向地图的符号是一种世界通用的符号系统,而且设计得很有规律,色彩和地形与实地的自然

状态非常接近，大部分一看就能明白。③查看地图的测绘或出版时间，以便对地图与实地之间可能的差异有所预计。因为在地图测绘之后，实地总是会发生一些人为的或自然的改变。

（2）使用地图：①尽量把地图折叠得小一些，以免在确定站立点或目标点时浪费时间。②始终让地图的北方与实地的北方一致。当你在野外行走时，无论你的身体如何转动或改变行进方向，地图的方向都要保持不变，特别是在查看地图、确定自己站立点的时候。③最好左手拿图，然后把左拇指“幻化成”你自己，让它随着你在实地的运动而在图上移动，即“人在地上走，指在图上移”，你就可以清楚你在图上的位置。

### （七）注意事项

（1）合适的着装。参赛时应穿适于山林地运动的服装，比如牛仔裤（长裤）、高帮鞋等。

（2）遵纪守法与环保。应爱护活动区域内的任何公私财物和环境，不采摘花果，小心火种。

（3）注意防止跌倒、被树枝戳伤及防蛇咬。如遇上述意外并且伤势严重，应尽快通知工作人员处理。若被毒蛇咬伤，应迅速在被咬伤部位之关节的上方捆扎，再用利器扩大伤口并吸放毒血。

（4）赛前做好热身活动，以防比赛途中受伤。

## 九、“轻体育”

随着休闲体育的兴起，“轻松体育”也非常流行，并成为一种时尚。“轻松体育”也叫“轻体育”，是休闲体育的一种形式。“轻松体育”的兴起，标志着休闲体育不断适应人们的需求，注重精神调节与心理调适，既健体又健心，使休闲体育朝着更科学化的方向发展。“轻体育”因具有以下独特的优点，所以有利于大众体育的开展。

### （一）体能消耗少

一提到体育锻炼，不少人自然而然地想到体能消耗后大汗淋漓的形象，这是在传统意义上对体育的理解，不流汗就不是体育。“轻体育”则不同，它最明显的特征就是轻负荷，不追求大运动量，体能消耗少，对身体各系统的功能起润物细无声的调节作用，例如钓鱼、放风筝、飞镖等，使参与者心情舒畅，力所能及。近年来，一些体育学者的科学研究证明，追求高负荷的运动量，追求体能极限消耗，往往是造成人体伤害的原因，“轻松体育”有着无限的发展前景。

### （二）运动方式活

从事“轻体育”不必拘泥于任何方式，可以集体活动，也可以单独活动；可以静悄悄地活动，也可以在音乐伴奏中活动。如郊游、远足、野营、散步、慢跑、舞蹈、健美操以及各种球类活动等，无论采用哪种锻炼方式，都会产生一定的效果。

### （三）技术要求低

“轻体育”没有过高的技术与规则要求，哪怕毫无运动基础的人，只要有健身愿望，就可以立即进入体育健身的角色,不必羞于在体育上的无知,不必羞于运动上的低能,不必担心行家里手们见笑,只要按自己的意愿行事就足够了。就散步而言,每天作一次长距离步行带来的好处将远远超过每隔几个小时逛一次商场——即便步行累计相加的时间相同。

人们发现,距离较长的步行使血液脂肪的成分发生最有益于健康的变化,任何距离的步行都可以促进心脏健康,"步行可以使人心脏年轻 10 年"。爬楼梯也不失为一个好的休闲运动项目。高层楼房视野开阔,白云蓝天,城市美景尽收眼底,轻风徐来,使人心旷神怡。登楼如登山,还是一种有效的休闲减肥运动。

### (四)经济负担小

体育锻炼需要场地和器械,需要付出一定的投资,如进入游泳馆、滑雪场、健身房等,对普通人来讲,可能会因经济的原因而使体育锻炼间断。从事"轻松体育"则不必为经济负担发愁,在公园里、马路旁、广场上、楼梯间均可健身放松,只要有一双运动鞋就可以了。

### (五)时间要求灵活

在时间是金钱、效益是生命的现代社会,高效率快节奏的生活易把健身当作负担。有些体育运动项目,不安排整段时间是无法进行的,人们想锻炼,苦于没时间,容易"三天打鱼,两天晒网"。"轻体育"可安排在课间、早晚,时间可长可短,只要形成规律就可以了。

### (六)体育锻炼轻松化

运动就意味着吃苦,但它能否既愉悦人的心情,又能轻松增强人的体质呢?"轻松体育"有别于竞技场上的龙争虎斗,它不太注重名次、输赢、运动量大小和动作规范等,可以在几乎没有任何负担的情况下进行。在这些休闲体育的实践过程中,可以不必为动作笨拙而害羞,不必为达不到某些体育标准而局促不安。从事"轻松体育",可以使锻炼者忘却烦恼,摒弃一切不利健康情绪的影响,怡情悦性地消除各种紧张和压力。

## 思考题

1.什么是休闲体育?

2.简述休闲体育的主要功能和特点。

3.举例说明适合肥胖者和脑力劳动者的休闲体育内容和方法。

4.举例说明竞争型、外向型等不同性格的人应选择哪些休闲体育项目。

5."轻体育"具有哪些独特的优点?

# 第九章 体育运动竞赛与欣赏

## 第一节 体育运动竞赛的功能与特点

体育运动竞赛是以争取优胜为直接目的，以运动项目或某些身体活动为内容，根据各项目的竞赛规则进行个人或集体的体能、心理、智力等多方面的相互比较。它具有强烈的竞争性，因此，体育运动竞赛有利于培养学生敢于拼搏、奋发向上、锐意进取以及遵守纪律、服从裁判的优良品质和集体主义精神，特别是有利于加强和培养学生团结协作的竞争意识。

### 一、运动竞赛功能

#### （一）运动竞赛的身体活动功能

运动竞赛的功能产生于它的本质，运动竞赛的功能体现在人的活动和人与人的作用中。从运动竞赛的本体来看，它具有的功能是人身体的特殊运动。运动竞赛所表现的这种身体运动不同于劳动和生活中的一般活动，运动竞赛的身体运动是一种人为的设计，来自于生产劳动和社会生活，在人们不断地提炼和升华中，形成具有自身特点的人类活动。

#### （二）运动竞赛的主体比较功能

运动竞赛是人的一种以专门性身体活动为主的社会文化形式。它的突出特征是主体比较性。这里包含两层意思，第一，强调运动竞赛中人的主体性。它强调通过公平的、公开的、具有教育意义的体育活动，为人的和谐发展服务，在增强人的体质、意志和精神并使之全面发展的基础上，促进建立一个维护人的尊严的和平的社会。所以，运动竞赛首先应该是人的主体性活动。第二，运动竞赛的比较性。运动竞赛活动是人的主体性活动，强调了人的主体地位。突出表现是主体间的相互比较。在一定程度上，可以认为比较是运动竞赛的存在方式，是主体人的一种活动形式，这种活动以各主体间的比较作为根本特征，以客观的时间、空间、数量和主观的分数等形式来评定效果和次序，区分出胜负优劣，激励人挑战极限、超越自我的精神，最终实现对生命价值的追求。

#### （三）运动竞赛的娱乐功能

在现代社会，运动竞赛是丰富多彩、健康文明的生活方式之一。人们参加运动竞赛活动既可以提高身体运动能力，发掘自身的潜能，还可以陶冶情操，愉悦身心，增进交往，提高生活质量。运动竞赛的技术表现性、形式多样化和竞技表演性使它成为现代社会人们生活方式的重要组成部分，对丰富社会文化生活、满足人们的精神需要具有重要的作用。

## 二、运动竞赛的特点

### (一)运动竞赛的身体活动性

活动是人存在的方式，人们通过各种活动来满足自己的各种需要。人所进行的活动是一种有目的的对象性活动，是一个由多种因素组成并且相互作用的复杂动态系统。运动竞赛是人的一种活动，这种活动有着自身的特殊性——以身体的专门性活动为主要形式。而身体活动所具有的最突出之处是最大限度地发挥人的体力、智力及心理能力，包括通过身体活动的形式发展人的身体，通过比较的形式发展人的竞争精神，通过规则的形式规范人的行为、发展人的道德。

### (二)运动竞赛的竞争性

**1.运动竞赛是一种竞争活动**

竞争本质上是一种社会关系，是为了满足某种需要的人们之间所形成的既相互冲突又相互合作的关系。竞争由竞争者、竞争目标、竞争场三个要素组成。这些竞争有着本身的特点,具体体现为:

(1)公开方式的竞争。这种竞争是以竞争者为了竞争目标，在公开的竞争场进行竞争活动为基本形式。

(2)规范竞争。这种竞争有着竞争者共同认可的、严格的规范要求。竞争者若违反规范，则可能丧失竞争的权利。

(3)运动竞赛是最大限度地发挥人体的运动技术、体力、智力及心理水平的活动。因此，运动竞赛的竞争内容首先集中在人体的专门运动能力上，通过竞争活动，达到比较优劣、冲击极限和不断超越的目的。

(4)运运动竞赛所追求的公平竞争是人类理想的竞争方式。运动竞赛活动的发展，一直朝着摒弃对任何人、任何民族的偏见和歧视，不再考虑出身、地位、权力、种族和性别，真正享有平等的竞争权利的方向努力。

**2.运动竞赛是体育活动**

体育活动包含的内容和形式非常丰富，并且随着社会生活条件的改善和文化环境的变化而逐渐完善。从形式上分析，运动竞赛的分类层次越来越细致，为了不同的生活方式和发展目的，运动竞赛也已具有了不同层次的需求者及相应的形式，如健身性竞赛、娱乐性竞赛、教学性竞赛、职业化竞赛都是运动竞赛的形式，它们之间还存在着密切的内在联系，职业化的运动竞赛只是其内容和重要属性之一。

**3.运动竞赛是主体间的活动**

作为主体的人，是在运动竞赛活动这个特定的范畴内，以主体间的相互比较和竞争来表现自己的主体性的。若主体没有明确的比较对象或是对手，也就难以形成运动竞赛活动。

### （三）运动竞赛的公正性

公平竞争是运动竞赛者的追求，公正性则是运动竞赛实现公平并赖以存在的基本要素。公正性与规则的制约性是紧密联系在一起的，即规则的公正性是运动竞赛公正表现的前提。公正的规则具有平等性、协调性、严密性和可操作性的特征，运动竞赛的公正性就是这几个特征的集合。

### （四）运动竞赛的规则制约性

运动竞赛若没有相应的规则对主体的行为进行规范，往往使这种比较无法确定胜负，甚至可能出现无道德竞争的现象，其结果也难以被社会承认。没有规则，就不可能有人类理性所需要的竞争，运动竞赛所追求的公平、公正的理想化境界也就不可能实现。

### （五）运动竞赛的可观赏性

运动竞赛具有艺术化的特征和潜力。随着运动竞赛的发展，人类越来越多地超越争胜获赢的社会功利局限，而从人本文化立场去欣赏和感受运动竞赛所表现出的文化精神和艺术魅力。

### （六）运动竞赛的社会承认性

社会承认性有两层含义：一是运动竞赛的活动内容和形式获得社会的承认，二是运动竞赛的比较结果获得社会的承认。

# 第二节 体育运动竞赛的种类与方法

## 一、体育运动竞赛的种类

运动竞赛的分类方法很多，按竞赛的任务的不同分为学校（包括基层单位）和社会（含国际、国内高水平竞技）两类。

### （一）学校体育竞赛活动

学校体育竞赛活动的参赛者主要是学生和教师，竞赛以育人为宗旨，突出教育特色，其目的是增强学生的体质，推动体育健身活动的开展，为培养新一代建设人才服务，一般可以分为以下几种：

**1.单项赛**

单项赛是指为广泛吸引学生参加某项运动（如篮球、排球、乒乓球、田径、广播体操等），检查和总结该项运动的开展情况，交流教学、训练经验，提高该项运动而组织的比赛。一般可按年度、学期来安排比赛活动。

**2.对抗赛**

对抗赛是两个或几个训练水平相近的学校或单位联合组织的竞赛,其任务是检查教学、训练工作的执行情况,以交流经验,互相学习,提高教学与训练质量。对抗赛可以双边、多边,定期、不定期地进行。

**3.选拔赛**

选拔赛的主要任务是发现和挑选运动技术水平较高的运动员,组织或补充代表队,准备参加高一级的运动竞赛,不给优胜者奖励,不授予荣誉称号,以获取代表权为主要目的。

**4.邀请赛**

邀请赛(又称友谊赛)是由一个或几个学校邀请其他学校进行的竞赛。组织邀请赛的任务是促进学校间的交往,交流经验,互相学习,提高运动技术水平和训练工作质量。

**5.测验赛**

测验赛是为了检查学生是否达到规定的成绩标准,了解运动员提高成绩的情况而组织的比赛。这种比赛一般不计名次,但必须按比赛规则和测验的要求进行,并记录测验的成绩。

**6.表演赛**

表演赛是为宣传体育运动,扩大影响而进行的比赛,这种比赛一般不计名次,是一种带有示范性、娱乐性的比赛。

**7.通讯赛**

通讯赛是在不同地区的学校、单位之间,按竞赛规程的要求和期限,用通讯的方式进行比赛,适用于以时间、距离、重量、环数等客观标准计量成绩的项目,包括田径、游泳、自行车、速度滑冰、滑雪、滑船、举重、射击等。

### (二)社会竞赛活动

社会竞赛活动是指地区、省(市)、全国和国际性的比赛活动。由于参赛者均是各地区或各国的优秀运动员,他(她)们的运动技术水平较高,比赛竞争性突出,对组织工作、裁判员的水平、竞赛条件的要求较高。一般可分为以下几种:

**1.联赛**

联赛是一种定期的、制度化的球类比赛,一般每年举行一次,常分为预赛和决赛两个阶段,可同时同地进行,也可同时分区进行,亦可在不同时间、不同地点分别进行。它同等级赛性质,按运动队的运动水平分别举办的比赛,一般以集体性项目为主,如篮球、排球、足球等运动项目的等级联赛,联赛根据竞赛成绩优劣排列名次,一般有升降级的规定。

**2.等级赛**

等级赛是按不同运动水平或年龄分别举办的竞赛活动。凡合乎等级标准的运动员(队),一般都可参加。例如,田径、体操等项目中分别按运动员的技术等级(健将、一级、二级、三级)所组织的比赛,青年、少年的排球、足球等比赛。

**3.锦标赛**

锦标赛通常是进行一个运动项目的比赛，并确定个人或团体冠军，故又称“单项锦标赛”。在我国举办这种比赛旨在交流和总结该项运动教学与训练的经验，增多比赛机会，培养新生力量，促进运动技术水平的提高。国际单项锦标赛由各运动项目的国际组织定期举行，如国际足球联合会举办的世界足球锦标赛，亚洲乒联举办的亚洲乒乓球锦标赛等。

**4.杯赛**

杯赛是以某种奖杯命名的运动竞赛，属锦标赛性质。如世界乒乓球锦标赛中的七项冠军赛，如女子单打冠军杯“吉-盖斯特杯”、男子单打冠军杯“圣-勃莱德杯”等都是杯赛。

**5.公开赛**

公开赛是凡愿意参加比赛的个人或集体均可自由报名参赛的一种群众性竞赛活动。这种比赛一般是该运动项目群众基础好，开展比较普及，并利用节假日举行，以丰富广大群众的娱乐生活。

**6.综合性运动会**

这种运动会包括若干单项运动项目的比赛，其任务是全面检查各项运动普及与提高的情况，广泛总结交流经验，推动体育运动的发展，如全国大学生运动会、全国运动会、亚洲运动会、奥林匹克运动会等。这种比赛由于比赛项目多、规模大、组织工作比较复杂，通常四年举行一届。

## 二、体育运动竞赛的方法

根据体育竞赛的具体要求、项目特点、参赛队数（人数）、比赛的期限和场地设备条件等因素，可选用不同的比赛方法。下面介绍几种最常用的比赛方法。

### （一）淘汰法

淘汰法是通过比赛逐步淘汰成绩差的（失败者），最后决定优胜者。这种方法有两种情况：一是按一定顺序让参赛者一组一组的表现成绩，通过及格赛、预赛、复赛、决赛，淘汰较差的，比出优胜名次。另一种是球类和其他对抗性比赛项目，一对一地按事先排好的淘汰表进行比赛，胜者进入下一轮，直到最后一对决出优胜者。

后一种情况的淘汰法，如果参赛队（人）数不是 2 的乘方数，则有的队（人）在第一轮比赛中应安排轮空，使第二轮比赛的队（人）数为 2 的乘方数。

为了不使强队过早相遇而被淘汰，可将最强的两个队定为种子队排在两头，如果有轮空的机会，应让强队轮空。

此种方法，失败一次即被淘汰，故称单淘汰法。其优点是，参赛者很多都能在较短时间内完成比赛任务。其缺点是很难合理安排出除第一名以外的其他名次，一次失败即被淘汰，学习锻炼的机会少。为了弥补其不足，可采用另一种叫双淘汰的比赛方法。

双淘汰法给初次失败者增加了一次比赛机会，它所产生的冠、亚军也比单淘汰法更为合理。双淘汰法比赛秩序的编排和单淘汰法基本相同，也是先排种子队后抽签。

### （二）循环法

循环法又称循环制，是所有参赛队（人）均互相比赛一次，最后按各队（人）在全部比赛中胜负的场数、得分的多少排列名次。在对抗性项目中常采用。这种方法比赛机会多，又利于互相学习，提高运动水平，可以较合理地评定参赛者的名次。循环法分为单循环、双循环和分组循环三种，可视参赛者的多少和比赛期限的长短而分别采用。

**1.单循环**

单循环就是所有参赛的队（人）都互相比赛一次后按各队（人）胜负场数和得分多少排列名次。这种方法一般在参赛的队（人）数不多，又有足够的竞赛时间时采用。

单循环比赛的轮数，如果参赛队数是单数时，轮数等于队数，如果是双数时，轮数等于队数减一；比赛的场数＝队数×（队数－1）÷2。例如，有 6 队参赛，则比赛的场数＝6×(6－1)÷2＝15。也就是说，有 6 个队参赛的单循环比赛，要进行 5 轮 15 场比赛。

单循环比赛秩序的编排方法：首先用 1，2，3，…号码，分别代表各队，按以下方法排出轮次的比赛表，如有 6 个队参赛，即 1 不动，其他数按逆时针方向轮转。如果只有 5 个队参加，则将 6 换成 0，凡与 0 相遇的队即为轮空。

第二步则由各队抽签，按抽签的号码，将队名填入轮次表，再排定比赛日程。

**2.双循环**

双循环是在参赛队（人）少、时间充裕，又有意增加参赛者的比赛机会时采用。编排方法与单循环相同，只是各队间要比赛两次，比赛轮次和场数都比单循环多一倍。

**3.分组循环**

分组循环是在参赛队（人）数较多，竞赛时间又限时时采用。这是比赛常用的竞赛方法。

整个比赛分为预赛和决赛两个阶段。预赛阶段，把参赛队平均分成若干小组，用单循环法赛出各组名次。分组时应尽可能列出种子队分别编入各小组，避免强队过于集中而失去小组出线的机会。

决赛阶段，根据预赛的组数和需要决出的名次数，采用同名次分组，再用单循环进行决赛。如预赛只有两组，可采用同名次决赛，也可用交叉赛决出名次。例如，各组的前两名交叉比赛，决出 1~4 名，各组的 3、4 名用同样方法决出 5~8 名，其余类推。如果将淘汰法和循环法配合使用，则称为混合制。混合制将比赛分成两个阶段，前一阶段采用分组单循环制，后一阶段采用淘汰制。也可先分组淘汰后采用循环制。

### （三）轮换法

轮换法是将运动员分成若干组，在同一时间内，分别进行各个项目的比赛。赛完一项后，各组依次轮换再进行另一项比赛。例如，竞技体操团体比赛的男子 6 个项目、女子 4 个项目的比赛方法就是轮换法。这种比赛方法时间比较集中，由于运动员参加比赛项目的顺序不同，条件不可能完全均等。

### （四）顺序法

这是一种按规定顺序依次进行比赛的方法，又可分为分组顺序法和不分组顺序法。分

组顺序法将参赛队(人)分成若干组,分别进行比赛。如田径比赛中的竞赛项目,按预赛(分组)、复赛(分组)、决赛成绩评定名次。也有用一次分组决赛评定名次的,但必须是以客观标准(时间、距离、环数等)评定运动成绩的项目。不分组顺序法用于在同一比赛时间内只能有一人依次进行比赛的项目,如田径运动中的各种田赛项目(跳跃、投掷)。顺序法的优点是:参赛者的竞赛条件基本相同,对抗因素强,竞争气氛浓,有利于参赛者锻炼意志,有利于创造好成绩;缺点是费时较多,在参赛人数众多时难以评定全部参赛者的成绩和名次。

# 第三节　体育运动竞赛的欣赏

## 一、欣赏体育运动竞赛的意义和内涵

### (一)美化生活,陶冶情操

当代人把欣赏运动竞赛作为社会文化生活中一个重要的内容。运动竞赛的魅力,已达到了迷人的程度,吸引着亿万人们去关心、去欣赏。譬如在德国,教会的社会地位非同一般,可是,如今教会不得不向全国足联提出抗议,因为大批教民在节假日不去教堂顶礼膜拜,而是兴高采烈地涌向足球场去欣赏足球比赛,干扰了教会的正常活动。为什么会出现这种现象呢?因为在现实生活中,人们追求的是完美的、高节奏的生活,而运动竞赛恰恰适应和迎合了现代人生活的要求和愿望。在运动竞赛中,可以呈现出完整的人体美和各种美的形式,以满足人们对美的追求,通过速度、力量的激烈的竞争,使现代人的心理得以宣泄。

通过运动竞赛,观众不仅可以欣赏到运动员健康、强壮、匀称、优美的体魄,而且可以欣赏到运动员所展现出来的准确、干净、利落、新颖、洒脱的动作造型。特别是在紧张激烈的球类竞赛中,一些著名运动员所表现出的高超绝技,更是使人心旷神怡。奇迹般的技术动作,会使观众惊奇万分,产生百看不厌的浓厚情趣。在田径场上,可以欣赏到运动员风驰电掣般的奔跑;在举重台上,可以欣赏到大力士力拨千斤的气势;在体操馆中,可以看到技巧运动员轻盈的动作和优美的造型,艺术体操运动员的优美体态、和谐的舞姿;中华武术中活泼可爱的猴拳,栩栩如生的螳螂拳,如醉如痴、形态逼真的醉拳等,都会将人们引入美的境界,进而达到净化心灵、陶冶情操的目的。因此,紧张激烈、生动活泼、积极拼搏、勇于进取的氛围,不仅给群众的生活创造了一个生动的美的意境,同时还激励着欣赏者热爱生活、追求美好生活的愿望。

### (二)振奋民族精神

欣赏运动竞赛,可以强化集体观念,激发爱国热情,振奋民族精神。

任何一项运动竞赛都是通过个人或集体发挥其体格、体能、运动能力、心理、智慧等方面的潜力而进行的角逐。各式各样的运动竞赛,其参赛者都具有一定的社会群体的代表性。他们在赛场上,一要实现自我的价值,二要为代表的群体争取荣誉。而欣赏者往往与运动员有着千丝万缕的联系,不是同一学校或单位,就是同一地区、民族或国家,因此,运动竞赛的成败、胜负、荣辱都与欣赏者有着息息相关的联系。

在一些重大的国际赛事上,我们常常看到,若参赛队与本民族、本国的关系密切,其竞赛级别越高,场次越关键,观众的心理越受胜负的牵制,情感就越发激昂。特别是当本民族或本国运动员获胜,升国旗,奏国歌时,观众会同运动员一样情不自禁的热泪盈眶,激动不已,把本国运动员的胜利视为自己民族和国家的莫大荣耀,从而产生强烈的民族自豪感。

### (三)启迪和激励体育意识

体育意识是人们对体育这一社会现象及其功能、作用的认识和反映,运动竞赛能启迪和激励人们获得健康、诚实、创新、拼搏、道德、法制和竞争等体育意识。

**1.健康意识**

举办运动竞赛的一个主要目的是提高大众对体育意义的认识,激励大众积极参加体育活动,提高全民族的体质和身体健康水平。有相当一部分人过去并不注意锻炼身体,但通过欣赏自己喜爱的运动项目的比赛或表演,从而产生对体育活动的兴趣,积极参加体育锻炼。

**2.诚实意识**

运动员要想在比赛中获胜,只有靠自身的高超技术、战术和良好的运动能力,有“货真价实”的真本领,来不得半点虚假。当一个运动员通过刻苦的训练,获得了冠军时,人们就会承认他,绝不会因为人际关系而影响他的冠军地位。这种货真价实的体育意识,对每个人的健康成长是很重要的,尤其对大学生来说,在攀登科学的道路上,更需要这种精神。

**3.创新意识**

一个运动员或者运动队要在赛场上战胜对手,除了靠真正的硬功夫外,还要根据自身的特点,不断地改进和创造新技术、新战术。世界足球战术的发展是一个很好的例子。1952 年英国队首创了“WM”阵型,曾称霸一时,后来匈牙利以四前锋战术使各队防不胜防;1958 年巴西队以“四二四”阵型赢得了世界冠军。又比如,在现代的竞技体操、艺术体操、花样滑冰和跳水等项目的比赛中,各国的运动员都在不断地追求难、新的动作,从而争取和保持世界冠军的称号。创新意识,可以促进一切事业不断向前发展。

**4.拼搏意识**

赛场上运动员表现出高超的技艺,灵活多变的战术和充沛的体力,都是运动员经受了多年的大运动量训练,战胜了身体上和精神上的疲劳,努力拼搏的结果。中国女排取得“五连冠”的成绩,正是她们勇敢拼搏的结果。这种拼搏意识可以激励人们在各项事业上取得更大的成就。

**5.道德意识**

道德意识一般是指社会生活中处理人与人、个人与集体以及社会中各种关系的规范和准则。在赛场上,运动员胜不骄、败不馁,互相尊重,团结协作,文明礼貌,守纪律,光明正大等良好的道德规范,将成为观众学习的榜样,从而影响到整个社会的风气。

**6.法制意识**

任何运动项目的比赛,都要求运动员严格遵守竞赛规程和比赛规则,服从裁判员的判决，否则就要受到应有的惩罚。譬如，径赛运动员必须站在规定的起跑线上，听发令员鸣枪后起跑，否则就是抢跑，第二次抢跑（无论是谁）就要取消比赛资格；足球运动员严重犯规要受黄牌警告；篮球运动员 5 次犯规就要罚下场；运动员服用兴奋剂要受到停赛等严厉制裁。法制意识有利于社会安定，是事业发展的有效保证。

7.**竞争意识**

运动竞赛具有强烈的竞争性，双方对垒，毫不含糊，胜负立见分晓，所以又有人把运动竞赛看成是"人类文化进步而发展起来的一种特殊的礼仪化的战争"。用"战争"来比喻运动竞赛显然是不确切的，但它说明了赛场上角逐的特点。这种竞争意识对于当今社会中的每一个人来说，都是一种必备的素质。

## 二、如何欣赏体育竞赛

### （一）身体美的欣赏

欣赏运动竞赛，首先映入眼帘的是运动员的身体形态。通过对身体美的欣赏，可使人产生一种特殊的美感，同时会产生一种生机勃勃的感受。古希腊"维纳斯"和"投掷铁饼的人"的雕塑之所以经久不衰，除其造型艺术价值外，正是身体形态美满足了人对美的追求。

身体美的内容是十分丰富的，它不仅包含着人体的强壮美、体态美、体形美这些外在的美，同时还包含一些潜在美的因素，如素质美、风格美等。强壮美，表现为肌肉发达、身体魁伟、强健，给人以强壮有力、充满生命活力的感受。体态美，是指人的形体和姿势美，表现在形态结构的匀称、和谐和举手投足的方式等方面的综合效果上，集中体现在人体的姿势上。

体型，是人体结构的类型，主要取决于遗传、环境和营养等因素，可以通过体育锻炼和运动训练而加以改造。由于运动项目的特点不同，对运动员的体型也有不同的要求。例如，篮球运动员的体型高大，躯干健壮，四肢较长，匀称协调；而游泳运动员的体型则是肌肉丰满，肩宽背阔，胸厚臀薄。匀称的体型和发达的肌肉有助于形成曲线美。

素质美，是通常所说的力量、速度、耐力、柔韧、灵敏等身体素质中表现出来的，它以一种特殊形式存在于身体之中，是通过运动实践、生产实践和生活显现出来的。力量美多体现在高强度的运动竞赛中，如凶猛攻击的拳击比赛，勇猛冲撞的冰球比赛等，都显示了男性的阳刚之美。速度美表现了惊人的速度，如自行车赛场上飞驰的团体追逐赛，田径场上的短跑比赛等，都将赋予人们激昂、振奋和激烈的感受。耐力美体现在长时间的运动过程中，如在长跑比赛中，脚着地柔和，动作轻快，重心平稳，往往给观众留下轻快、潇洒和飘逸的风姿。柔韧美和灵敏美，则使观众有一种柔软、舒展、机敏之感。

风度美，是指有高尚气质并具有美的价值的举止。一些运动员不仅运动技术高超，而且仪表端正、风度翩翩，往往给人以高尚、典雅的感受。另外，运动员的皮肤色泽、发型和服装都是构成身体美的因素，白里透红或黑里透红的皮肤，美丽时髦的运动发型，漂亮、适体、新潮的运动服装，都会使身体美锦上添花。

## (二)运动美的欣赏

在运动竞赛中,对运动美的欣赏,是整个观赏过程的核心。运动美一般包括动作美、技术美、战术美等因素。

**1.动作美的欣赏**

在运动过程中,人的形体造型所展现的美,称为动作美。在运动竞赛中,运动员的动作都是在运动中进行的,所以我们在观赏时,应把动作美放在首要地位。但是,任何运动都是动与静的对立统一,这就要求我们在欣赏中,对具体的动作要作动与静的考察。在运动竞赛中,任何动作的动、静状态是互相交替、互相转化的,由此而构成生动、鲜明、起伏和引人入胜的场面。

对任何一项运动的动作评价,也是在动和静的比较中进行的。譬如,竞技体操的跳马,运动员分站立预备姿势、助跑、起跳、推撑、空中动作落地等几个阶段完成,要求运动员稳健自信、从容,助跑轻盈、快速,踏跳充分有力,第一腾空飘逸、潇洒,推撑动作准确强劲,第二腾空动作舒展惊险,落地如锥,稳如泰山,整个过程是由静到动,由动到静。再如武术动与静的编排,更是丰富多彩,人们描述为动如涛、静如岳、起如猿、落如鹊、立如鸡、站如松、转如轮、折如弓、轻如叶、快如风,真是节奏分明,变化万千。

**2.技术美的欣赏**

运动员优美的高、难、险、新的运动技术,使人获得赏心悦目的美的感受和精神上的享受。例如,陈肖霞在10米台上,轻盈的一跳,空中造型、翻转、旋转、从容、干净利落的压花入水,使人眼花缭乱;李宁在自由体操中高而飘的跟头、鞍马上轻松自如的“托马斯”全旋、童非在单杠上刚健有力的单臂大回环、吴佳妮在高低杠上高而准的“佳妮腾越”、江嘉良的乒乓球发球抢攻、郎平的4号位超手重扣、郝致华刚柔相济的八卦掌等,无不给人以美的享受和振奋。

对技术美的欣赏往往是和动作美的欣赏联系在一起的,不仅欣赏运动技术的高、难、险、新等方面,还应该结合技术动作的平衡性、协调性和节奏感等方面来欣赏。平衡能给观众以稳定、安全、庄严之感,协调而有节奏能给观众以融洽、合理、圆满、明快之感。

**3.战术美的欣赏**

战术美,是在复杂多变的运动竞赛中,充分发挥运动员的素质和技术特点,在争取胜利中体现出的一种美。

战术在运动竞赛的激烈对抗中,被称之为发挥技术的先导,驾驭比赛的灵魂,是夺取胜利的法宝,也是反映运动员知识、技术和心理、智力因素的综合指标,特别是在一些集体项目的比赛中,表现得尤为突出。我们在欣赏运动竞赛的过程中,要注意运动员如何根据各自的情况,正确地调配力量,扬己之长、克敌制胜。技术美的欣赏,可以使我们加深对整个比赛整体感和立体感的认识。

## (三)风格美的欣赏

风格美,一般包括两个方面的内容,即思想风格和技术风格。

思想风格美，是指运动员在运动竞赛中所体现的思想品质、道德修养、行为作风等综合社会意识美。人们在欣赏运动竞赛中，看到运动员的良好的思想风格，也是美的享受。

技术风格美，包括运动员（队）在技术、战术上所表现出的特长与特点之美，亦即技术、战术风格和格调上的个性之美。运动竞赛实质上是一种复杂的社会活动。

在运动竞赛中所表现的各种思想、道德、行为都不是虚构的，而是一种真实的社会行为表现。各个运动员（队）根据各自的特点并创造出与众不同的风格，构成自己独特的技术风格之美。例如，我国的乒乓球运动员，自 20 世纪 50 年代初开始步入世界乒坛，逐步形成了我国运动员直拍握法的“快、狠、准、多变”的技术风格；我国的篮球运动员，则根据我国运动员身材较为矮小，但较为灵活的特点，逐步形成了“快速、灵活、以小制大”的技术风格；我国的体操运动员，在自由体操的编排上，吸取了武术动作的精华，形成了我国体操独特的技术风格，从而呈现出五彩缤纷的运动技术风格美。

# 第四节　不同类别体育竞赛的欣赏

## 一、体育竞赛项目的分类

体育竞赛项目以其不同规则、独有的竞技方式和表现风格，按照比赛成绩的评定方法可以分为以下五类：

（1）测量类：以高度、远度、重量或通过一定距离所需时间的测量确定的比赛成绩。如：田径、游泳、速度滑冰、滑雪、自行车、划船、举重等。

（2）评分类：裁判员按特定的规则和评分办法，对运动员所完成的动作质量给予评分确定比赛成绩。如：体操、艺术体操、技巧、跳水、花样滑冰、花样游泳、马术、武术套路等。

（3）命中类：无防型项目在没有防守的情况下，命中某一目标的次数多少而确定比赛成绩，如：射箭、射击项目。设防型项目则必须突破对方的防守命中特定目标而确定成绩，如：篮球、足球、手球等。

（4）制胜类：既含命中对方而得分的因素，又可直接制服对手而取胜的项目，如：摔跤、柔道、拳击、跆拳道等。

（5）得分类：根据规则按每局得分达到规定数目确定比赛胜负的项目，如：乒乓球、羽毛球、网球、排球等项目。

## 二、不同竞赛项目的欣赏要点

### （一）测量类项目欣赏（包括测速和侧距两类）

测速类是以时间的快慢来决定比赛各方优劣的，如田径运动项目中的径赛项目以及速度滑冰、游泳、自行车、赛车、赛艇等所用时间越短，成绩越优。这类运动可以使观众从中体验高超技术和充沛体力的完美结合。

测距类是以高度和远度来决定比赛成绩和名次的，力量、速度和技巧是提高运动成绩的关键。如田赛中的跳远、跳高、三级跳、撑杆跳、铅球、铁饼、标枪、链球等。测量类比赛是世界大赛中金牌数目最多的运动项目。欣赏这些项目的比赛，可以使观众的情绪受到强烈刺激与感染。观看田赛项目的比赛，虽不及径赛项目紧张激烈，但运动员腾空动作、持器械腾空技巧等姿态与技能显示，无不是一道健、力、美的呈现给观众。

欣赏这类比赛的要点，主要看运动员的身体素质与心理素质水平，看运动员技术的先进性、时效性和经济性，看运动员的能力和拼搏精神。

### （二）评分类项目的欣赏

这是以裁判员在比赛现场对运动员的表演水平进行主观判断评分来决定名次的比赛。观看这些项目的比赛，应把动作准确、娴熟、协调、完美放在首位，注意编排结构、艺术造型和完整套路的变化，并从中领悟刚柔相济以及蕴涵于风姿绰约的内在魅力。

欣赏这类比赛的要点：主要看运动员技术动作的难度和幅度，是否舒展大方、协调、连贯及落地稳定；其次是翻腾、跳跃、平衡静止动作的体态、造型是否优美，动作是否独创，力度是否大等；再看运动员表演时配乐是否协调，节奏是否和谐。

### （三）命中类项目的欣赏

这是以命中目标数确定成绩和名次的比赛，包括设防型和无防型两类项目。

设防型项目，如足球、篮球、水球、手球、冰球、曲棍球等项目。设防型项目是运动员按技术规范和事先布置的战术，在严格执行比赛规则下进行比赛。具有直接对抗、攻防变换、竞争激烈等特点，欣赏这类比赛的要点，除主要是看运动员的个人技术和体能外，更能看出运动员的集体配合和战术意识，包括个人的观察、判断、项测等能力。

无防型项目，如射击、射箭、保龄球等项目。这类比赛观看起来不像上述运动项目那样激动人心，射手们看上去似乎很平静，然而竞争的激烈程度一点不差，比赛的结果往往在最后一次发射才能见分晓。欣赏这类比赛的要点，主要是看运动员的心理素质、自控意识和意志品质，再看专项技术的耐力。

### （四）制胜类项目的欣赏

这类项目也是以记分决定成绩和名次。此类项目决定成绩的方法比较特殊，既含命中对方而得分，又可直接制服对方而获胜。欣赏这类比赛主要看运动员能力的发挥，技术、战术的运用以及顽强意志、拼搏精神的展现。

### （五）得分类项目的欣赏

得分类项目是根据规则按每局得分达到规定数目确定比赛胜负的项目。由于比赛双方各占场地一方，隔网相对，并根据得失分转换速度较快，运动员可在重新发球或接发球间歇中有较充裕的时间思考的特点，观众可针对攻、防技术和战术的灵活应用，注意观察运动员想象力、创造力和心理自制能力的表现水平。欣赏要点，主要观察运动员的技术水平、战术水平的发挥，还要注意运动员意志品质、心理素质以及场上不停变化的比赛场景。

## 三、不同运动项目的欣赏

### （一）足球比赛的欣赏

足球这个堪称世界第一的运动，以其独特的魅力和无法抗拒的诱惑力，成为世界人民的宠儿，风靡全球。目前它是世界上开展最广泛、影响最大的运动，国际足联已成为世界上规模最大的单项体育组织。如今，许多人觉得看一场精彩的足球比赛是种莫大的享受与乐趣，足球比赛也往往成为街头巷尾、茶余饭后的有趣话题。足球既然如此有魅力，那么我们在休闲时该如何去看足球比赛呢？

**1.看阵型**

在当今的足球比赛中，最常用的阵型为进攻阵型和防守阵型。进攻阵型有“四三三”“四四二”“三五二”等。例如“四三三”阵型即四名后卫、三名前卫、三名前锋，其他阵型只是各位置上人数不同而已。防守阵型有“五三二”“五四一”等。当然这些阵型在比赛中不是一成不变的，它会根据比赛中的具体情况而千变万化，灵活运用。

**2.看风格和作风**

每支球队都有自己的技术风格。一般来说南美球队注重个人技术，擅长短串配合，而欧洲球队讲究力量、速度，表现出长传冲吊、大力射门的特点。但近年来随着足球运动的发展，欧美两大流派已无明显区别，都朝着技术、战术、力量、速度、意志品质等全面的方向发展。运动比赛作风也是很重要的。运动员的勇敢顽强、敢于拼搏、积极奔跑以及胜不骄、败不馁的敬业精神，也使得比赛变得精彩、激烈、扣人心弦。

**3.看战术特点**

一场精彩的足球比赛之所以吸引人，就在于它绝无一种定式，场上攻防转换千变万化，为了战胜对方双方不遗余力，充分展示进攻与防守的魅力，使得观众的心随着比赛的进程七上八下，不到终场哨响，胜负就是个谜。这就是足球。

### （二）篮球比赛的欣赏

篮球是巨人的对抗运动。它选择的开局是争球，也就是说从裁判的第一声哨响，激烈的对抗就宣布开始。由于篮球运动的赛场较小，而运动员的身材又高大，在较小的空间里进行比赛，大大增强了对抗的激烈性。

高水平的篮球比赛有着无穷的魅力，明星们精彩绝伦的表演让人如痴如醉，它带给人们的享受也是多方面的。

首先是对场上运动员的欣赏。从20世纪70年代起，世界篮球运动向超高度、超速度、超强度的方向发展。各国家队都有巨人，以争得空中优势。这些巨人训练有素，技术熟练。例如美国篮坛的贾巴尔的“天钩绝技”和“魔术师”约翰逊那令人眼花缭乱的传球，“飞人”乔丹的飞身扣篮等精彩绝伦的高超技艺等无不令观众为之倾倒、为之疯狂。

其次，欣赏篮球比赛还给人以集体主义、团结互助的教育。篮球的灵魂在于配合，因此一支训练有素的球队，在攻击传球时几乎不看人就将球往习惯的位置上传去。

篮球的战术和技术也是丰富多彩的,有的队喜欢大联防,有的队则擅长打全场紧逼的战术,各种战术的技巧在激烈的对抗中被运动员淋漓尽致地发挥出来。比如运球过人,有"胯下运球",有"转身运球",表现出高度的技巧性、协调性。投篮技术更似杂技一般,除了有出人意料的急停跳投外,还有防不胜防的钩手投、转身投等。

总之,篮球比赛无论是进攻或防守的一方,都在充分发挥自己的力量、速度、技巧与机智,使整个比赛高潮迭起、精彩纷呈,并不时出现许多意想不到的场面,令人回味无穷。

### (三)排球比赛的观赏

排球运动的历史较短,但技术水平提高很快,特别是进入20世纪80年代以后,排球竞技面貌发生了很大的变化,比赛的进攻与防守,前排与后排,高打与低打有机地集合在一起,成为一种立体的对抗运动。这种对抗要求运动员的身体素质和技术水平更高。一位好的排球选手,不仅要有篮球运动员的高度、乒乓球运动员的反应、跳高运动员的弹跳、拳击运动员的力量、体操运动员的灵敏、棋类运动员的机智冷静,还要有网球运动员的耐力,几乎综合了各类运动员的优点。正是这样一种对抗,才能让观众欣赏到一场精彩的比赛。

无论是国内或国外的比赛,也无论是男排或是女排的比赛,它给人的第一个感染力就是集体主义精神。还未开赛,双方队员在自己队内就互相吆喝招呼,互相鼓励增强信心,行话称之"打锣鼓"。这种锣鼓从开场响到终结,胜负也不能使其中途停顿。另外,伙伴打了个好球,大家就上前互相击掌祝贺。若一人失常,他人则拍拍其肩膀或做其他手势,安慰他不要灰心。这种在场上互相关心、互相鼓励的活跃气氛是别的项目所没有的。

比赛现场人们还可以看到这样的现象,接发球的一方,二传手由队友"保护起来",站在前排的队友悄悄做个手语,告知伙伴们准备怎样打,于是不管谁接来球都把球顺势传给二传手,然后由二传手把其传给三号或四号位,对二传的"派工"大家都是绝对服从的,而且配合得天衣无缝,所以人们把二传称为排球的灵魂,场上的组织者。

战术是观众欣赏的重点。排球的战术和技术有着极密切的关系。

在欣赏战术中,请注意"变化"二字,这变化频频给观众带来妙趣横生的乐趣。比如二传手见三、四号位有拦网,他突然双手一托来个"背溜",球擦过鼻尖向后飞去,避开所有对手的阻拦,使其在二号位上攻击得手。这种"变化"除了二传手屡有杰作之外,攻击手亦可随机应变。比如当他跳起扣球时,见对方四只大手封来,要是扣球定会被封死,在这种情况下突然改扣为吊,轻轻地把球吊在对方空当上,这一轻吊比一记重扣还要奏效。有时主攻手见对方早有准备,重扣不成轻吊又不可,便当即将错就错,故意把球往外界一打,对方收手不及,落得个打手出界。

总之,攻防双方的瞬息即变,使人联想到魔术的意外、杂技表演的恰到好处。就是这种不停的变化,使整个赛场掀起阵阵欢笑,使观众得到极大的满足。

### (四)游泳比赛的欣赏

欣赏游泳比赛,除了"看谁游得最快"之外,还可细细欣赏四种游泳姿势,也会获得有趣的享受。

自由泳(也称爬泳)的速度最快,人俯卧在水上恰似一只快艇在鼓浪前进,游过之后还留

下一条白浪,美不胜收。蛙泳是模仿青蛙的泳姿,把善泳的两栖动物的泳姿吸收过来,以提高人的游泳能力;蝶泳的姿势不单酷似彩蝶扑浪,且腰脚部分的海豚动作,是那样的富于弹性,那样协调,每当运动员跃起向前扑去的一刹那,勇猛有力的造型给人一种阳刚美的感受;仰泳的姿势在激烈的比赛中总是给人一种悠闲的感觉。人睡在水上,两臂有节奏地一起一伏地划水,使人感到戏水的自由,无论比赛是如何的白热化,但从手臂"哒、哒"的打水声中还是传递出"闲庭信步"的格调。

另外,游泳比赛中的战术也是观看时不可忽视的一个方面。在 50 m 的碧池中也有韬略计谋的较量。在个人的短距离项目中,一般是比赛开始便力争上游,以免后来者难居上。但有时却又不一样,尤其是在较长距离的比赛中,有的选手故意和对手保持半臂之差,紧紧"咬"住对方,到最后冲刺时突然发力反客为主获胜。有的运动员却又以我为主,不管对手如何,按照既定的方针分配力量,这种方法多用于长距离的竞技。

总之,我们在观看游泳比赛时,把运动员的速度和泳姿以及战术特点结合起来看,不但可以增添情趣还可以获得思想的启迪。

### (五)跳水比赛的欣赏

人称跳水运动是"空中芭蕾",像金童起舞,凌空揽月;似玉女下凡,飘然戏水。

跳水运动无论是跳板或跳台跳水,运动员一般都要经历助跑至入水四个程序,这四个程序是我们欣赏跳水比赛的着眼点。

起跳前的阶段,是凝思阶段。此时运动员一定要排除外界干扰,凝思片刻,把要跳的动作在脑海中速过一次"电影",谨记动作要点。在这几分钟内,运动员有如一尊铁铸的雕像,给人一种对事业认真、自信的感觉。

第二阶段是起跳。对起跳的评分要求是起跳有力,身体各个部分协调平稳。这时运动员有如拔地而起的火箭,有力地冲向蓝天。

接着是空中阶段,这是全套动作的高潮。运动员在短短的一瞬间,根据动作的组别,迅速地做完翻腾、转体动作。技术上要求动作干净利索,造型要优美准确,全部动作完成迅速。停在空中的运动员,借助身体的惯性,不停地翻滚转体,在空中跳芭蕾。就在您想留住眼前这美妙的一瞬间,运动员已经到了入水阶段。在临近入水时,身体与水面垂直,入水后反弹的水花越小越好。

跳水比赛实质上是一种比美的比赛,它是在展示运动员的健美、力量、勇气和姿势造型的综合的美。在看台上观看跳水,运动员从起跳到入水,是那样的富于节奏和瞬息多变,充分显示了跳水这个项目的丰富内容和运动员的健美姿势。

跳水比赛的得分,主要是根据级别、动作编号、姿势、高度和起跳方式等动作评定的。观众主要看运动员在空中垂落的短暂时间内,动作是否高难、惊险、奇姿多异;看运动员在空中的直体、屈体、抱膝、翻转、转体等动作是否优美;看运动员的入水是否像针一样地插入水中。

### (六)网球比赛的欣赏

网球比赛是古老的球类项目之一,也是当今体坛唯一能够和足球分庭抗礼的大项目。那我们该如何去欣赏网球比赛呢?

首先看发球。发球分为上旋球、下旋球、侧旋球、前冲以及大力发球等,而优秀的选手在发球上都具有自己的绝招。如前世界名将桑普拉斯、伊万尼塞维奇的发球,又刁又准又狠,常常让对手难以招架。

其次,看战术的运用。网球战术,具有"快、狠、准、变"的特点,运动员在场上既能满场飞,又能凌空跳跃击球,斜飞鱼跃救球,或者缩前吊后,斜线大力抽打等。正是这些前后左右、真真假假的变化,使得比赛精彩激烈、扣人心弦。

另外,网球运动被看成是高雅的运动。因此它处处注重美感,从场地的设施到器材的使用,以及比赛环境的布置和运动员服装的设计,都很讲究美,美几乎无处不在。

网球运动员在场上的动作更富美感,爱好网球的艺术家们认为网球运动的许多动作与舞蹈是相通的。如网坛名将博格,双手握拍反手抽打底线球时,就表现出东欧民间舞蹈的韵味。网坛女杰辛吉斯快速网前击球和奔跑接球的身姿,仿佛再现了天鹅湖中的白天鹅兴高采烈地扑向王子的舞姿。

总之,一场高水平的网球比赛,除了运动员精湛的技艺之外再加上那富于美感的舞蹈韵味,使观众如痴如醉,得到极大满足。

### (七)羽毛球比赛的欣赏

羽毛球比赛是一个全球性的比赛项目,深受世界人民的喜爱。欣赏羽毛球比赛,除了要懂得比赛规则外,我们可以从快、准、刁、活这四个方面去细细品味。

"快",在羽毛球的竞技中起决定胜负的作用。高水平选手都具备判断快、眼快、腿快的特点,能够从对方的击球姿势、击球响声的一刹那,判断出对手是扣球、吊球或者拉高远球的意图,从而迅速作好稳妥回击来球的准备。另外,运动员在场上左右前后、急起急停地奔跑,特别是接吊球时,其速度完全可以和足球门将飞身接球相媲美。

"准",也是吸引观众的一个方面。羽毛球在空中来回飞行一次的时间在一秒之内,而羽毛球高手能在这瞬间控制住球,使它按照自己的意志飞行和下落。

"刁",刁钻是高手们球艺的特点,无论是球路的刁钻或是技术手段的刁钻,都是运动员聪明才智的反映。高手们能在电光火石之间稍稍拨动手腕便打出搓、钩、推、扣几种刁钻而落点不同的球,让对手顾此失彼,难以招架。

"活",为变化多端,这是羽毛球比赛的特点。在比赛时双方的打法都是不断变化的,各人都想扬长避短,克敌制胜。因此在赛前,各人心中都准备了几套作战方案,第一套不奏效就改用第二套、第三套,不断变化翻新。

总之,一场精彩的羽毛球比赛,既有乒乓球比赛那样细腻精巧的技术,又有足球、篮球比赛中以力相搏的角逐;既有高雅的韵味,又有汗流浃背几乎残酷的对峙,能给人们最佳的视觉享受。

### (八)田径比赛的欣赏

田径比赛包括径赛和田赛。径赛是指在跑道或公路上进行的比赛,包括竞走、短跑、中长跑、跨栏跑、接力跑、障碍跑和超长距离跑。由于以上项目均以走、跑为基本表现形式,它作为人类生存的基本活动能力,又是各项运动的基础。按国际田联规定,比赛可在室外或室

内进行，室外比赛场地应设周长为 400 m 的标准椭圆形跑道，运动员可以赤脚、单脚或双脚穿鞋参加比赛。成人世界记录的室外比赛项目，男女共 50 项。400 m 及 400 m 以下项目只允许全自动电子计时，其他项目可采用全自动电子计时或手计时。

根据各种距离跑的能量供应特点，短跑（400 m 和 400 m 以下项目）属极限强度或次极限强度项目；中跑（800 m、1 500 m）属次极限强度项目；长跑（3 000 m、5 000 m、10 000 m）属大强度项目；超长距离跑（20 000 m 以上）属中等强度项目。上述项目比赛均为个人参加或几人合作，决定名次须经过预、复、决赛几轮淘汰。无论是瞬间即逝的短跑，或征途漫漫的长距离跑，运动员在克服极度生理疲劳的同时，都必须接受体力、意志和心理的巨大考验。尤其是实力相近的比赛，胜负往往在 1/100 s 的瞬间决定，竞争激烈程度为其他运动项目所不及。因此，观众通常在屏息以待中，可以体验运动员向生理极限挑战的非凡勇气，并由此认识它在全民发展身体素质、提高人体机能水平方面的重要意义。

田径运动中的田赛是指田径跑道以外进行的比赛，包括跳高、跳远、三级跳远、撑杆跳高、铅球、铁饼、标枪、链球等项目。上述项目是以跳、投为基本表现形式，它作为人类生存的基本活动能力，也是各项运动的基础。按国际田联规定，比赛可在室外或室内进行。成人世界记录的室外比赛项目男女共 15 项，室内比赛项目男女共 9 项，总计 24 项。无论跳跃还是投掷项目，为了达到最大高度和远度，都必须通过助跑、滑步或旋转，使身体和器械预先获得初速度。它与技术、力量的完美结合则是决定成绩的关键。跳跃中的高度比赛，必须用单脚起跳，运动员在每个高度连续三次试跳失败，即被取消资格，并以最后跳过的最高高度决定名次。远度比赛每人可试跳、试投三次，前八名可增加三次，以其中最好成绩决定名次。如参加比赛人数过多，可在正式比赛前举行及格赛。欣赏田径比赛项目的比赛，虽不及径赛项目紧张激烈，但无论运动员腾空而起，或使器械飞越长空，其情形都无不把健、力、美呈现给观众。

### （九）体操比赛的欣赏

竞技体操包括男子自由体操、鞍马、吊环、跳马、双杠、单杠六个单项，女子跳马、高低杠、平衡木、自由体操四个单项。在重大国际比赛中，竞技体操又分团体、个人全能和个人单项三大类。团体比赛分规定和自选动作，个人全能、个人单项主要进行自选动作比赛，均按动作难度、编排和完成情况综合评分，以后又发展了加分，得分多者名次列前。由于技术和动作难度不断发展，评分规则也随着经常变化。改革开放以来，我国体操事业迅速发展，现已培养出 36 名世界冠军。仅 1997—2000 年，我国男子体操就先后在 1997 年、1999 年世界锦标赛上两度捧杯；并在第 27 届奥运会上勇夺男子团体冠军。目前，中国选手在历届奥运会、世界锦标赛、世界杯赛中共获得了 65 枚体操金牌。在欣赏竞技体操比赛时，我们应着重欣赏运动员利用各种平衡、跳跃、空翻、摆动、屈伸、转体、回环、腾越、支撑、倒立等基本动作，按规定和自选编排原则进行组合，并在不同器械上完成动作的技巧，以充分体现力量、柔韧与技巧的完美结合，以及人体在空间的优美姿态和造型所展现的艺术魅力。

在竞技体操比赛的过程中，主要看运动员的动作是否有勇敢性、独创性和熟练性。具体地讲，第一，看运动员的运动难度和幅度，是否舒展大方、协调、连贯、落地稳定；第二，看运动员在做空翻、跳远、平衡和静止等动作时，体态和造型是否优美，动作是否独特新颖。总之，男运动员要求动作潇洒、挺拔、刚健，女运动员要求动作热情、奔放、流畅。

### （十）艺术体操比赛的欣赏

艺术体操是徒手或手持器械，在音乐的伴奏下，进行的有韵律的身体活动的一项体操运动，它是当代女子特有的带表演性质的竞技运动项目。观赏艺术体操比赛，第一看运动员的动作是否协调、柔软、有鲜明的节奏、难度大、编排巧，第二看运动员的动作是否有想象力、表现力和完成各种器械动作的准确性，以及动作与音乐的协调配合。

### （十一）花样滑冰的欣赏

在欣赏花样滑冰时，主要欣赏运动员的动作是否有健、力、美、新、难、快等特点。也就是说，第一，看运动员在冰面上是否在快速滑行中完成舞步、跳跃、飞转、托举、捻转、抛跳、步伐等各种优美的人体造型的舞蹈动作；第二，看运动员的整套动作是否连贯、有难度及滑行路线是否合理；第三，看整套动作的编排和音乐的内涵是否一致，与音乐的配合是否和谐。

### （十二）自行车比赛的欣赏

自行车比赛可以在赛场和公路上进行，常见的场地赛项目有个人和团体追逐赛（男子 4 km、女子 3 km）。公路自行车赛有男子 100 km、女子 50 km 团体计时赛。标准赛车场有露天和室内两种，跑道呈椭圆形斜坡，周长为333.33 m，也有 250 m 或 500 m。追逐赛先进行单个或单队预赛，以成绩排出比赛顺序再一对一进行淘汰。双方从两个直道各自的起点出发（正好差半圆），被追上者即遭淘汰，若各自均通过自已的终点，则成绩差者淘汰，直至进入冠亚军决赛。争先赛要进行及格赛，先根据每位选手单独骑行至最后 200 m 的冲刺速度排出前 12 名，然后按成绩首尾配对，比赛采取三战二胜，以先通过终点者为胜（不计时间），直至冠亚军决赛。淘汰赛多名选手同时出发，每两周冲刺一次，处在最后者即被淘汰，依次类推直至决出冠军。计分赛分大组出发，运动员在抵达预先规定距离即冲刺一次，然后按前四名记分，最后终点冲刺得分加倍。欣赏赛场自行车赛十分有趣，由于各种比赛方法都有特点，两人争先似游龙戏水，群雄追逐如狂飙卷地，因此竞赛场面颇为壮观。

## 思考题

1.现代体育竞赛有哪些特点？

2.如何欣赏体育竞赛？

3.简述体育竞赛的种类和方法。

# 第十章　国内外重要运动会及单项目运动举要

## 第一节　国内外重要运动会举要

### 一、奥林匹克运动会

#### （一）古代奥林匹克运动会

古代奥林匹克运动会（简称古代奥运会）是希腊人民的伟大创举，也是人类文明与进步的巨大文化源泉，对社会发展、人类进步和世界和平起促进作用。尽管古代奥运会的起源可追溯到公元前 11 世纪，但直到公元前 776 年才有正式记载。公元前 776 年，在人民渴望和平、自由的生活要求下，古希腊伊利斯国王、斯巴达国王和比萨国王签订了“神圣休战”的协定，并决定在奥林匹亚“宙斯神”庙前举办祭祀活动和举行第一届古代奥运会，以后每 4 年举行 1 次。

到公元 394 年为止，古代奥运会举行过 293 届。每届奥运会均在能容纳5 万观众的奥林匹克运动场上举行。在古代奥运会初期的比赛项目也反映了战争与古奥运发展的关系，如摔跤、混斗、拳击、四马战车赛、马车赛、角力、赛马、武装赛跑等综合运动会，这些比赛项目多与军事技能有关。

在举行古代奥运会期间，不仅进行运动员之间的比赛，而且还为学者、诗人、音乐家和艺术家举办文艺会演。所以古代奥运会有力地促进了体育、艺术的交流与发展，给人类文化生活带来了优美绚丽的形象，因而被人们认为是人的力量与精神和谐统一的源泉。

古代奥运会是在民族时期产生的竞技运动传统基础之上，经战争驱动和宗教、教育等作用逐步形成和发展起来的。然而，公元前 146 年，罗马帝国入侵并吞了希腊，使人民完全失去自由，同时在 4 世纪末，基督教在希腊上升为国教，于是公元 394 年，罗马教皇狄奥多西一世以异教之罪名禁止古代奥运会。公元 436 年，其后继者狄奥多西二世又下令烧毁奥林匹亚的大部分建筑与设施。加上公元 551—552 年的两次强烈地震，把这一片废墟深深地埋入地下。这样，具有一千多年的古代西方体育文明，就被凶残的人祸和无情的天灾彻底地埋葬了。

古代奥运会虽然衰亡了，但它给人类社会留下了宝贵的文化精神财富，在世界文化和体育史上有着极其深远的影响。它创造了一种综合性运动竞赛形式，形成了一种体育与文化并重的独特体系，并对奥林匹克运动和现代竞技体育的发展起到一种启蒙、借鉴的作用，形成了奥

林匹克精神,即和平和友谊的精神,公平竞争的精神,追求人体美的精神,奋发向上的精神。

## (二)现代奥林匹克运动会

沉睡了一千多年之后,于18世纪初,英、法、德等国的一些学者、专家相继去奥林匹亚访问、考察和发掘,终于使古代奥运会重见天日。被誉为"现代奥林匹克之父"的法国社会学家、历史学家和教育学家顾拜旦(1863—1937)向世界各国提出恢复奥运会的倡议。经过他多方的奔波,1894年6月16日在法国巴黎召开了有72个国家和地区79名代表参加的恢复奥运会的代表大会。会上决定成立国际奥林匹克委员会(简称"国际奥委会"),选举了希腊诗人维克拉斯为第一任主席,顾拜旦为秘书长,还决定1896年4月在希腊雅典举行第一届现代奥林匹克运动会(简称"现代奥运会")。

现代奥运会是声望最高、最庄严、最隆重的国际体育盛会,也是比赛规模最大、水平最高和影响最深的综合性运动会。《奥林匹克宪章》明确表述了奥运会的宗旨:"通过没有任何歧视,具有奥林匹克精神——以友谊、团结和公平精神互相了解的活动来教育青年,从而为建立一个和平美好的世界作出贡献,通过奥林匹克运动,在不同民族、不同文化的各国人民之间架起友谊的桥梁来促进世界和平。"奥林匹克运动的宗旨符合人类的需要,对进入现代社会的人类有着重要的现实意义。奥林匹克运动有一句著名的格言叫做"更快、更高、更强"。这句话符合体育竞争的特点,但其更有深刻的含义,要求所有的人们要有一种不断竞争、不断进取、永远向上的精神。

一个世纪以来,奥林匹克运动作为一种文化运动和教育运动在全球广泛开展,对社会的发展、人类的进步和世界和平起到了巨大的促进作用。它的影响已经远远超过体育运动的范畴,成为当今世界规模最大、影响最深、受到世界各国政府和人民普遍关注的一种国际社会文化现象。现代奥运会分为夏季奥运会和冬季奥运会,下面分别作一介绍。

### 1.夏季奥运会

自1896年举行的第一届夏季奥运会到2012年为止,按4年1届计算,应该已经举行了30届奥运会,但实际上只举行了27届。由于两次世界大战的影响,使得第6届、12届和13届奥运会停止举行。

目前举行的夏季奥运会有26个运动项目的比赛:田径、游泳(含跳水、花样游泳、水球)、体操(含艺术体操)、足球、篮球、排球、曲棍球、举重、自行车、摔跤、柔道、射击、射箭、击剑、皮划艇、赛艇、帆船、马术、拳击、手球、现代五项、乒乓球、网球、垒球、棒球和羽毛球。竞赛时间包括开幕式在内不得超过16天。根据国际奥委会的规定,得到国际奥委会承认的各国家单项体育组织及其所管辖的运动项目,才能列入奥运会比赛。同时还规定,列入奥运会比赛的男子项目,至少要在三大洲40个国家和地区广泛开展;女子项目至少要在两大洲24个国家和地区广泛开展。下面列出了历届夏季奥运会的概况:

历届夏季奥运会概况①

| 届次 | 年度 | 举办地点 | 运动员数 | 运动项目数 | 参赛国家及地区数 |
|---|---|---|---|---|---|
| 29 | 2008 | 北京(中国) | 11 438 | 28 | 204 |
| 28 | 2004 | 雅典(希腊) | 11 099 | 28 | 201 |
| 27 | 2000 | 悉尼(澳大利亚) | 11 000 | 28 | 199 |
| 26 | 1996 | 亚特兰大(美国) | 10 749 | 26 | 197 |
| 25 | 1992 | 巴塞罗那(西班牙) | 10 632 | 25 | 172 |
| 24 | 1988 | 汉城(韩国) | 8 465 | 23 | 160 |
| 23 | 1984 | 洛杉矶(美国) | 7 616 | 21 | 140 |
| 22 | 1980 | 莫斯科(前苏联) | 5 872 | 21 | 81 |
| 21 | 1976 | 蒙特利尔(加拿大) | 6 189 | 21 | 88 |
| 20 | 1972 | 慕尼黑(前联邦德国) | 7 147 | 21 | 121 |
| 19 | 1968 | 墨西哥城(墨西哥) | 5 531 | 18 | 112 |
| 18 | 1964 | 东京(日本) | 5 140 | 19 | 94 |
| 17 | 1960 | 罗马(意大利) | 5 348 | 17 | 84 |
| 16 | 1956 | 墨尔本(澳大利亚) | 3 184 | 17 | 67 |
| 15 | 1952 | 赫尔辛基(芬兰) | 4 952 | 17 | 69 |
| 14 | 1948 | 伦敦(英国) | 4 099 | 18 | 59 |
| 13 | 1944 | 因第二次世界大战停办 | | | |
| 12 | 1940 | 因第二次世界大战停办 | | | |
| 11 | 1936 | 柏林(德国) | 4 066 | 20 | 49 |
| 10 | 1932 | 洛杉矶(美国) | 1 048 | 15 | 37 |
| 9 | 1928 | 阿姆斯特丹(荷兰) | 3 014 | 15 | 46 |
| 8 | 1924 | 巴黎(法国) | 3 092 | 18 | 44 |
| 7 | 1920 | 安特卫普(比利时) | 2 607 | 22 | 29 |
| 6 | 1916 | 因第一次世界大战停办 | | | |
| 5 | 1912 | 斯德哥尔摩(瑞典) | 2 547 | 14 | 28 |
| 4 | 1908 | 伦敦(英国) | 2 034 | 21 | 22 |
| 届间 | 1906 | 雅典(希腊) | 884 | 78 | |
| 3 | 1904 | 圣路易(美国) | 687 | 14 | 12 |
| 2 | 1900 | 巴黎(法国) | 1 330 | 17 | 22 |
| 1 | 1896 | 雅典(希腊) | 311 | 9 | 13 |

① 国家体育总局官方网站，http://www.sport.gov.cn/n16/n1122/index.html

### 2.冬季奥运会

冬季奥运会，是由国际奥委会主办的世界性冬季运动项目运动会，是奥林匹克运动会的组成部分之一。1992 年以前，在举行夏季奥运会的同一年，也举行冬季奥运会。它开始于 1908 年的第 4 届奥运会，当时的比赛项目只有花样滑冰和冰球。后因一些国家和地区奥委会的反对，使冬季奥运会中断 20 年。经顾拜旦主席的多方工作和努力，终于在 1925 年的国际奥委会会议上，重新讨论恢复冬季奥运会的问题。会上正式决定举办冬季奥运会，规定在夏季奥运会的同一年举行，每 4 年 1 届。国际奥委会决定，从第 17 届冬奥会开始冬奥会比夏季奥运会提前两年举行。但届数按实际举行的次数计算，并决定把 1924 年在法国夏蒙尼举行的第 8 届奥林匹亚国际体育周的冰上运动会作为第一届冬季奥运会，到 2010 年为止，实际上已经举行了 21 届。

冬季奥运会主要比赛项目有现代冬季两项（滑雪和射击）、滑雪（高山滑雪、越野滑雪、跳台滑雪、自由式滑雪）、冰球、滑冰（速度滑冰、花样滑冰、短道滑冰）、雪橇（有舵雪橇、无舵雪橇）、雪板和冰壶等。赛期包括开幕式在内不超过 16 天。根据国际奥委会规定，要列入冬季奥运会比赛的男子项目，至少要在两大洲 25 个国家和地区广泛开展；女子项目至少要在两大洲 20 个国家的地区广泛开展。下面列出历届冬季奥运会的概况：

**历届冬季奥运会概况**

| 届数 | 年度 | 举行地点 | 运动员数 | 运动项目数 | 参加国家及地区数 |
|---|---|---|---|---|---|
| 21 | 2010 | 温哥华（加拿大） | 2 632 | 14 | 82 |
| 20 | 2006 | 都灵（意大利） | 2 508 | 7 | 80 |
| 19 | 2002 | 盐湖城（美国） | 2 399 | 7 | 77 |
| 18 | 1998 | 长野（日本） | 2 500 | 14 | 72 |
| 17 | 1994 | 利勒哈默尔（挪威） | 1 988 | 12 | 67 |
| 16 | 1992 | 阿尔贝维尔（法国） | 2 200 | 12 | 64 |
| 15 | 1988 | 卡尔加里（意大利） | 1 700 | 10 | 57 |
| 14 | 1984 | 萨拉热窝（南斯拉夫） | 1 590 | 10 | 49 |
| 13 | 1980 | 普莱西德湖（美国） | 1 283 | 8 | 37 |
| 12 | 1976 | 因斯尔鲁克（奥地利） | 1 368 | 8 | 37 |
| 11 | 1972 | 札幌（日本） | 1 012 | 7 | 35 |
| 10 | 1968 | 格勒诺布尔（法国） | 1 158 | 7 | 37 |
| 9 | 1964 | 因斯尔鲁克（奥地利） | 1 111 | 7 | 36 |
| 8 | 1960 | 斯阔古（美国） | 665 | 5 | 31 |
| 7 | 1956 | 科蒂丹佩佐（意大利） | 924 | 5 | 33 |
| 6 | 1952 | 奥斯陆（挪威） | 732 | 5 | 30 |
| 5 | 1948 | 圣莫里茨（瑞士） | 713 | 5 | 28 |

续表

| 届数 | 年度 | 举行地点 | 运动员数 | 运动项目数 | 参加国家及地区数 |
|---|---|---|---|---|---|
| 4 | 1936 | 加米施-帕腾基兴(德国) | 307 | 5 | 28 |
| 3 | 1932 | 普莱西德湖(美国) | 305 | 5 | 17 |
| 2 | 1928 | 圣莫里茨(瑞士) | 491 | 5 | 25 |
| 1 | 1924 | 夏蒙尼(法国) | 293 | 5 | 16 |

注:国际奥委会决定,从第 17 届冬奥会开始冬奥会比夏季奥运会提前两年举行。

### 3.中国与奥林匹克运动会

1984 年 7 月 28 日,在洛杉矶纪念体育场上,当由 225 名运动员组成的中国体育代表团在五星红旗的引导下步入运动场时,便宣告了一个拥有 11 亿人口的中华人民共和国庄严地步入国际奥林匹克大家庭行列。

其实,中国和国际奥委会的关系是比较久远的。52 年前,旧中国也曾派出体育代表团参加了第 10 届奥运会。十分凑巧的是那也是第一次,地点也是美国洛杉矶,不过当时参加比赛的只有刘长春一人。如果再追溯到更久远的话,1894 年,即国际奥林匹克委员会刚刚成立的那一年,国际奥委会就曾通过法国驻华使馆给当时的中国政府——清政府发来了一封邀请信,邀请中国派运动员参加将在 1896 年希腊雅典举行的第 1 届现代奥林匹克夏季运动会的田径比赛。可是,当时清政府的上下文武官员,没有一个人能弄清“体育”“奥运”“田径”究竟为何物。结果,邀请信如石沉大海,杳无回音。重新恢复的第一届现代奥林匹克运动会的史册中,记下了东方大国第一个“零的纪录”。

1911 年,孙中山领导的辛亥革命推翻了清王朝。西方的体育运动逐渐传入并在城市中得到开展。1922 年,王正廷被遴选为国际奥委会中国委员。1924 年,中华体育协进会成立,同时派出 3 名运动员赴巴黎参加第 8 届奥运会的网球表演赛。4 年以后,又派出宋如海参观了阿姆斯特丹奥运会。此后,中国派选手参加了第 10、11、14 届奥运会。国际奥委会也于 1939 年和 1947 年先后选定孔祥熙、董守义为国际奥委会委员。

1949 年,中华人民共和国成立。同年 10 月,原中华全国体育协进会改组为中华全国体育总会(中国奥委会),全面领导中国的奥林匹克运动。1952 年赫尔辛基奥运会时,由于国际奥委会在中国席位问题上存在分歧,使得中国运动员在第 15 届奥运会开幕前才接到邀请,派出了以足球、篮球、游泳选手组成的代表团赶赴赛会,可惜比赛已接近尾声,只有吴传玉一人获得参加一项仰泳比赛的机会。中华全国体育总会在国际奥委会的合法席位,在 1954 年第 50 次雅典全会上得到了确认。

在第 23 届奥运会上,射击运动员许海峰夺得了本届比赛的第一枚金牌,成为中国运动员自 1932 年第二次参加奥运比赛以来的第一个金牌得主。中国运动员在第 23 届奥运会期间,获得 15 枚金牌、8 枚银牌、9 枚铜牌,金牌总数列第 4 位,一时轰动世界。此后,中国运动员在第 24、25、26、27、28、29 届奥运会上分别获得 5 枚金牌、16 枚金牌、16 枚金牌、28 枚金牌、32 枚金牌、51 枚金牌的成绩,为国际奥林匹克运动作出了杰出的贡献,为国家和人民争得了荣誉。2008 年北京奥运会的成功举办,对我国政治、经济、文化、竞技体育、大众体育和体育相关产业均起到了重要的促进作用,带来巨大的经济效益和社会效益,标志着中国在国际竞技舞台上日益扮演着极其重要的角色。

## 二、亚洲运动会

亚洲运动会(Asian Games)是亚洲地区规模最大的综合性运动会。每4年1届,与奥林匹克运动会相间举行。最初由亚洲运动会联合会主办,1982年后由亚洲奥林匹克理事会(Olympic Council of Asia)主办。自1951年第1届始,迄今共举办了13届。国际奥林匹克委员会承认亚洲运动会为正式的亚洲地区运动会。

第二次世界大战结束后,亚洲许多国家先后摆脱了殖民统治,获得了独立和解放,建立了新的社会制度。随着战争创伤的平复,人民生活日趋安定,体育运动也逐渐活跃起来,因战争中断了12年的奥林匹克运动会又恢复举行。在这一历史背景下,亚洲体育界人士产生了组建一个统一的亚洲体育领导机构,以推动亚洲体育运动发展的积极愿望。

1949年2月13日,来自亚洲各国体育组织的代表在新德里签署了亚洲运动会联合会宪章,亚洲运动会联合会正式成立。亚洲运动会联合会的任务是:按期主办亚洲运动会和亚洲冬季运动会,弘扬奥林匹克精神,鼓励和引导亚洲体育运动的发展。

亚洲运动会的比赛项目不像奥林匹克运动会那样有严格的规定,除田径、游泳、足球、篮球等广为开展的项目每届都必须列入外,主办国可根据自身的条件和运动技术水平适当增减。如第3届亚洲运动会在日本举行,日本增加了自己的强项乒乓球、排球、网球等;第4届在印度尼西亚举办时,印尼增加了该国擅长的羽毛球;第10届南朝鲜(韩国)列入了跆拳道;第11届我国则取消了跆拳道,增加了武术等项目。当然,比赛项目的增减与变换都必须得到亚奥理事会的同意和批准,东道国无权随意安排。亚洲运动会迄今已举行了13届,比赛项目也经历了从少到多的发展过程——从第1届的6项逐渐增至第13届的36项。前13届运动会举办过的项目分别有射箭、田径、羽毛球、棒球、篮球、台球、保龄球、拳击、皮划艇、自行车、马术、击剑、足球、高尔夫球、体操(含艺术体操)、手球、曲棍球、柔道、卡巴迪、空手道、现代五项、赛艇、橄榄球、藤球、射击、软式网球、垒球、壁球、游泳(含花样游泳、跳水和水球)、乒乓球、跆拳道、网球、排球(含沙滩排球)、举重、摔跤、武术、帆船共37项。

1951年,第1届亚洲运动会在印度新德里举行时,中华全国体育总会应邀参观了大会。1954年,菲律宾举办第2届亚洲运动会时邀请中国台湾地区参加,使中国台湾地区加入亚洲运动会联合会。此后,我国未同亚洲运动会联合会发生任何联系。1973年9月18日,亚洲运动会联合会执委会在曼谷会议上确认中华全国体育总会为该联合会会员。同年11月16日,亚洲运动会联合会理事会在德黑兰会议上批准了执委会9月18日的决定。自1974年第7届始,中国派队参加了历届亚洲运动会的比赛。

在已举行过的13届亚洲运动会中,亚洲的老牌体育强国日本前8届金牌数一直都稳居首位。1974年第7届亚洲运动会,中国首次征战,金牌数列第三。1978年,中国金牌数升至第二位。在1982年第九届亚洲运动会上,中国终于打破了日本长期独霸亚洲体坛的局面,金牌数跃居第一。从那以后,中国体育运动的总体水平稳步提高,在历届亚洲运动会上都名列金牌榜首,成为名副其实的亚洲第一体育强国。

迄今为止,共有9个国家主办过亚洲运动会:其中泰国4次,日本、印度、韩国、中国各2

次，菲律宾、印度尼西亚、伊朗、卡塔尔各 1 次。1990 年，北京成功地举办了第 11 届亚洲运动会。来自亚洲 37 个国家和地区的 4 655 名运动员参加了 27 个大项 308 个小项的角逐，中国获得 183 枚金牌，几乎相当于第二名韩国（54 枚）和第三名日本（38 枚）金牌数总和的两倍。该届比赛也创造了优异的成绩——破 4 项世界纪录、平 1 项世界纪录、破 42 项亚洲纪录、破 98 项亚洲运动会纪录。20 年后，中国再次成功地举办了第 16 届亚洲运动会，此次亚运会于 2010 年 11 月在中国广州进行。该届亚运会是历史上设项最多、参赛人数最多的一届，也是亚洲各国、各地区体育运动发展水平的一次集中展示。本届亚运会上，中国代表团获得 199 枚金牌、119 枚银牌、98 枚铜牌，合计 416 枚奖牌，以绝对的优势稳居了奖牌榜第一，并第八次蝉联了亚运会金牌榜和奖牌榜第一，取得了历届亚运会的最好成绩，充分展示了我国竞技水平和精神风貌，圆满完成了参赛任务，实现了预定的参赛目标。

**历届亚洲运动会概况**

| 届次 | 年度 | 举办地点 | 参赛国家及地区数 | 运动员人数 | 比赛项目数 |
|---|---|---|---|---|---|
| 1 | 1951 | 新德里（印度） | 11 | 489 | 6 |
| 2 | 1954 | 马尼拉（菲律宾） | 18 | 970 | 8 |
| 3 | 1958 | 东京（日本） | 20 | 1 422 | 13 |
| 4 | 1962 | 雅加达（印度尼西亚） | 17 | 1 545 | 13 |
| 5 | 1966 | 曼谷（泰国） | 18 | 1 945 | 14 |
| 6 | 1970 | 曼谷（泰国） | 18 | 1 752 | 13 |
| 7 | 1974 | 德黑兰（伊朗） | 25 | 2 656 | 16 |
| 8 | 1978 | 曼谷（泰国） | 25 | 2 879 | 19 |
| 9 | 1982 | 新德里（印度） | 33 | 4 595 | 21 |
| 10 | 1986 | 汉城（韩国） | 27 | 3 345 | 25 |
| 11 | 1990 | 北京（中国） | 37 | 4 655 | 27 |
| 12 | 1994 | 广岛（日本） | 42 | 6 828 | 34 |
| 13 | 1998 | 曼谷（泰国） | 41 | 6 832 | 36 |
| 14 | 2002 | 釜山（韩国） | 44 | 9 000 余人 | 38 |
| 15 | 2006 | 多哈（卡塔尔） | 45 | 9 520 | 39 |
| 16 | 2010 | 广州（中国） | 45 | 9 704 | 42 |

## 三、世界大学生运动会

世界大学生运动会，素有“小奥运会”之称，由国际大学生体育联合会（Federation Internationale du Sport Universitaire）主办，只限在校大学生和毕业不超过两年的大学生（年龄限制为 17~28 岁）参加的世界大型综合性运动会。始办于 1959 年，其前身为国际大学生运动会。

20 世纪 20 年代初，当时的国际大学生组织就已开始计划举办世界大学生运动会。1923

年5月,在巴黎召开了世界大学生体育代表大会,会议决定次年举行第一届国际大学生运动会。1924年,首届国际大学生运动会(International Universities' Games)在华沙举行,设田径、游泳和击剑3个比赛项目。此后,运动会不定期举办,至1939年共举办了8届。后因第二次世界大战运动会被迫中断,1947年恢复举行。但从1951年起因国际形势的变化,分裂成东西方两个运动会,西方的名为“国际学生体育运动会”,东方的名为“青年学生运动会”或“青年友好运动会”。两个阵营各自组织和举办自己的大学生运动会。

**早期国际大学生运动会概况(1924—1949)**

| 届　次 | 举办时间 | 举办地点 |
|---|---|---|
| 1 | 1924 | 华沙(波兰) |
| 2 | 1927 | 罗马(意大利) |
| 3 | 1928 | 巴黎(法国) |
| 4 | 1930 | 达姆施特塔(德国) |
| 5 | 1933 | 都灵(意大利) |
| 6 | 1935 | 布达佩斯(匈牙利) |
| 7 | 1937 | 巴黎(法国) |
| 8 | 1939 | 摩纳哥(摩纳哥) |
| 9 | 1947 | 巴黎(法国) |
| 10 | 1949 | 布达佩斯(匈牙利) |

**分裂时期的国际大学生运动会概况(1951—1957)**

| 举办时间 | 举办地点 |
|---|---|
| 1951 | 柏林(民主德国)/卢森堡(卢森堡) |
| 1953 | 布加勒斯特(罗马尼亚)/多特蒙德(联邦德国) |
| 1954 | 布达佩斯(匈牙利)/圣塞瓦斯蒂安(西班牙) |
| 1955 | 华沙(波兰) |
| 1957 | 莫斯科(前苏联)/巴黎(法国) |

**世界大学生运动会概况**

| 届次 | 年度 | 地　点 | 参赛国家及地区数 | 运动员人数 |
|---|---|---|---|---|
| 1 | 1959 | 都灵(意大利) | 45 | 985 |
| 2 | 1961 | 索菲亚(保加利亚) | 32 | 1 270 |
| 3 | 1963 | 阿雷格里港(巴西) | 27 | 713 |
| 4 | 1965 | 布达佩斯(匈牙利) | 32 | 1 729 |
| 5 | 1967 | 东京(日本) | 30 | 937 |

续表

| 届次 | 年度 | 地　点 | 参赛国家及地区数 | 运动员人数 |
|---|---|---|---|---|
| 6 | 1970 | 都灵（意大利） | 40 | 2 080 |
| 7 | 1973 | 莫斯科（前苏联） | 64 | 2 765 |
| 8 | 1975 | 罗马（意大利） | 40 | 712 |
| 9 | 1977 | 索菲亚（保加利亚） | 85 | 3 232 |
| 10 | 1979 | 墨西哥城（墨西哥） | 85 | 3 500 |
| 11 | 1981 | 布加勒斯特（罗马尼亚） | 87 | 2 915 |
| 12 | 1983 | 埃德蒙顿（加拿大） | 69 | 2 402 |
| 13 | 1985 | 神户（日本） | 106 | 3 949 |
| 14 | 1987 | 萨格勒布（南斯拉夫） | 121 | 3 904 |
| 15 | 1989 | 杜伊斯堡（联邦德国） | 90 | 3 000 |
| 16 | 1991 | 谢菲尔德（英国） | 101 | 3 346 |
| 17 | 1993 | 布法罗（美国） | 130 | 6 000 |
| 18 | 1995 | 福冈（日本） | 163 | 5 740 |
| 19 | 1997 | 卡塔尼亚（意大利） | 160 | 6 000 |
| 20 | 1999 | 帕尔马（西班牙） | 114 | 5 776 |
| 21 | 2001 | 北京（中国） | 165 | 4 391 |
| 22 | 2003 | 大邱（韩国） | 171 | 4 492 |
| 23 | 2005 | 伊士麦（土耳其） | 133 | 5 338 |
| 24 | 2007 | 曼谷（泰国） | 180 | 7 000 |
| 25 | 2009 | 贝尔格莱德（塞尔维亚） | 145 | 10 000 |

1957 年，为了庆祝法国全国学联成立 50 周年，在巴黎举行了国际性的大学生运动会和国际文化联欢节。经与会 30 个国家的代表一致同意，决定以后定期举办世界性的大学生体育竞赛，定名为“世界大学生运动会”，原则上每两年举行一届。1959 年，第 1 届世界大学生运动会在意大利都灵举行，来自 45 个国家的 985 名运动员参加了比赛。至 2011 年，世界大学生运动会已举办过 27 届。

世界大学生运动会正式规定的比赛项目一般有田径、游泳、跳水、水球、体操、击剑、网球、篮球和排球等 9 项，但东道国有权再增加 1 项。例如 1977 年的东道国保加利亚增加了摔跤，1979 年墨西哥增加了足球，1985 年日本增加了柔道。

1960 年，仿奥运会赛制，又在法国夏蒙尼举办了世界大学生冬季运动会。起初，夏季运动会和冬季运动会分别在单数和双数年举行，从 1981 年起改为在同一年举行。至 2011 年，世界大学生冬季运动会已举办过 26 届，比赛项目有速度滑冰、短道速滑、花样滑冰、高山滑雪、越野滑雪、跳台滑雪、冬季两项、冰球、北欧两项、滑板滑雪。

1959 年第 1 届世界大学生运动会，中国参加了部分田径项目的比赛。从 1961 年第 2 届起至第 8 届，中国均未派团参加。1975 年，中国被接纳为国际大学生体育联合会正式会员。从 1977 年第 9 届起，中国派团参加了迄今为止的历届世界大学生运动会。由于世界大学生运动会是规模仅次于奥运会的世界大型综合性运动会，自 1959 年举办第 1 届比赛后，世界各国都非常重视，纷纷派出最优秀的运动员参加角逐。

## 四、全国运动会

中华人民共和国运动会（简称“全国运动会”）是中国规模最大、运动水平最高的综合性大型运动会。自 1959 年举行的第 1 届全运会到 2013 年为止，已经举办过 12 届。自 1975 年第 4 届全国运动会开始，每 4 年 1 届。隆重、热烈、精彩的全国运动会，不仅引起我国人民的关注，而且在国际上也产生了巨大影响。

第 1 届全国运动会于 1959 年在北京举行，有各省、市、自治区和解放军等 29 个单位、27 个民族的 10 658 名运动员参加，其中进京参加比赛的选手有7 707 人。表演项目有赛场自行车、击剑、自由式摔跤、古典式摔跤、国际象棋、水上摩托艇等 6 项。这届运动会期间，有 7 人 4 次打破 4 项世界纪录，664 人 844 次打破和新创了 106 项全国纪录。闭幕式上，周恩来总理等党和国家领导人向 10 年来打破世界纪录和得过世界冠军的 40 名运动员颁发了体育运动荣誉奖章。

第 2 届全国运动会于 1965 年在北京举行，有各省、市、自治区和解放军等 29 个单位、28 个民族的 5 922 名运动员参加，其中进京参赛的有 5 014 人。表演项目设武术一项。运动会上有 24 人 10 次打破 9 项世界纪录，330 人 469 次打破 130 项全国纪录。

第 3 届全国运动会于 1975 年在北京举行，各省、市、自治区评选出来的 300 个群众体育先进基层单位的代表和包括台湾省代表团在内的各省、市、自治区和解放军 31 个代表团、31 个民族的 12 497 名运动员参加。表演项目有民族传统体育。这届运动会上有 1 个队 4 人 6 次打破了 3 项世界纪录，2 人 2 次平 2 项世界纪录，49 个队 83 人 197 次打破 62 项全国纪录。

第 4 届全国运动会于 1979 年在北京举行，有包括台湾省代表团在内的各省、市、自治区和解放军 31 个代表团的 15 189 名运动员参加。这届运动会的比赛项目分成年和少年两组。运动会上有 5 人 5 次打破 5 项世界纪录，2 人 3 次打破了 3 项世界青年纪录，3 人 3 次平 3 项世界纪录，36 个队 204 人 376 次打破 102 项全国纪录。

第 5 届全国运动会于 1983 年在上海举行，参加本届运动会的有各省、市、自治区和解放军、火车头体协共 31 个代表团的 8 943 名运动员。武术列为表演项目。这届运动会由国家体委、共青团中央举办了“振兴中华火炬接力”活动。这届全运会共有 2 人 3 次打破 2 项世界纪录，4 人 5 次平 3 项世界纪录，创造了 1 项世界青年纪录，64 人 38 队 142 次打破 60 项全国纪录。

第 6 届全国运动会于 1987 年在广州举行，各省、市、自治区和解放军、产业体协的 37 个代表团的 7 500 名运动员参加了比赛。广州举行了“迎全运——五羊火炬接力跑”迎接全运会火炬活动，开幕式火炬由广东跳水运动员谭良德点燃。

第 7 届全国运动会于 1993 年在北京举行，李瑞环、朱镕基、刘华清、胡锦涛等和西哈努克亲王以及 11 位国际奥委会委员出席了开幕式。本届奥运会共分三个赛区，即四川赛区、秦皇岛赛区和北京赛区。本届全运会在田径、游泳、举重等项目上取得了突破性进展。

第 8 届全国运动会于 1997 年在上海举行,这届全运会展示了改革开放政策在我国体育战线取得的丰硕成果,检阅我国体育运动发展的新水平,推动《全民健身计划》和《奥运争光计划》的贯彻落实。来自全国各省、自治区、直辖市、解放军、行业体协的 48 个代表团共 15 000 人参加本次全运会。除马拉松、速度滑冰、短道速滑分别在北京和黑龙江举行,全部比赛都在上海举行。

第 9 届全国运动会于 2001 年在广州举行,九运会是 21 世纪我国举行的首次最大型体坛盛会,回归后的澳门特别行政区亦首次组队参赛,从而使它成为全运会历史上规模最大、设项最全、参赛人数最多的全国运动会:总共有 40 多个代表团 2 万余人参加了比赛,总共有 37 个比赛项目,是全运会举办以来竞赛项目最多的一次综合性运动会。共有 24 人 35 次超 7 项世界纪录,6 人 1 队 7 次创 6 项亚洲纪录,28 人 41 次超 9 项亚洲纪录,32 人 4 队 52 次创 37 项全国纪录。在本届运动会中射击、举重、跳水等项目已经达到世界先进水平。

第 10 届全国运动会于 2005 年在江苏南京举行。十运会共设 32 个大项,357 个小项。共有 32 个代表团获得金牌,37 个代表团获得奖牌。共 15 人 21 次超 6 项世界纪录,7 人 7 次平 6 项世界纪录,5 人 6 次创 5 项亚洲纪录,14 人 20 次超 5 项亚洲纪录,1 队 19 人 25 次创 19 项全国纪录。十运会期间,江苏省共接待了 46 个代表团 1 000 多人、运动员 14 460 人,教练及随队人员 7 400 多人、裁判员 4 000 多人、新闻记者 3 000 多人、电视转播人员 1 600 多人、观摩人员 3 000 多人。另外,还有来自 40 个国家和地区的 60 个组团、320 名境外嘉宾来江苏观看比赛。

第 11 届全国运动会于 2009 年 10 月 16 日在山东济南举行。本届全运会适逢共和国成立 60 周年、全运会创办 50 周年之际,是 2008 年北京奥运会后对我国竞技体育和群众体育的大检阅,是一次具有特殊重大意义的体育盛会;也是山东省历史上承办的规模最大、规格最高、影响最广的一次国家级综合运动会。共设 33 个大项、362 个小项,其中包括 28 个夏季奥运会项目、4 个冬季项目以及武术项目。与 2005 年十运会相比,大项增加了 1 个,即自由式滑雪;小项增加了 5 个,分别是自由式滑雪男子个人、女子个人,女子水球项目,足球男子 16 岁以下组和女子 18 岁以下组。共有 30 个代表团获得金牌,34 个代表团获得奖牌。1 人 1 次 1 项,创世界纪录;6 人 8 次 4 项,超世界纪录;12 人 3 队 21 次 16 项,创亚洲纪录,29 人 5 队 52 次 39 项,创全国纪录;5 人 12 次 8 项,创全国青年纪录。

**历届全国运动会概况**

| 届　数 | 举行时间 | 举行地点 | 运动员数 | 破、超、创、平记录 | | | | | |
|---|---|---|---|---|---|---|---|---|---|
| | | | | 中　国 | | | 世　界 | | |
| | | | | 人数 | 次数 | 项目 | 人数 | 次数 | 项目 |
| 1 | 1959 | 北京 | 10 568 | 664 | 884 | 106 | 7 | 4 | 4 |
| 2 | 1965 | 北京 | 5 922 | 330 | 469 | 130 | 24 | 10 | 9 |
| 3 | 1975 | 北京 | 12 497 | 83 | 197 | 62 | 6 | 8 | 5 |
| 4 | 1979 | 北京 | 15 189 | 204 | 376 | 102 | 10 | 11 | 11 |

续表

| 届　数 | 举行时间 | 举行地点 | 运动员数 | 破、超、创、平记录 | | | | | |
|---|---|---|---|---|---|---|---|---|---|
| | | | | 中　国 | | | 世　界 | | |
| | | | | 人数 | 次数 | 项目 | 人数 | 次数 | 项目 |
| 5 | 1983 | 上海 | 8 943 | 64 | 142 | 60 | 6 | 9 | 6 |
| 6 | 1987 | 广州 | 7 500 | 85 | 168 | 82 | 15 | 22 | 20 |
| 7 | 1993 | 北京 | 7 481 | 130 | 273 | 117 | 26 | 51 | 28 |
| 8 | 1997 | 上海 | 15 000 | 88 | 142 | 66 | 179 | 659 | 41 |
| 9 | 2001 | 广州 | 2 万余人 | 32 | 52 | 37 | 24 | 35 | 7 |
| 10 | 2005 | 南京 | 14 460 | 19 | 25 | 19 | 15 | 21 | 6 |
| 11 | 2009 | 济南 | 1 万余人 | 29 | 52 | 39 | 6 | 8 | 4 |

注：为更好地落实国家的“奥运争光计划”，第 7 届全运会推至 6 年后的 1993 年举行，以后仍为 4 年 1 届。

## 五、全国大学生运动会

全国大学生运动会（简称“大运会”）由国家教委、国家体委、共青团中央、全国学联和大学生体协联合主办。大学生运动会的宗旨是：“团结，奋进，文明，育人。”第 1 届大运会于 1982 年在北京举行，有 29 个省、市、自治区的 2 400 余名运动员参赛。比赛项目有田径、体操、艺术体操、乒乓球。

第 2 届大运会是 1986 年在大连市举行的，近 2 300 名运动员参赛，分甲、乙、丙、丁组比赛。除普通高校组增加篮球项目外，4 个组都有田径比赛。

1988 年在南京举行了第 3 届大运会，分甲、乙两组。共有 30 个省、市、自治区的 3 000 余名运动员参加了田径、艺术体操、乒乓球、篮球、排球为期 10 天的高水平比赛。仅在田径比赛中就有 274 人 27 队 664 次打破 90 项全国大运会记录。

1992 年 9 月在武汉市举行了第 4 届大运会，有 30 个代表团的 2 400 多名运动员参加了篮球、排球、羽毛球、艺术体操和田径的比赛，同时还举行了体育科学论文报告会，表彰了体育工作先进学校、班级和优秀老体育教师。有 106 所高校获得国家教委授予的“体育课程评估优秀学校”称号。使大运会成了对全国高校体育工作的综合性检阅的盛会。

第 5 届大运会 1996 年 8 月 28 日至 9 月 4 日在西安举行，有 30 个代表团的两千余名运动员参加了健美操、艺术体操、武术、田径、篮球和排球等 6 个大项目的比赛。由于不少国手和奥运会选手也取得了大运会的参赛资格，参加了田径和球类比赛，使本届大运会的比赛成绩超过了历届的水平。共有 64 人 9 队 92 次打破了 31 项全国大运会甲组记录。大运会期间还举行了科研报告会和表彰活动，国家教委对全国 122 所贯彻《学校体育工作条例》的优秀高等学校和 211 名高校优秀青年教师进行了表彰，为推动高校体育工作的深化改革和全面提高，发挥了积极的作用。

第 6 届大运会于 2000 年 9 月 4 日至 9 月 11 日在成都举行。来自包括香港、澳门在内的

33 个代表团的 2 481 名大学生运动员团结协作、奋勇拼搏，赛出了风格，赛出了水平，取得了运动成绩和体育道德双丰收。共有 31 人次打破了 19 项大运会纪录，2 人次打破了 1 项全国纪录，广东、辽宁、上海、四川和天津分别列为团体总分的前 5 位，上海、四川、北京等 10 个代表团还荣获科学论文报告团体总分前 10 名。

第 7 届全国大学生运动会于 2004 年 8 月在上海举行。来自全国 33 个代表团的 8 000 余名运动员、教练员共同参与到这一洋溢青春活力的体育盛会中。上海以 49 金、30 银、21 铜的成绩位列第一，广东省以 36 金、34 银、28 铜列第二，天津市以 33 金、24 银、32 铜列第三。在本次大运会的团体总分排名中，广东省以 1 663 分排在首位，上海市以 1 642.5 分屈居第二，天津市得 1 476.5 分列第三。另外还颁发了"体育道德风尚""运动科学论文"等奖项。①

第 8 届全国大学生运动会于 2008 年 7 月在广州大学城举行。来自全国各省、自治区、直辖市、新疆建设生产兵团和香港、澳门特别行政区的 34 个代表团，6 000 余名大学生运动员参加了 12 个大项、255 个小项的角逐。经过激烈的比赛竞争，依次获得本届大运会比赛团体积分前 10 名的省份分别是广东省、天津市、江苏省、上海市、北京市、湖北省、辽宁省、陕西省、山东省、湖南省。

**历届全国大学生运动会概况**

| 届　数 | 举办时间 | 举办地点 | 参赛单位 | 参赛运动员 |
|---|---|---|---|---|
| 1 | 1982 | 北京 | 29 | 2 432 人 |
| 2 | 1986 | 大连 | 30 | 2 282 人 |
| 3 | 1988 | 南京 | 30 | 3 000 余人 |
| 4 | 1992 | 武汉 | 30 | 2 400 余人 |
| 5 | 1996 | 西安 | 30 | 2 000 余人 |
| 6 | 2000 | 成都 | 33 | 2 481 人 |
| 7 | 2004 | 上海 | 33 | 8 000 余人 |
| 8 | 2008 | 广州 | 34 | 6 000 余人 |

## 第二节　各项运动项目举要

### 一、田径

#### (一)田径运动的起源

田径运动是最古老的运动项目，有"运动之母"的美称。田径运动的形成与人类社会的

① 新浪体育，ports.sina.com.cn/o/2004-09-06/20401134171.shtml

发展有着千丝万缕的联系。远古时代,我们的祖先为获得生活资料需要走跑各种距离、跨越各种障碍、投掷各种器械,这些最基本的动作经不断延续、发展,得以保存下来,流传至今。英国是现代田径运动开展最早的国家。1896 年举行的第 1 届近代奥运会就把田径项目列为主要的比赛项目,至今已经有 100 多年的历史。田径运动于 19 世纪传入我国,1890 年上海圣约翰书院举行的田径比赛是我国最早的田径运动竞赛。

### (二)田径运动的发展及特点

人们通常将田径运动分为"田赛"(即把投掷和跳跃等用高度和远度计算成绩的项目)和"径赛"(即把不同距离的竞走、赛跑、跨栏、接力赛和障碍跑等用时间计算成绩的项目)。田径运动是比速度、比高度、比远度和比耐力的体能项目,或要求在很短的时间内表现出最大的速度和力量,或要求在很长的时间内表现出最大的耐力,最能体现奥林匹克"更快、更高、更强"的格言。田径运动有关的国内外大赛有:奥运会田径比赛,它是当今世界最高水平的田径比赛,田径运动是奥运会的必备项目,也是奥运会金牌最多的项目。在它光荣的历史上有许多田径天才,比如女飞人乔伊纳(美国,1988 年曾创女子百米 10"49 的惊人记录)、"欧文斯第二"的卡尔·刘易斯(美国,1984 年第 23 届奥运会 100 m、200 m、4×100 m 接力、跳远 4 枚金牌得主)等;世界杯田径赛,1977 年开始举行的世界杯田径赛,是洲际性的团体比赛,整体水平不是很高;世界田径锦标赛,是除奥运会田径比赛外,世界最高水平的田径比赛,我国女子中长跑项目,曾经在 1993 年德国斯图加特举行的第 4 届世界田径锦标赛上,获得过辉煌的成绩,王军霞还获得世界田径最高奖"欧文斯"杯的殊荣。此外,还有亚洲田径锦标赛和全运会田径比赛,等等。

## 二、篮球

### (一)篮球运动的起源

篮球运动是在 1891 年由美国马萨诸塞州斯普林菲尔德市基督教青年会训练学校体育教师詹姆斯·奈史密斯创造的。他将竹篮固定在离地高约 3.05 m 的墙上,然后将全班 18 个人分为 2 队。游戏时各队将球投入对方的竹篮内,进球多者为胜。因游戏使用的器材主要是篮和球,故称篮球。最初的篮球比赛,在场地、上场人数和比赛时间上都没有统一的规定,比赛规则也比较简单。1892 年奈史密斯制定了 13 条比赛规则,比赛时间分为上、下半时各为 15 min;对场地大小作了规定;上场比赛人数有 9 人—7 人—5 人。此后,随着篮球运动的推广与发展,场地、器材也不断改进,逐步形成现代的篮球、篮圈和篮网。

### (二)篮球运动的发展现状及特点

篮球运动是将球投入对方球篮,以得分多少决定胜负的集体球类运动项目。该项运动于 1895 年传入我国。1932 年国际业余篮球联合会在瑞士日内瓦宣布成立。1936 年第 11 届奥运会和 1976 年第 21 届奥运会分别把男子篮球和女子篮球项目列为正式比赛项目。

由于篮球运动员身体素质条件的变化和各项技术的发展,国际业余篮球联合会多次修改规则以适应比赛需要。1992 年国际篮球联合会批准职业篮球运动员参加奥运会,美国职

业篮球运动会组成的“梦之队”在第25届奥运会的亮相，标志着当今篮球运动发展的新趋势，这个趋势为：运动员身体素质更好，技术更加全面，攻守技术平衡，女子篮球技术向男子篮球技术方向发展。

国内外有关的篮球比赛有：奥运会篮球比赛，其中美国男子篮球队几乎包揽了历届奥运会男子篮球的金牌，而中国女子篮球队曾荣获第25届奥运会的银牌，这是我国奥运会篮球项目所取得的最好成绩；世界篮球锦标赛，我国女篮曾获1994年第12届世锦赛的亚军，男队也曾在此届世锦赛中首次进入八强；美国NBA篮球赛，是美国职业篮球协会主办的职业篮球联赛，是当今世界上公认的最高水平的篮球比赛，现有29支球队。除此之外，还有亚洲篮球锦标赛、国内篮球联赛和中国大学生篮球联赛（CUBA），其中大学生篮球联赛的开展，更加促进了篮球运动在我国高校中的开展。

## 三、排球

### （一）排球运动的起源

排球运动是1895年起源于美国，由美国马萨诸塞州霍利奥克城的基督教青年会干事摩根（W.G.Morgan）所创的室内游戏。1896年摩根制定了世界上第一个排球竞赛规则，同年在斯普林菲尔德专科学校举行世界上最早的排球比赛。最初游戏是在篮球场挂一张网，两队隔网站立，以篮球胆为球，在网上打来打去，不使其落地。斯普林菲尔德市立学院的特哈尔斯戴博士将其命名为volleyball，意为“空中飞球”。

### （二）排球运动的发展现状及特点

排球运动于20世纪初传入我国，最早由16人进行比赛，以后逐渐变为12人、9人，直到现在的6人制排球。1947年国际排球联合会在巴黎成立，并统一了规则，排球运动随之成为一项世界性的运动项目。1949年举行首届世界男子排球锦标赛，1952年起举行世界女子排球锦标赛。男、女排球从1964年起被列为奥运会比赛项目。随着技术的不断发展和战术的变换，逐渐形成了以快速多变的亚洲型和高打强攻的欧洲型的两种风格，不过随着当前各国水平的不断接近，各种打法也相互结合使用。排球运动是两队对抗，在间隔一网的场地上用手击球过网以决定胜负的一项球类运动。排球在我国得到了充分的发展，创造了“平拉开”“前飞”“背飞”等技术，快速多变、灵活全面的战术风格使我国排球技术跨入了世界先进行列。我国女子排球队在奥运会、世界锦标赛和世界杯的比赛上曾经创造的“五连冠”，为祖国赢得了荣誉，并推动了世界排球运动的进一步发展。国内外有关的排球比赛有：奥运会排球比赛，是世界水平最高的排球比赛，中国女子排球队曾夺得1984年奥运会女排冠军；世界排球锦标赛，中国女子排球队曾两次获得冠军；世界杯排球赛，1964年国际排联将原来的欧、亚、美三洲排球赛改为现在的世界杯排球赛，中国女子排球队曾获得第3届（1981年）、第4届（1985年）、第9届（2003年）世界杯冠军，特别是2003年世界杯女子排球赛，中国队的夺冠为中国排球的重新崛起起到了推动作用。除上述比赛外，还有国内的排球联赛，沙滩排球赛等。

## 四、足球

### (一) 足球运动的起源

现代足球运动起源于英格兰,1863 年在英国成立了第一个足球组织——英格兰足球协会,从这时起正式称此运动为足球运动。1872 年英格兰与苏格兰之间举行了足球史上第一次协会间的正式比赛,1890 年英格兰举办有万人观看的女子足球赛,1894 年成立女子足球俱乐部。在我国,早在公元前 475 年战国时期就有"蹴鞠"的以脚为主支配球的足球游戏,1840 年鸦片战争以后现代足球开始传入我国。

### (二)足球运动的发展现状及特点

足球运动是以脚为主支配球的、两队相互对抗、激烈竞赛的一种球类运动项目。足球运动是目前世界上开展最广泛、影响最大的体育项目之一,被誉为"世界第一运动项目"。它具有参加人数多、场地大、对抗强、比赛时间长、技术复杂、战术多样等特点。足球运动是双方运动员在技术、战术、身体、心理和文化素质等方面的较量,是科学性、综合性和整体性的抗衡。足球运动可以在室外或室内进行,足球比赛的时间、场地和人数的伸缩性较大,可以举行 11 人制的、也可以举行 9 人制、7 人制和 5 人制的比赛。

1900 年第二届奥运会上足球被列为正式比赛项目。1904 年 5 月 21 日,法国、瑞士、比利时、西班牙、丹麦、瑞典 7 国足球协会的代表在巴黎召开会议,成立了国际足球联合会(简称国际足联),英文缩写"FIFA"。女子足球直至 1996 年才进入奥运会,却吸引了众多的观众。

目前,在国际上比较著名的比赛有:奥运会足球赛,其中我国女子足球队在第 26 届奥运会中,获得了银牌,这是我国足球项目在世界大赛中取得的最好成绩;世界杯足球赛,是国际足坛上规模最大、水平最高的足球比赛;欧洲足球锦标赛;欧洲足球三大杯赛,即欧洲冠军杯、欧洲优胜者杯和欧洲联盟杯赛;世界女子足球锦标赛。还有美洲杯赛、亚洲杯、丰田杯足球赛等各个国家地区的比赛。在我国影响较大的有中国甲 A(现更名为"中超")足球联赛、中国飞利浦(philips)大学生足球联赛、各个地区的高校足球联赛,等等。足球运动精彩的竞赛和多变的特点,使之深受青少年的喜爱,并在高校中开展广泛。

## 五、乒乓球

### (一)乒乓球运动的起源

乒乓球运动是以球拍在中间隔网的球台上双方轮流击球的一项球类运动,它起源于 19 世纪末的英格兰。欧洲人至今把乒乓球称为"桌上的网球",由此可知乒乓球是由网球发展而来。19 世纪末欧洲盛行网球运动,但由于受到场地和天气的限制,英国有些大学生便把网球移到室内,以餐桌为球台,书作球网,用羊皮纸做球拍,在餐桌上打来打去,由此产生了现代意义的乒乓球运动。1904 年上海四马路一家文具店的经理王道平从日本购买了 10 套

乒乓球器材，将乒乓球运动介绍到中国。

### （二）乒乓球运动的发展现状及特点

这项运动的特点是球的体积小、速度快、变化多、富于对抗性、技巧性和趣味性，设备简单，不受年龄、性别、体质和体育基础的限制，经常参加乒乓球运动可以发展人的灵活性和协调性，改善心血管的机能。

1926 年在英国伦敦举行了第 1 届世界乒乓球锦标赛。1988 年乒乓球进入奥运会，设男、女单打，男、女双打 4 个项目。乒乓球运动项目可以分为团体赛和单项赛两大类，团体赛有男子团体（斯韦思林杯）和女子团体（考比伦杯）两项；单项赛有男子单打（勃莱德杯）、女子单打（盖斯特杯）、男子双打（伊朗杯）、女子双打（盖波普杯）及混合双打（赫杜赛克杯）五项。

乒乓球运动在我国有着广泛的群众基础，得到了很快的普及和发展。1953 年我国首次参加了第 20 届世界乒乓球大赛，1959 年我国优秀运动员容国团第一次夺得了世界锦标赛的男子单打冠军，标志着我国乒乓球运动在世界的崛起。随后我国乒乓球运动员在世界各个大赛中无数次的获得了世界冠军，其中女子乒乓球运动员邓亚萍的乒乓球时代，已经载入我国的体育史册，中国也成为世界乒乓球运动的强国。

## 六、羽毛球

### （一）羽毛球运动的起源

现代羽毛球运动起源于英国。1873 年，在英国格拉斯哥附近的伯明顿庄园里举行了羽毛球表演，为了表示纪念，这项运动便以伯明顿这个庄园命名，所以英语的羽毛球被称为“Badminton”。那时的活动场地是葫芦形，两头宽中间窄，窄处挂网，直至 1901 年才改作长方形。1877 年英国出版了第一本羽毛球竞赛规则，同年英国成立羽毛球俱乐部，1893 年英国羽毛球协会成立，1899 年举办全英羽毛球锦标赛。20 世纪初，羽毛球运动开始流传世界各地。

### （二）羽毛球运动的发展现状及特点

随着羽毛球运动的发展，1939 年由国际羽联制定了会员共同遵守的羽毛球规则，这项运动到如今已经发展成为世界盛行的体育运动。1934 年成立了国际羽毛球联合会，第一任主席是英国的汤姆斯，总部设在伦敦；1978 年在中国香港地区成立了世界羽毛球联合会；1981 年两个联合会合并，正式组成了国际羽毛球联合会。

男、女羽毛球单打和双打于 1988 年被列为奥运会表演项目，1992 年国际奥委会将羽毛球列为奥运会正式比赛项目，使羽毛球运动得到了前所未有的发展。目前，国内外有关的赛事有：世界男子羽毛球团体锦标赛（汤姆斯杯）、世界女子羽毛球团体锦标赛（尤伯杯）、羽毛球世界锦标赛、全英羽毛球锦标赛、奥运会羽毛球比赛，其中我国运动员曾在第 27 届奥运会上，包揽了男、女单打，女子双打以及混合双打的 4 枚金牌，充分显示了我国羽毛球项目的实力。

羽毛球运动也是我国一项颇受群众欢迎的体育运动。现代羽毛球运动约于1910年传入我国，最早在上海，随后在广州、天津、北京、成都等城市的基督教青年会和学校中有所开展。1982年中国队首次参加汤姆斯杯赛就荣获冠军，1996年在亚特兰大奥运会上，葛菲/顾俊勇夺女双冠军，实现了我国羽毛球项目在奥运会上零的突破，使我国羽毛球技术水平处于世界羽坛的领先地位。

## 七、网球

### （一）网球运动的起源

网球运动起源于法国。14世纪法国宫廷内流行一种"掌球游戏"，游戏时两人中间拉一根绳，双方用掌击球。球用布包毛发等物质制成，布以埃及坦尼斯镇所产最为名贵，网球英文名"Tennis"大概由此而来。1358—1360年，掌球游戏传入英国王室。16世纪出现用羊皮制作的球拍。17世纪开始将绳改为网，球拍由羊皮改为有弹性的弦线。

1858年英国格姆（Hali Germ）在伯明翰建造了世界上第一块草地网球场，1872年又创办莱明顿网球俱乐部，加快了网球运动的形成。1874年确定了场地和网的规格，1875年英国板球俱乐部制定了世界上第一部网球竞赛规则。1877年7月英国板球俱乐部更名为全英板球和草地网球俱乐部，同年在温布尔顿举行了第一次草地网球锦标赛。1881年英国成立了世界上第一个网球协会。后网球流传世界各地，尤其盛行于欧美国家。1913年，在法国巴黎成立了国际网球联合会。

### （二）网球运动的发展及特点

从1896年到1924年，网球为奥运会的比赛项目。此后，国际网联因运动员参赛资格问题而与国际奥委会发生冲突，网球不再是奥运会项目，直到1988年才重新进入奥运会。网球运动在19世纪后期传入到中国，中国网协加入国际网球联合会是在1981年。

国际网联的正式团体赛有：戴维斯杯（男子团体，即国际网球锦标赛），联合会杯（女子团体），NEC世界青年杯（16岁以下男女少年），NTT世界少年网球赛（14岁以下男女少年），等等。国际网联的正式锦标赛有：温布尔登国际草地网球锦标赛，大不列颠草地网球锦标赛，美国网球公开赛，法国网球公开赛，澳大利亚草地网球公开赛，日本公开赛，意大利锦标赛，国际网联老将世界锦标赛等，其中温布尔登网球锦标赛是现代网球史上最早的比赛，到2000年已经举办了114届，若一名运动员在温网、美网、法网、澳网四大比赛中都获得冠军，就叫"大满贯"。网球运动是集健身和娱乐为一体的大众运动项目，日益受到我国大学生的青睐。

## 八、体操

### （一）体操运动的起源

"体操"一词来源于希腊语"gymnastike"，即表示赤膊锻炼身体的意思。在公元前5世

纪,希腊人把锻炼身体的一切活动,如跑、跳、投掷、舞蹈、骑马、攀登、军事游戏统称为体操,并采用柔软体操等体育手段塑造人体美,爱神维纳斯就是当时希腊人最理想的健美楷模。体操在中国、印度、埃及、古希腊、古罗马都有着悠久的历史,产生于远古时代、称为瑜伽的呼吸体操动作至今在印度仍流传甚广。现代竞技体操始于18世纪的欧洲,有德国体操和瑞典体操两大流派。

### (二)体操运动的发展及特点

1896年首届奥运会即有男子体操比赛,但早期几届奥运会项目比较杂乱,甚至包括赛跑、跳远、跳绳等。20世纪20年代,国际体操联合会将德国、瑞典两大流派结合起来,确立了现代竞技体操的项目。男子有自由体操、鞍马、吊环、跳马、双杠、单杠6个项目,女子有自由体操、高低杠、平衡木、跳马4个项目,分团体赛、个人全能赛和单项赛。体操运动是一项观赏性很强的运动,它集竞技、舞蹈、音乐于一体,深受各国人民的欢迎。目前国内外与体操有关的赛事有:奥运会体操比赛,这是世界最高水平的体操比赛,1896年第1届奥运会就开始设男子体操项目,女子体操比赛进入奥运会是从1928年开始的;世界体操锦标赛,1979年我国参加了第20届世界体操锦标赛,在这次比赛中马燕红荣获高低杠冠军,为中国运动员夺得世界大赛上的首枚金牌,这意味着中国体操开始跻身于世界体操强国之列;我国曾成功举办了1999年天津世界体操锦标赛,并成功实现了男子团体比赛的四连冠;世界杯体操比赛,也是国际体坛高水平的比赛,我国选手李宁就是在1982年第6届世界杯体操赛中创造了一人独得6枚金牌的辉煌成绩,被誉为“体操王子”。

## 九、游泳

### (一)游泳运动的起源

远古时代,人类为适应生存环境,逐渐学会游泳。中国春秋时代就有泅水活动,利比亚史前岩画也有游泳姿势的描绘。现代游泳运动始于英国,17世纪60年代流行于约克郡地区。1828年在利物浦乔治码头修建了世界上第一个室内游泳池,1837年成立世界上第一个游泳协会。从1896年雅典举行的第1届现代奥运会开始,游泳就被列为竞赛项目。1908年成立国际业余游泳联合会,并正式确定了国际游泳比赛规则。1912年第5届奥运会开始设立女子游泳比赛项目。

### (二)游泳运动的发展及特点

游泳运动是从欧美传入中国的,1953年第1届世界青年联欢节运动会游泳比赛中,我国选手吴传玉获男子100 m仰泳冠军,这是新中国第一个国际比赛冠军。以后中国选手多次创造佳绩,使中国游泳项目在世界泳坛上有了一席之地。不过在男子项目和长距离项目上同世界先进水平还存在着差距。

游泳是水浴、空气浴和日光浴三者相结合的运动,适合各个年龄阶段人群的需要,可以促进身体肌肉和内脏器官的健康。游泳运动大致可以分为竞技游泳和实用游泳两大类,在高校里更多接触到的是竞技游泳,它包括自由泳、仰泳、蛙泳和蝶泳四种泳式。奥运会游泳比赛发展到共有自由泳、蛙泳、蝶泳、仰泳、混合泳和接力泳(自由泳与混合泳)6大项32个小项,使奥运会游泳比赛是仅次于田径运动的金牌大户。

国内外有关的游泳赛事有:奥运会游泳比赛,是世界上游泳水平最高的比赛,中国女子运动员曾在第25届奥运会游泳比赛中,取得4金5银的优异成绩,震惊泳坛;世界游泳锦标赛,中国女队曾在1994年第7届世锦赛中夺得12枚金牌的成绩;此外还有世界短池游泳锦标赛、亚洲游泳锦标赛等。

## 十、武术

### (一)武术的起源武术

武术在我国有悠久的历史,它的产生,缘起于我国远古祖先的生产劳动。人们在狩猎的生产活动中,逐渐积累了劈、砍、刺的技能,这些技能是武术技术形成的基础。武术成形于奴隶社会时期。夏朝建立,经过连绵不断的战火,武术为了适应实战需要进一步向实用化、规范化发展。从夏朝时期开始,武术活动主要在以下两个方面发展:一是军队的武术活动,二是以武术为主的学校教育。

### (二)武术的发展及特点

武术,是以踢、打、摔、拿、击、刺等攻防格斗动作为素材,按照攻守、动静疾徐、刚柔虚实等矛盾的相互变化规律编成徒手和器械的各种技击运动和健身方法。武术是一种集中华民族竞技、健身、养生、防身、修身处世为一体的体育运动,具有悠久的传统和广泛的群众基础。到了近代,武术适应时代的变化,逐步成为中国近代体育的有机组成部分。1927年,在南京成立了中央国术馆。1936年中国武术队赴柏林奥运会参加表演。新中国成立后,1985年在西安举行了首届国际武术邀请赛,并成立了国际武术联合会筹委会,这是武术发展中历史性的突破。1990年10月3日在中国北京成立了国际武术联合会,简称国际武联。1994年10月22日在摩纳哥举行的第28届国际单项体育联合会上,被接纳为该组织的正式会员。目前,在国际上已经举行了六届世界武术锦标赛,武术已经不仅仅属于中国,它更属于世界。武术的内容丰富,有拳术、器械、太极和散打等,是一项深受人们喜爱的民族传统体育运动,可以称为我国的国粹。1999年6月20日在韩国汉城(即今天的首尔)召开的国际奥委会109次全会上通过决议,承认国际武术联合会为“被承认的联合会”。这表明,武术已迈入国际奥林匹克运动的大家庭,相信不久的将来武术将成为奥运会正式项目。

## 十一、跆拳道

### (一)跆拳道的起源

跆拳道早期是由韩国古代三国之一新罗的跆根、花郎道演化而来的韩国民间较普遍流行的一项技击术,是一项运用手脚技术进行格斗的民族传统的体育项目。跆拳道源于朝鲜半岛三国时代的跆拳。其根源甚至可以追寻到古代的徒手搏击,从高句丽壁画中可寻找到

当时“搏击”的场面。另外，韩国民间秘密流传着民族武术，到朝鲜时代有《武艺图谱通志》出版，虽然跆拳道从搏击、跆根、花郎道发展而来，但真正被大众接收，还是从 20 世纪 50 年代起，其内涵风格以及名字均得到规范和统一。“跆拳道”一词，是 1955 年由韩国的崔泓熙将军提出的。其中“跆”指踢击(脚法)、“拳”指拳击，“道”则是代表道行、自己对礼仪的修炼。据说崔泓熙将军早年在日本留学时，学习了日本松涛馆流空手道，并融入到跆拳道中去，因此在跆拳道的型中，可以看到少数松涛馆流的手部招式。总之现代的跆拳道是结合当代东亚武技之长的韩国发源武术运动之一。

### (二)跆拳道的发展及特点

跆拳道(韩文:태권도 英文:Taekwondo)是朝鲜半岛较普遍流行的一项技击术，是一项运用手脚技术进行格斗的韩民族传统的体育项目。它由品势(特尔)、搏击、击破、特技、跆拳舞等五部分内容组成。跆拳道是创新与发展起来的一门独特武术，具有较高的防身自卫及强壮体魄的实用价值。它通过竞赛、品势和功力检测等运动形式，使练习者增强体质，掌握技术，并培养坚韧不拔的意志品质。现时跆拳道在全世界的组织主要分为两个体系，分别为:国际跆拳道联盟(International Taekwondo Federation，简称“ITF”)体系及世界跆拳道联盟(World Taekwondo Federation，简称“WTF”)体系。1973 年 5 月，世界跆拳道联合会在韩国韩城(今天的首尔)成立，有美国、中国香港地区、中国、日本、马来西亚、加拿大、朝鲜、菲律宾、柬埔寨、澳大利亚、科特迪瓦、乌干达、英国、新西兰、加拿大、埃及、奥地利、墨西哥等二十多个国家和地区加入，目前会员仍在不断增加。1975 年“世界跆拳道联合会”(简称世界跆联，韩国 WTF)被国际体育联合会接纳为正式会员。1980 年国际奥委会正式承认世界跆联。迄今为止，世界跆联已有 190 个会员国/地区，约 7 000 万爱好者参加练习。跆拳道以腿为主，以手为辅，主要在于腿法的运用。跆拳道技法中占主导地位的是腿法，腿法技术在整体运用中约占 3/4，因为腿的长度和力量是人体最长最大的，其次才是手。腿的技法有很多种形式，可高可低、可近可远、可左可右、可直可屈、可转可旋，威胁力极大，是实用制敌的有效方法。①

## 思考题

1.哪位运动员在参加第 23 届奥运会中为中国代表团获得首枚金牌?

2.北京奥运会(夏季)的主题口号和理念分别是什么?

3.奥运会(现代)共举行了多少届?

4.中国运动员共获得多少枚金牌(截止于第 30 届夏季奥运会)?

5.第 31 届夏季奥运会申办成功的是哪个国家?

① 百度百科，ike.baidu.com/view/3902.htm

# 参考文献


[1] 易剑东.论体育的文化本质与特征[J].南京体育学院学报,2000(1).

[2] 陈振宇.体育的文化内涵简论[J].安徽农业大学学报,2001(3).

[3] 王献军.论体育文化产业化[J].湖北体育科技,2001(2).

[4] 吕利平,林秋南.略论体育文化的起源[J].安庆师范学院学报,2002(1).

[5] 廉建军,梁龙发.论中国体育的发展方向与控制[J].广州体育学院学报,2001(1).

[6] 席焕久.体育人类学[M].北京:北京体育大学出版社,2001.

[7] 马爱国.体育与竞争意识的社会化[J].山东体育学院学报,2001(1).

[8] 王俊奇,陈建新.体育运动中充分参与的竞争对个体社会化程度及团体凝聚力的影响[J].北京体育师范学院学报,1998(12).

[9] 李秀光.学校体育教育与现代人竞争意识的发展[J].辽宁师专学报,1999(3).

[10] 黄通.体育社会行为模式的转变[J].武汉体育学院学报,1991(1).

[11] 刘一民.论现代体育竞争[J].曲阜师范大学学报,1995(7).

[12] 于洪波.体育运动与爱国精神刍议[J].航海教育研究,1994(2).

[13] 姜才居.关于体育健身与身体健康探析[J].赖阳农学院学报,2001(9).

[14] 丁健生.学校体育与人的社会化[J].中国高等教育研究:体育卷,1998(3).

[15] 曲宗湖,杨文轩.现代社会与学校体育[M].北京:人民体育出版社,1999.

[16] 胡增荦.体育教育展望[M].上海:华东师范大学出版社,2001.

[17] 熊茂湘.体育环境导论[M].北京:北京大学出版社,2003.

[18] 邹继豪.全国普通高等学校体育与健康课程理论教程[M].大连:大连理工大学出版社,2001.

[19] 卢元镇,等.全民健身与生活方式[M].北京:北京体育大学出版社,2001.

[20] 陈智勇.现代大学体育教程[M].北京:北京体育大学出版社,2003.

[21] 曲宗湖.学校健康教育指导[M].北京:人民体育出版社,2002.

[22] 季浏.体育锻炼与心理健康[M].上海:华东师范大学出版社,2006.

[23] 洪昭文.让健康伴随着你[M].上海:华东师范大学出版社,2000.

[24] 毛振旺,等.体育与健康[M].沈阳:辽宁大学出版社,2001.

[25] 邹大华.运动、休闲、健身[M].上海:上海科学技术出版社,1996.

[26] 季成叶.体质自我评价和健康运动处方[M].北京:北京体育大学出版社,2001.

[27] 邓树勋.体育与健康[M].广州:中山大学出版社,2002.

[28] 田野.运动生理学高级教程[M].北京:高等教育出版社,2003.

[29] 王步标,华明,邓树勋.人体生理学[M].北京:高等教育出版社,1994.

[30] 吴鉴鑫,汪保和,卢昌亚.人体生理学[M].桂林:广西师范大学出版社,2000.

[31] 欧阳辉,王宝森,王起香,等.大学生心理健康学[M].沈阳:辽宁教育出版社,2001.
[32] 谢炳清,伍自强,素秀清.大学生心理健康教程[M].武汉:华中科技大学出版社,2004.
[33] 郭冬岩,张军.大学生心理健康教育探析[J].中国成人教育, 2010(18).
[34] 惠蜀.体育哲学[M].成都:四川教育出版社,1992.
[35] 卢元镇.中国体育社会学[M].北京:北京体育大学出版社,1996.
[36] 郑杭生,等.社会学概论新修[M].北京:中国人民大学出版社,1993.
[37]李毓秋,等.心理学原理与应用[M].北京:经济科学出版社,1992.
[38]黄希庭.心理学[M].重庆:西南师范大学出版社,1987.
[39]全国体育学院教材委员会《运动医学》教材小组.运动医学[M].北京:人民体育出版社,1990.
[40]姚鸿恩. 体育保健学[M].北京:高等教育出版社,2006.
[41]白晋湘.大学体育理论与实践教程[M].北京:民族出版社,2009.
[42]荣湘江.体育康复运动处方医务监督[M].桂林:广西师范大学出版社,2000.
[43]学生体质健康标准研究课题组.学生体质健康标准(试行方案)解读[M].北京:人民出版社,2002.
[44] 金其荣.体育与健康实践教程[M].上海:华东理工大学出版社,2003.
[45]《体育教程》编写委员会.体育教程[M].成都:四川大学出版社,2000.
[46] 邹继豪.全国普通高等学校体育教材理论教程[M].大连:大连理工大学出版社,1993.
[47]颜天民.论运动竞赛的功能与特点[J].体育文化导刊,2004(7).
[48]汪玮琳.运动竞赛学[M].北京:中国经济出版社,2004.
[49]王军等.大学体育与健康教程[M].北京:电子工业出版社,2006.
[50]黄益苏.大学体育人文素质教程[M].北京:高等教育出版社,2007.
[51]田麦久.运动训练学[M].北京:人民体育出版社,2000.